JN013615

すぐに▼役立つ

◆これならわかる！◆

入門図解 障害者総合支援法と障害年金の

法律知識

社会保険労務士・
中小企業診断士 **森島大吾** ／ 社会保険労務士 **林 智之** 監修

三修社

はじめに

　障害者総合支援法は障害のある人の日常生活・社会生活を総合的に支援することを目的とした法律です。

　障害者に関係する制度は近年大きく変化し、障害者も等しく社会生活を送れるように制度が整備されています。本人だけでなく親などの保護者が、サービスの種類や支給される費用、市区町村や都道府県の役割について知っておくことは重要なことだといえるでしょう。

　また、障害年金は、病気やケガで障害を負った人に対して給付される年金です。病気やケガで初めて医師の診察を受けた時に、国民年金にのみ加入している場合は障害基礎年金が支給され、厚生年金保険に加入している場合は障害厚生年金が支給されます。障害基礎年金は、障害等級1級か2級でないと受給できないのに対し、障害厚生年金には1級・2級に加え3級と、一時金である障害手当金の制度があります。

　本書では、障害者総合支援法と障害年金の基本的な知識や必要な手続きについて、知識のない人でも無理なく読めるよう解説しています。障害をもつ人や保護者の視点から、障害者総合支援法のサービスの内容・利用手続き、費用などの項目を解説しています。また、障害年金のしくみや受給のための請求手続きについては、精神疾患、慢性疾患、肢体障害、知的障害などのケースごとに書式や書類の作成ポイントを解説しているのが特徴です。

　本書をご活用いただき、皆様のお役に立てていただければ監修者として幸いです。

監修者　社会保険労務士・中小企業診断士　森島　大吾
社会保険労務士　林　智之

Contents

第2章　障害福祉サービスの利用手続きと費用

第3章　障害年金のしくみ

第6章　支給停止・再審査請求などその他の事項

第 1 章

障害者総合支援法と
サービスのしくみ

障害者の対象について知っておこう

障害福祉サービスの対象者

障害福祉サービスを受けることができる障害者の対象

　障害福祉サービスの給付の対象者は、以下のいずれかに該当する人です。給付を希望する人は市町村に申請し、障害の程度や支給の要否について審査を受けます。**障害者総合支援法**の制定により、障害者の範囲に一定の難病患者が加わっています。

① 障害者

　障害者とは、18歳以上の以下に該当する者のことです。

・身体障害者

　身体障害者福祉法に規定されている肢体不自由、視覚障害、聴覚障害、などの障害をもつ者のことです。

・知的障害者

　知的障害者とは、知能の発達の遅れに基づく日常生活や社会生活上の障害をいいます。ただし、知的障害者福祉法に定義規定はありません。

・精神障害者、発達障害者

　精神障害者とは、統合失調症、精神作用物質による急性中毒などの精神疾患を有する者のことです。発達障害者とは、自閉症、アスペルガー症候群、学習障害などにより、日常生活上、制限を受ける者のことです。

② 障害児

　児童とは、満18歳に満たない者のことです。身体に障害のある児童、知的障害のある児童、精神に障害のある児童（発達障害者支援法所定の発達障害児を含む）が、障害児の対象に含まれます。

難病患者も障害者に含まれるのか

　障害者総合支援法では、一定の難病患者も障害者や障害児の対象者として扱われます。難病患者とは、治療方法が確立していない疾病や特殊な疾病にかかっている者です。

　難病患者として認められる具体的な疾患として、パーキンソン病、スティーヴンス・ジョンソン症候群、関節リウマチ、筋ジストロフィー、骨形成不全症などが挙げられます。これまで、指定されていた疾病数の増減や、名称変更が繰り返され、2020年7月現在、361の疾病が難病として指定を受けています。

　難病等による障害の程度が、「特殊の疾病による障害により継続的に日常生活又は社会生活に相当な制限を受ける程度」と認められる場合に、障害者総合支援法の障害者として扱われることになります。難病患者に該当するかどうかの判断は、個々の市町村で行われます。難病患者等に対する障害支援区分の調査や認定は、障害者に対して実施している現行の調査項目や基準等で行いますが、難病患者であることをふまえて認定調査が行われます。具体的には、居住する市町村の担当窓口で、対象疾患を患っていることがわかる証明書（診断書や特定疾患医療受給者証など）を提出して支給申請します。

　対象疾患の患者は、身体障害者手帳の所持の有無にかかわらず、必要と認められた障害福祉サービスの受給や相談支援の利用が可能です。

■ 障害者 ....

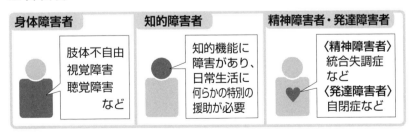

2 障害者総合支援法に基づく支援について知っておこう

自立支援給付と地域生活支援事業が支援の柱

自立支援給付の内容

　障害者総合支援法が定める障害者への福祉サービスは、**自立支援給付**と、**地域生活支援事業**に大きく分けられます。

　自立支援給付とは、在宅で利用するサービス、通所で利用するサービス、入所施設サービスなど、利用者へ個別給付されるサービスです。自立支援給付には、介護給付費、訓練等給付費、特定障害者特別給付費（補足給付）、計画相談支援給付費、補装具費、高額障害福祉サービス費、地域相談支援給付費、療養介護医療費、自立支援医療費があります。

　障害福祉サービスにおいて中心的な役割を果たしているのが**介護給付費**と**訓練等給付費**です。介護給付費や訓練等給付費は、サービスの給付を希望する人が市町村に申請します。申請を受けた市町村は、障害支援区分の認定と支給要否の決定を行います。支給することが妥当であると市町村から認定されると、サービスを受ける本人が、都道府県の指定した事業者の中から選んだ事業者と契約を結んで、サービスを受けることができます。

　自立支援給付を行うのは市町村ですが、費用の面では国が50％、都道府県と市町村が25％ずつを義務的に負担することになっています。

介護給付費の内容

　介護給付費は自立支援給付のひとつで障害福祉サービスを受けるために必要な費用を支給する制度です。

　介護給付は日常生活に必要な介護の支援を提供するサービスで、障

害の程度によってその対象者が決定されます。居宅介護、重度訪問介護、同行援護、行動援護、療養介護、生活介護、短期入所、施設入所支援、重度障害者等包括支援を利用した場合に介護給付費が支払われます。申請した者の支給が決定されていない期間に前述のサービスを受けた場合は、障害者総合支援法に基づき特例介護給付費が支給されることになっています。

▎訓練等給付費の内容

訓練等給付費は、介護給付と同様に障害福祉サービスを受けるために必要な費用を支給する制度です。訓練等給付とは、日常生活や社会生活を営むために必要な訓練等の支援を提供するサービスで、定められたサービス内容に適合していれば支給対象になります。自立訓練（機能訓練・生活訓練）、就労移行支援、就労継続支援、就労定着支援、自立生活援助、共同生活援助を受けた場合に訓練等給付費が支給されます。申請後、支給決定の前にサービスを受けた場合には特例訓練等給付費が支給されます。介護給付費と訓練等給付費のサービスの具体的内容は下図のとおりです。また、各サービスについては22〜51ページを参照してください。

■ 介護給付と訓練等給付に含まれるサービス ……………………

介 護 給 付	
・居宅介護	・生活介護
・重度訪問介護	・短期入所
・同行援護	・重度障害者等 包括支援
・行動援護	
・療養介護	・施設入所支援

訓 練 等 給 付	
・自立訓練（機能訓練・生活訓練）	
・就労移行支援	・就労継続支援
・就労定着支援	・自立生活援助
・共同生活援助	

地域生活支援事業の内容

　地域生活支援事業とは、障害者をとりまく地域の地理的な条件や社会資源の状況、地域に居住する障害者の人数、障害程度などに応じて、必要な支援を柔軟に行う事業です。地域生活支援事業の実施主体は基本的に市町村ですが（65ページ）、広域的なサポートや人材育成など、一部は都道府県が主体となります（67ページ）。

　地域生活支援事業を行う際にかかる費用について、市町村の行う地域生活支援事業については市町村が25％を負担し、国が50％、都道府県が25％を補助します。一方、都道府県の行う地域生活支援事業については国が50％以内で補助することができます。

障害福祉サービスを提供するのは市町村なのか

　現在の制度では、原則として障害者にとって身近な市町村にサービスの提供主体が一元化されています。ただし、都道府県が主体となってサービスを提供しているものもあります。

　障害福祉サービスのうち、介護給付費の給付、自立支援医療費の給付、市町村地域生活支援事業の策定、市町村障害福祉計画の策定などは市町村の役割です。

　一方で、精神通院医療に関するサービスや、障害福祉サービス事業者の指定、障害者介護給付費不服審査会の設置などは都道府県の役割です。これに加えて、都道府県は、障害福祉サービスを提供する事業者に対しての指導・監督を行う権限を有します。そのため、事業者が虚偽の事実を報告するなど不正な手段によって事業者の指定を受けた場合や、事業者が障害福祉サービスに関して不正を行っていたことが発覚した場合には、都道府県は指定の効力を取り消すという措置をとることができます。

▎障害者が安心して暮らせるための計画が立てられる

　障害福祉計画とは、障害者が地域で安心して暮らし、当たり前に働ける社会を実現していくために、障害者総合支援法に基づいて、障害福祉サービス等の提供体制の確保のために国が定める基本指針に即して、市町村・都道府県が作成する計画です。

　障害福祉計画は、市町村の計画を都道府県の計画へ反映させ、都道府県の計画を国の障害者福祉プランの策定に反映させるためのものとして位置付けられています。

　2018年度を初年度とする第5期計画では、国の基本指針の見直しが行われるとともに、「障害者総合支援法」の施行をふまえ、①福祉施設入所者の地域生活への移行、②精神障害にも対応した地域包括ケアシステムの構築、③地域生活支援拠点等の整備、④福祉施設から一般就労への移行、⑤障害児支援の提供体制の整備を成果目標として活動指標が定められています。

　市町村の定める障害福祉計画（市町村障害福祉計画）には、①障害福祉サービス、相談支援及び地域生活支援事業の提供体制の確保に係る目標に関する事項、②各年度における指定障害福祉サービス、指定地域相談支援または指定計画相談支援の種類ごとの必要な量（サービスの件数）の見込み、③地域生活支援事業の種類ごとの実施に関する事項などが定められています。

　都道府県の障害福祉計画には、①障害福祉サービス、相談支援及び地域生活支援事業の提供体制の確保に係る目標に関する事項、②都道府県が定める区域ごとに当該区域における各年度の指定障害福祉サービス、指定地域相談支援または指定計画相談支援の種類ごとの必要な量（サービスの件数）の見込み、③各年度の指定障害者支援施設の必要入所定員総数、④地域生活支援事業の種類ごとの実施に関する事項などが定められます。

3 サービスはどのように利用するのか

利用者は必要なサービスを組み合わせて利用することになる

人によって受けたいサービスは異なる

　障害者総合支援法によって受けられるサービスは、サービスの利用方法によって日中活動、居住支援、居宅支援、相談等支援、医療支援、補装具等支援のカテゴリに分けることができます。

　実際には、利用者は、これらのサービスの中から必要なサービスを組み合わせて利用することになります。たとえば、日中は療養介護を利用して夜間は施設入所支援を利用するといった具合です。

　それぞれ、介護給付（障害がある人に対する介護の給付のこと。居宅介護や重度訪問介護など）や訓練等給付（リハビリや就労につながる支援のこと。自立訓練や就労移行支援など）、地域生活支援事業（障害者や障害児が自立した地域生活を営むことを支援する事業のこと。移動支援事業や意思疎通支援事業など）などから支援が行われることになります。また、障害をもつ18歳未満の者（障害児）に対しては、児童福祉法による障害児通所支援（児童発達支援、放課後デイサービスなどの必要な支援を受けられる制度のこと）や、障害児入所支援などのサービスが行われます。

自宅で生活支援をしてもらうことはできるのか

　居宅における生活支援とは、障害者が住みなれた家庭で日常生活を送れるように支援するサービスです。

　介護給付による支援で居宅支援に関するサービスには、居宅介護（障害支援区分１以上の障害者や障害児が利用者になります）、重度訪問介護（障害支援区分４以上・二肢以上にまひがある人などが利用

者）、同行援護（移動が困難な視覚障害者が利用者）、行動援護（知的
障害者や精神障害者が利用者）、重度障害者等包括支援（常時介護が
必要な障害者や障害支援区分6以上の意思疎通が困難な者などが利用
者）、短期入所（障害支援区分1以上の者が利用者）があります。

　このうち、**居宅介護**とは、障害をもつ人が住んでいる居宅において
受けることのできるサービスです。居宅介護は、身体介護、家事援助、
通院等介助、通院等乗降介助の4種類に分類可能です。身体介護・家
事援助は、入浴・排せつ・食事・洗濯・掃除などの援助を通し、対象
者の生活を支えるサービスです。通院等介助・通院等乗降介助は、病
院・診療所への定期的な通院や公的手続き・相談のため官公署（役
所）を訪れる際に利用できるサービスです。車両への乗車・降車の介
助、通院先での受診の手続きなどを行います。

　居宅介護を利用することができる具体的な対象者は、18歳以上の場
合は障害支援区分1以上の人で、18歳未満の場合は、身体障害者手帳
所持者や精神障害者などの障害児に限られます。65歳以上の人など介
護保険の対象者については、介護保険による訪問介護で類似のサービ

■ 自宅での生活を支援するサービスとその内容 ⋯⋯⋯⋯⋯⋯⋯⋯

サービス名	内容
居宅介護	居宅における身体介護・家事援助・通院介助など
重度訪問介護	重度障害者が自宅で生活するための総合的な支援
同行援護	外出時に必要となる情報の提供や移動同行
行動援護	移動時の問題行動に対する援助・介護
重度障害者等包括支援	寝たきりなどの重度障害者に対し複数のサービスを包括的に行う
短期入所	介護者の不在時に一時的に施設で生活する

スを受けることができます。対象者が障害児の場合は、ホームヘルパー派遣時に保護者が在宅（通院の場合は同行）していることが必要です。

　なお、居宅介護を行う事業所が、質の高いサービスや、中山間地域の居宅者へのサービスを提供した場合は、事業者は通常の報酬に加算した金額を設定することが可能です。事業所の経営的判断により、サービスの提供に偏りを生じさせないための配慮といえます。

　これに対して、地域生活支援事業による支援で居宅支援に関するサービスには、移動支援事業（介護給付による個別の給付で対応できない複数名の移動や、突発的に必要が生じた場合の移動支援を行うサービス）、日中一時支援事業（一時的に支援が必要となった人に、社会適応訓練、見守り、日中活動の提供、送迎などのサービスを行うサービス）、意思疎通支援事業（手話通訳や要約筆記者の派遣、手話通訳の設置支援などを行うサービス）があります。

▌夜間の居住支援をサポートするサービス

　居住支援とは、入所施設などで夜間に居住する場を提供するサービスです。居住支援については、介護給付、訓練等給付、地域生活支援事業から以下の支援が行われます。

　まず、介護給付（介護に対する費用の支給のこと）による支援として、施設に入所する人に、入浴や排せつ、食事などの介護を行う施設入所支援があります。訓練等給付（就労につながるような支援のこと）によるものとして、共同生活援助（グループホームを利用する障害者に対しては、共同生活をする賃貸住居で、相談や日常生活上の援助）が行われます。

　地域生活支援事業による支援で夜間の居住支援に関するサービスには、福祉ホーム（障害者に対して低額な料金で居室を提供している施設のことで、民間の事業者が運営しています）による日常生活の支援

や、入居後の相談支援を行う居住サポート事業（賃貸借契約による一般の住宅に障害者が入居することを支援する事業）があります。

日中活動を支援するためのサービス

　日中活動は、入所施設などで昼間の活動を支援するサービスです。介護給付による支援と、訓練等給付による支援及び地域生活支援事業による支援があります。介護給付による支援には、療養介護と生活介護があります。訓練等給付による支援には、自立訓練、就労移行支援、就労継続支援があります。また、地域生活支援事業による支援として、地域活動支援センター機能強化事業による支援があります。

医療支援や用具の支給を受けるサービス

　障害をもつ人は以下のような医療支援や用具の貸与・支給サービスを受けることができます。

・医療支援

　障害の軽減を図り、日常生活や社会生活において自立するために必要な医療を提供する自立支援医療（障害の軽減を図り、日常生活や社会生活を自立して営むために必要な医療が提供されるサービスで、障

■ 日中活動の支援について ……………………………………

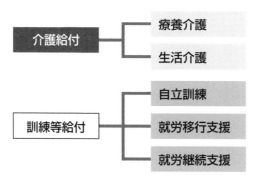

害者や障害児が利用者）と、療養介護医療（医療の他に介護を受けている場合に、医療費の部分について支給される給付で、常時介護を必要とする身体障害者が利用者）があります。

・用具の貸与・支給

　日常生活で必要になる用具の購入・修理にかかる費用については、自立支援給付により、補装具費（車いす、義肢、補聴器などのための費用で、身体障害者が対象になります）として支給されます。補装具は購入するのが原則ですが、貸与が適切と考えられる場合（成長にともなって交換が必要となる障害児など）については、貸与も補装具費の支給対象です。その他、重度の障害がある人は、地域生活支援事業により、市町村から日常生活に必要な用具のレンタルまたは給付（身体障害者が利用者）を受けることができます。

相談支援のサービスにはどんなものがあるのか

　障害により、障害福祉サービスの利用を検討するにしても「多様なサービスの中からどのようなサービスを利用するのが適切か」ということについて利用者が判断するのは容易なことではありません。このような場合に、活用できるのが一般的な相談やサービス利用計画の相談などを行う**相談支援**のサービスです。

　相談支援のサービスにもさまざまなものがあり、障害福祉サービスとしての計画相談支援・地域相談支援と、地域生活支援事業としての相談支援事業があります。地域生活支援事業による支援は、市町村と都道府県により行われます。市町村が、障害のある人やその保護者のさまざまな相談に応じ、必要な情報の提供や助言を行います。市町村自ら行う場合と市町村から委託を受けた業者によって行われる場合があります。市町村の枠を超えた専門性の高い相談支援は、都道府県によって行われます。

■ 障害者へのサービス（介護給付・訓練等給付により行われるもの）…

居宅支援	居宅介護：身体介護・家事援助・通院等介助・通院等乗降介助を行う
	重度訪問介護：重度の障害者が、自宅で日常生活を営むことができるように、総合的な支援を行うサービス
	同行援護：視覚障害者に同行などを行うサービス
	行動援護：自己判断能力が制限されている障害者に移動・外出時に必要な援助を行うサービス
	重度障害者等包括支援：重度障害者に対して複数のサービスを包括的に行う支援
	短期入所：施設で短期間生活する際に受けることのできるサービス
居住支援	施設入所支援：施設入所者に夜間を中心に排せつや入浴、食事の世話を行うサービス
	共同生活援助：地域の中で障害者が集まって共同で生活する場を設け、生活面の支援をするサービス
	自立生活援助：一人暮らしに必要な生活力などを養うために、必要な支援を行うサービス
日中活動	療養介護：難病患者や重症心身障害者に医療・介護を行うサービス
	生活介護：昼間に施設で介護や生産活動のサポートを行うサービス
	自立訓練（機能訓練）：身体障害者の身体機能の維持回復に必要な訓練を行う
	自立訓練（生活訓練）：知的障害者と精神障害者の生活能力の維持と向上に必要な訓練を行う
	就労移行支援：就労に必要な能力や知識を得るための訓練を行う
	就労継続支援Ａ型：一般企業に就労するのが困難な障害者に行う就労等の機会の提供
	就労継続支援Ｂ型：雇用契約を結ばずに、就労の機会や居場所を提供し、就労支援を行う
	就労定着支援：就労に伴う生活面の課題に対して支援を行う
医療支援	自立支援医療費：障害の軽減を目的とする医療費の公費負担制度
	療養介護医療費：医療の他に介護が必要な障害者に支給される
補装具等支援	補装具費：義肢、装具、車椅子などの給付についての費用を補助する制度
相談等支援	計画相談支援給付費：サービス等利用計画案の作成・見直し
	地域相談支援給付費：地域の生活に移行できるようにするための支援（地域移行支援）と常時の連絡体制の確保などのサービス（地域定着支援）

居宅介護について知っておこう

安心して自宅で生活できるようにサービスが提供される

居宅介護とは

　居宅介護とは、障害者の自宅において提供されるサービスです。そのため、ホームヘルプとも呼ばれています。障害者福祉における重要な視点に、障害者が地域で自律的に生活することができる社会を実現することが挙げられます。つまり、必要な支援を行うことで、障害者が、常に障害福祉サービス事業所に通い詰めるのではなく、自宅を中心に、地域社会の中で、自由な生活を送ることを保障するためのサービスだといえます。

　居宅介護の対象になるのは、障害支援区分が1以上の人です。ただし、居宅介護のうち、身体介護を伴う通院等介助が必要な人については、障害支援区分2以上にあたる必要があるとともに、障害支援区分の認定調査項目について、以下の事項のうち、1つ以上の認定を受けている必要があります。

・歩行に関して

　全面的な支援が必要であると認められることが必要です。

・移乗・移動に関して

　全面的な支援が必要であるか、見守りなどの支援が必要、あるいは、部分的に支援が必要であると認められることが必要です。

・排尿・排便に関して

　全面的な支援が必要であるか、部分的な支援が必要であると認められることが必要です。

サービスの内容や特徴

　具体的に、居宅介護は、ホームヘルパーが障害者の自宅に訪問し、必要なサービスを提供するという形態がとられています。居宅介護は、身体介護、家事援助、通院等介助、通院等乗降介助の４つに分類できますが、以下のように介護が必要な局面に応じて分類可能です。

・障害者の身の回りの介護

　ホームヘルパーは、障害者の食事・排せつ・入浴にあたり、介助を行います。その他、障害者の生活全体を通じて相談に応じるとともに、必要なアドバイスを提供します。

・障害者の日常生活に対する介護

　ホームヘルパーは家事全般（食事の調理や掃除・洗濯など）を担うとともに、食料や日用品の購入なども行います。

・通院・社会生活を送る上での必要なサポート

　居宅介護は、原則として障害者の自宅において行われるサービスですが、障害者の社会生活をサポートするという目的があるため、障害者が外出するときにも、必要な支援を行います。たとえば、身体障害により移動が困難な障害者は、定期的に通院が必要な場合があります。その場合には、ホームヘルパーが移動介助などを行います。その他にも、選挙の投票や、役所などの行政機関での必要な手続きなどについても、ホームヘルパーによる移動介助などを受けることができます。

■ 居宅介護 ·····································

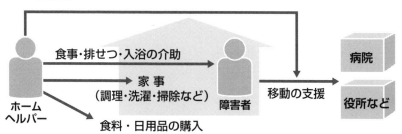

重度訪問介護について知っておこう

在宅の重度障害者に訪問介護や移動支援を総合的に提供する

重度訪問介護とはどんなサービスなのか

　重度訪問介護は、重度の障害者が、自宅で日常生活を営むことができるように、入浴、排せつ、食事などの介護、調理、洗濯、掃除などの支援を行います。ヘルパーなどが自宅に訪問する居宅介護と支援内容はほとんど同じです。居宅介護との相違点は、重度訪問介護の支援の中で外出時の移動支援や、入院時の支援なども総合的に行う点です。そのため、重度訪問介護を利用する場合は、居宅介護、同行援護、行動援護の支援は併用できません。入院時の支援とは、障害者それぞれの特性に合わせた介護を提供できるヘルパーが入院中の病室を訪問し、見守りなどをすることで、入院中であってもいつもと同じ介護を受けることが可能になっています。障害のある人にとって、環境の変化をもたらす入院は、強い精神的なストレスにつながるため、入院時の介護はメリットが大きいといえます。

　重度の障害者の場合、介護の必要な事態がいつ発生してもおかしくないため、ホームヘルパーは長時間にわたって見守りを行う必要があります。そのため、24時間サービスを受けることが可能なしくみになっています。

　重度な障害者が、住み慣れた地域、自宅で住み続けていくためには重度訪問介護は必須のサービスとなっています。しかし、重度の障害で医療との連携も深く、専門的知識を要する人材が不足したり、支援の特性上、長くサービスを提供するため単価が低くなってしまうなど、重度訪問介護の事業所が増えない課題があります。

支援の対象はどういった障害者なのか

　重度訪問介護はより重い症状をもつ障害者に対するサービスで、重度の肢体不自由者などで、常に介護を必要としている人が対象になります。

　具体的には、障害支援区分４以上であって、二肢以上にまひなどがあること、もしくは、障害支援区分４以上であって、障害者支援区分の認定調査項目のうち「歩行」「移乗」「排尿」「排便」のいずれも支援が不要以外と認定されていること、が条件とされています。なお、入院時の支援を受ける場合は、障害支援区分が６以上である必要があります。

　重度の肢体不自由者だけでなく、知的障害者や精神障害者も対象となっています。その場合は、障害支援区分４以上であって、障害者支援区分の認定調査項目のうち行動関連項目等（12項目）の合計点数が10点以上である必要があります。行動関連項目等は、意思表示、説明の理解、異食行動、大声・奇声を出す、多動・行動停止などの12項目を０～２点で評価します。

■ 重度訪問介護

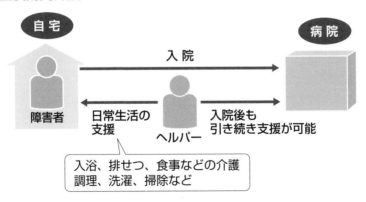

6 同行援護について知っておこう

視覚障害者の外出支援の範囲が決められている

同行援護とはどんなサービスなのか

　視覚障害者にとって、外出をすることは困難で家に閉じこもりがちになってしまう傾向があるようです。障害者の自立をめざす上で望ましいとはいえません。また、国や地方公共団体によって、公共交通機関や歩道などのバリアフリー化が進められていますが、安心して外出できるレベルには達していないのが現状です。

　そこで同行援護によって、視覚に障害があり、移動が困難な障害者が生活できるよう、障害者が外出する際に必要な情報を提供したり、障害者の移動に同行して支援を行います。かつては視覚障害者への移動支援という位置づけでしたが、2011年の法改正によって、外出中や外出先での視覚情報の支援という位置づけになりました。

　同行援護を利用できる対象者は、視覚障害により、移動に著しい困難を有する障害者などです。さらに、同行援護アセスメント調査票によって、調査項目中の「視力障害」「視野障害」「夜盲」のいずれかが1点以上であるとともに、「移動障害」の点数が1点以上である必要があります。身体介護がともなわない場合は、障害者認定区分がなくても利用可能となっています。

　これに対して、身体介護がともなう場合には、障害支援区分が2以上の障害者が対象です。さらに、障害支援区分の認定調査項目において、「歩行」「移乗」「移動」「排尿」「排便」について、いずれか1項目でも支援が必要な状態であることが必要です。

同行援護の対象になる外出とは

　視覚障害者などの外出時に付き添うヘルパーは、移動中や目的地において、移動の介護、排せつ、食事の介護、代筆・代読、危険回避のために必要な支援を行います。外出を支援するサービスだけでなく、移動先での代筆や代読も提供できる点が特徴で、役所や病院などで何かを読んでもらうことが可能です。ただし、すべての外出が支援の対象になるわけではなく、通勤や営業活動などのための外出、一年を通じた長期の外出の他、パチンコに行くなど、同行援護の対象に社会通念上（常識的にみて）不適切な外出は対象になりません。具体的に同行援護の支援範囲となるのは、日常生活での買い物や通院、公的機関・銀行などへの外出、社会参加、余暇活動・スポーツなどです。なお、原則として1日の範囲内で用務を終えるものでなければなりません。また、支援サービスの始まりと終わりの場所は、自宅でなくてもよく、病院から自宅までの支援でも可能とされています。

　介護保険の対象者でも、同行援護を利用できる場合があります。同行援護のサービス内容は、介護保険サービスの中にないからです。しかし、買い物や通院などの場合、介護保険サービスの訪問介護と重なる部分が多く、市町村によっては認められない可能性もあります。

■ 同行援護 ・・

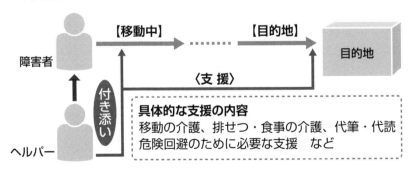

7 行動援護について知っておこう

障害者の行動にともなう危険回避の援助を行う

▎行動援護とはどんなサービスなのか

　行動援護は、知的障害や精神障害により行動上著しい困難があり、常時介護を必要とする障害者に対して提供します。支援内容は、移動する際に生じる危険を回避するために必要な援助や、外出時における移動中の介護などを行うことです。

　行動援護の具体的なサービスは、制御的対応、予防的対応、身体介護的対応に分けられます。制御的対応とは、障害者が突然動かなくなったり、物事に強いこだわりを示すなどの問題行動に適切に対応することをいいます。予防的対応とは、障害者が初めての場所で不安定になったり、不安を紛らわすために不適切な行動を起こさないように、前もって不安を取り除く対応をいいます。そして、身体介護的対応とは、便意の認識ができない障害者の介助、食事介助、衣類の着脱の介助などを指します。場合によっては、情緒不安定に陥り自傷行為を行うケースもあるため、他人に対する危険以外にも注意を配らなければなりません。この制御的対応や予防的対応が、移動する際に生じる危険を回避するために必要な援助に該当します。

　知的障害者や精神障害者は、障害の程度によって自分の行動や感情をコントロールすることが難しい場合があります。たとえば、突然泣き出したり、大声を出したり、相手に危害を加えたりすることがあります。また、日々のルーティンと異なることで不安になる場合もあります。そういった状況において、制御的対応や予防的対応を主とした行動援護をうまく活用することで、知的障害者や精神障害者も社会生活を過ごすことができます。

対象者となる障害の程度とは

　対象になるのは行動上著しい困難を有する障害者です。具体的には、障害者支援区分が３以上で、障害支援区分の認定調査項目のうち行動関連項目等（12項目）の合計点数が10点以上である者が対象となります。なお、障害児については、これに相当する支援の度合いであれば対象となります。

　実際の対象者の例としては、統合失調症などを有しており、危険回避などができない重度の精神障害者、てんかんや自閉症などを有する重度の知的障害者、そして自傷・異食・徘徊などの危険を有する人などが挙げられます。

　障害者の特性に合わせて、制御的行動や予防的対応を行わなければならないため、行動援護を行うヘルパーも高い知識と経験が必要になってきます。2021年４月以降は、ヘルパーの資格要件として養成研修を修了し、知的障害者や精神障害者への直接処遇経験が１年以上必要となります。よりよい支援を行うため、資格要件を厳しくしています。現在は、経過措置として、介護福祉士など一定の資格と直接処遇経験２年以上があれば行動援護を提供できます。

■ **行動援護** ・・

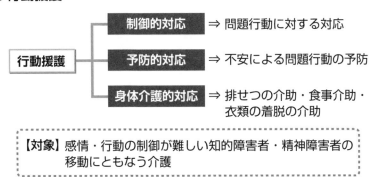

8 重度障害者等包括支援について知っておこう

複数のサービスを組み合わせて利用する

重度障害者等包括支援とはどんなサービスなのか

　重度障害者の場合、多くの介護や支援が必要となるケースが多く、想定していなかったサービスが急に必要になる可能性も高いといえます。そのため、対象者が日常生活においてさまざまなサービスを心身の状態などに合わせて臨機応変に利用できることが必要になります。つまり、**重度障害者等包括支援**の対象者は、居宅介護、同行援護、重度訪問介護、行動援護、生活介護、短期入所、共同生活援助、自立訓練、就労移行支援及び就労継続支援といった複数のサービスを包括的に利用できます。

　重度障害者等包括支援のサービスの対象者は、障害支援区分6に該当し、意思疎通が著しく困難な障害者です。その上で、重度障害者をⅠ類型、Ⅱ類型、Ⅲ類型に分類しています。重度障害者等包括支援事業者は、運営規定の中で事業の対象者としてⅠ〜Ⅲ類型を明記する必要があります。

　Ⅰ類型とⅡ類型は、四肢すべてに麻痺があり、常時寝たきり状態である者です。さらに、Ⅰ類型の場合は、筋ジストロフィーや脊椎損傷など人工呼吸器で呼吸管理をしている身体障害者が該当します。Ⅱ類型は、最重度の知的障害者が該当します。

　Ⅲ類型は、障害支援区分の認定調査項目の行動関連項目により判断され、強度行動障害者などが該当します。

事業者は具体的にどのように支援を行うのか

　重度障害者等包括支援は複数のサービスを組み合わせて提供されま

す。具体的には、朝夕の食事などの介護を重度訪問介護、日中は事業所へ移動し、入浴などの生活介護をそれぞれ行い、切れ目のないサービスを提供します。また、家族の入院など緊急時や障害者本人の通院時は、重度訪問介護で夜間の見守りや通院支援を行います。家族の介護負担を減らすために、泊まりの短期入所を組み合わせる場合もあります。すべての事業を同一の事業所で提供することは難しい場合は、他事業所と連携して提供することも可能です。その場合においても、利用者の状態変化で生じたニーズに臨機応変に対応する体制や、緊急なサービス内容の変更への調整を行えるように事業所間で連絡を密にしておく必要があります。

　しかし、事業所側にとっては、複数のサービスの提供に加え、急に介護や支援が必要になった場合の緊急の要請にも備えなければならないため、非常に負担の大きいサービスです。そのため、実施事業者数、利用者数ともに伸び悩んでいるのが現状です。

　なお、利用者は原則として1割の利用料を負担しますが、一定の金額を上限として定め、利用者の負担が過度にならないように配慮しています。その際には、利用者の所得（18歳以上の障害者は本人と配偶者の所得）を基準に上限額を算定します。

■ 重度障害者等包括支援

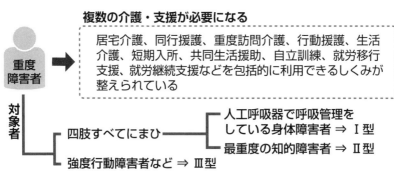

複数の介護・支援が必要になる

居宅介護、同行援護、重度訪問介護、行動援護、生活介護、短期入所、共同生活援助、自立訓練、就労移行支援、就労継続支援などを包括的に利用できるしくみが整えられている

重度障害者

対象者

四肢すべてにまひ ──┬── 人工呼吸器で呼吸管理をしている身体障害者 ⇒ Ⅰ型
　　　　　　　　　　└── 最重度の知的障害者 ⇒ Ⅱ型

強度行動障害者など ⇒ Ⅲ型

9 短期入所について知っておこう

介護者のリフレッシュも兼ねる

▌短期入所とはどんなサービスなのか

　短期入所は、通常、自宅での介護サービスを受けている人が、その介護者の病気、冠婚葬祭への出席、公的行事への参加などの理由から、施設で短期間生活する際に受けることのできるサービスのことで、ショートステイとも呼ばれます。介護者が不在となる障害者を、一時的に預かり、必要に応じて排せつ、食事、入浴などの介護や支援を行います。また、急速な高齢社会が進み、障害者の介護にあたる家族の高齢化も進んでいます。短期入所は、家族の介護の負担軽減を図る制度としても期待されています。

　このサービスは、福祉型と医療型に分かれています。どちらも身体障害者、知的障害者、精神障害者を問わず利用することができます。まず福祉型は、障害者支援施設などで実施されており、対象になるのは、障害支援区分１以上の障害者、または、障害児に必要とされる支援の程度に応じて厚生労働大臣が定める区分において、区分１以上に該当する障害児です。医療型は、病院、診療所、介護老人保護施設で実施されており、対象者は遷延性意識障害児（者）や重症心身障害児（者）などです。

　短期入所サービスを利用できる日数は、各市町村の判断によって決定されます。なお、短期入所は介護者の急用などで突然利用が必要になることも多いため、すぐに利用予定がない場合でも、事前に利用申請をしておくことができます。

　短期入所サービスは、地域社会において必要不可欠なサービスとなっています。一般的には障害者支援施設に併設しているため、設備

や人員面に関しても安心してサービスを利用することができます。

▎短期入所サービスの役割とは

　サービスの利用理由は、介護者の病気など、緊急、臨時的に介護が必要という理由だけでなく、旅行や休息など、ふだん介護に疲れている家族がリフレッシュすることを目的としたものでもかまいません。家族がリフレッシュするために、一時的に介護を離れ、障害者を預かることをレスパイトケアといいます。

　近年では、介護のため時短勤務や、場合によっては離職して介護をしなければならないケースが増えてきました。日本では家族が介護をするという考え方がまだまだあるからです。しかし、短期入所サービスのように気軽にレスパイトケアとして利用することが可能なサービスが増えてくれば、そういった介護者の負担軽減になり、介護者の社会進出も可能になります。

　短期入所サービスは、障害者の一時的な介護や支援を提供するだけでなく、介護者の受け皿として機能する身近なサービスでもあります。

■ 短期入所 ‥‥‥‥‥‥‥‥‥‥‥‥‥‥‥‥‥‥‥‥‥‥‥‥‥‥‥‥‥‥‥

短期入所

福祉型
障害者支援施設などで実施
（対象）障害支援区分１以上の障害者など

医療型
病院・診療所・介護老人保護施設で実施
（対象者）遷延性意識障害者・重症心身障害者など

役割

● 介護者の病気、冠婚葬祭への出席、公的行事への参加などの緊急な場合に、施設などで必要なサービスを臨時に受けることができる
● 介護に疲れた家族のリフレッシュのために利用する（レスパイトケア）

10 療養介護について知っておこう

医療機関で介護と医療的ケアを行う

療養介護とはどんなサービスなのか

　療養介護とは、「障害者総合支援法」で定められた自立支援給付のうち、介護給付に含まれる障害福祉サービスです。障害の種類によっては、食事介助や排せつの介助だけでなく、医療的なケアを要する障害もあります。具体的には、ALS（筋萎縮性側索硬化症）や筋ジストロフィー患者、重症心身障害者が該当します。つまり、長期の入院が必要である障害者のためのサービスとなっています。

　療養介護では、難病患者や重症心身障害者が、病院などの医療機関に長期入院して、機能訓練や看護などの医療的ケアとともに、食事や排せつなどの介護を受けることができます。つまり、日常的な介護の他に、医療行為の提供などを受けることができ、これを療養介護医療と呼んでいます。

　療養介護の対象者は、ALSなどを患っており、気管切開をともなう人工呼吸器による呼吸管理をしている人で障害支援区分6の人、または筋ジストロフィー患者か重症心身障害者で障害支援区分5以上の人で、いずれの場合も長期入院や常時の介護を必要とする人を対象としています。

　療養介護を利用するためには市町村に申請し、障害支援区分についての認定を受けなければなりません。障害支援区分には有効期間があり、3か月から3年の期間内で期間が決定されます。さらに支給を受けるためには、指定特定相談支援事業者が作成したサービス等利用計画案を提出し、支給決定を受けなければなりません。サービスの利用開始後も、利用者の実情に合ったサービスを提供するため、事業者は

６か月ごとにモニタリングを行い、利用計画を見直します。支給決定の更新もそれに基づいて決定されます。

■ 療養介護も選択肢のひとつになっている

療養介護は、医療的ケアを必要とする障害者が長期入院をすることを想定して作られたサービスです。医療の発達や機能訓練などで、必ずしも療養介護を利用しなければならないわけではありません。筋ジストロフィー患者の中には、自らの意思で療養介護を継続した人もいれば、自宅で自立生活を送っている人もいます。なお、自立生活を行う場合は、重度障害者等包括支援を利用することになります。

難病患者や重症心身障害者は、体を動かすことや意思疎通が困難な場合があります。しかし、「こういう生活がしたい」という意思や感情までなくなったわけではありません。障害が重いから入院しかできないではなく、療養介護はあくまで選択肢のひとつであり、障害者本人の意思を優先し、望んでいる生活が可能となるサービスや支援の拡充が必要となっています。

■ 療養介護 ･･･

【対象】長期入院・常時介護が必要な障害者
- ALS（筋萎縮性側索硬化症）などにより気管切開をともなう人工呼吸器による呼吸管理をしている障害支援区分６の人
- 筋ジストロフィー患者・重症心身障害者で障害支援区分５以上の人

受けられるサービス

〈日常的な介護〉
食事、入浴、排せつの管理など

＋

〈療養介護医療〉
医療行為や看護など

生活介護について知っておこう

日常生活の介護から創作的活動まで支援する

生活介護とはどんなサービスなのか

　生活介護とは、障害者総合支援法で定められた自立支援給付のうち、介護給付に含まれる障害福祉サービスです。昼間に障害者支援施設など適切にサービスを行うことができる施設で、排せつや入浴、食事などの基本的な日常生活上の介護だけでなく、対象者の生産活動や創作的活動のサポートも受けられます。施設に入所している障害者も昼間、生活介護を利用することができます。

　生活介護の対象者は、常時の介護を必要とする身体障害、知的障害、精神障害にかかわらず、障害支援区分3以上の人です。生活介護は施設入所者の場合、障害支援区分4以上の人が対象になります。4以下の場合でも、市町村により生活介護と入所している施設からの支援を組み合わせて利用することが必要と判断されれば対象となります。また、年齢が50歳以上の場合は、障害支援区分2以上で利用が可能です。障害児の利用はできません。

　施設には利用者の障害支援区分に応じて、看護師、理学療法士、作業療法士などが配置されています。

　生活介護を利用するためには市町村に申請し、障害支援区分についての認定を受けなければなりません。障害支援区分の有効期間、支給を受けるための過程については療養介護と同じです（34ページ）。また、事業者が行うモニタリング期間についても療養介護と同様に6か月ごとに行います。ただし、65歳以上で介護保険のケアマネジメントを受けていない場合には3か月に短縮されます。

生産活動や創作的活動の意義とは

　生活介護の特徴は、日常生活上の介護だけでなく、生産活動や創作的活動を提供することにあります。つまり、障害者が日常生活を送る上で必要な介護などを提供するとともに、さまざまな活動に取り組み、社会参加への足がかりを作ることに目的があります。生産活動や創作的活動の具体例としては、手芸などの自主製品の製作や、パンやクッキーの製造、趣味活動などのサポート、企業からの内職など多種多様な活動があります。

　こうした活動は、製作や内職をして工賃を稼ぐためではなく、健康の維持・増進、自立に向けた自信や生活意欲の醸成、経験値の拡充などの目的があります。

　生活介護の利用者は、比較的、障害支援区分が高い人が多く、この生産活動や創作的活動の内容を充実させることは、前述した目的達成のために重要な要素になります。たとえば、内容を充実させるために、製作をただの作業で終わらせず、創作活動の成果を発表する場を設ける、就労支援施設との連携を図るなどが考えられます。

■ 生活介護 ･･･

障害支援区分３以上の人　など

【生活介護】
主に昼間に提供されるサービス

障害者支援施設など　　　　　　　　　　　　対象障害者

日常生活上の介護	生産活動・創作的活動
排せつ、入浴、食事などの介護	(例)手芸などの自主製品の製作、パンやクッキーの製造、企業からの内職 など

自立訓練について知っておこう

機能訓練と生活訓練では対象者が違う

自立訓練（機能・生活訓練）とはどんなサービスなのか

　自立訓練とは、自立支援給付のうち、訓練等給付に含まれる障害福祉サービスです。病院や施設を退院した人が、地域社会で自立した生活を営むことができるように、身体機能の訓練や生活能力の維持・向上のためのサービスが受けられます。自立訓練は、身体障害者を対象とした機能訓練と、知的障害者・精神障害者を対象とした生活訓練に分けられます。

・**機能訓練**

　機能訓練とは、身体障害者の身体機能の維持回復に必要な訓練を行うサービスです。具体的には、理学療法士や作業療法士によるリハビリテーションや、日常生活を送る上での相談支援などを行います。利用者の状況に応じて、通所と訪問などのサービスを組み合わせて訓練を行います。

　機能訓練のサービスを利用するためには、指定特定相談支援事業者が作成したサービス等利用計画案を市町村に提出し、支給決定を受けなければなりません。障害支援区分は必要ありませんが、サービスの長期化を防ぐため18か月間の標準利用期間が設定されています。また、利用者が安定して地域生活を営むことができるように、定期的な連絡・相談を行うため、原則として3か月ごとにモニタリングが実施されます。

・**生活訓練**

　生活訓練とは知的障害者と精神障害者の生活能力の維持と向上に必要な訓練を目的とした障害福祉サービスです。地域の中で生活をする

ために、事業所への通所や利用者の自宅への訪問を通じて必要な訓練を実施します。具体的には、食事や家事など日常生活能力を向上させるための訓練を行います。

　生活訓練のサービスを利用するためには、指定特定相談支援事業者が作成したサービス等利用計画案を市町村に提出し、支給決定を受けなければなりません。障害支援区分は必要ありませんが、サービスの長期化を防ぐため24か月間の標準利用期間が設定されています。この標準利用期間は、長期間、入院・入所していた人については36か月間に延長されます。また、定期的な連絡・相談を行うため、機能訓練と同様、原則として3か月ごとにモニタリングが実施されます。なお、生活訓練には、積極的な地域移行を図ることを目的として、施設に宿泊して夜間における生活訓練を行う宿泊型自立訓練も設けられています。

■ 機能訓練と生活訓練の違い ……………………………………………

	機能訓練	生活訓練
利用者	地域生活を営む上で、身体機能生活機能の維持・向上等の必要がある身体障害者。以下の①②などが主な対象者。 ①病院などを退院した者で、身体的リハビリテーションの継続や身体機能の維持・回復などの支援が必要な者 ②特別支援学校を卒業した者で、身体機能の維持・回復などの支援が必要な者	地域生活を営む上で、生活能力の維持・向上等の必要がある知的障害者・精神障害者。以下の①②などが主な対象者。 ①病院などを退院した者で、生活能力の維持・向上などの支援が必要な者 ②特別支援学校を卒業した者や継続した通院により症状が安定している者で、生活能力の維持・向上などの支援が必要な者
サービス内容	身体的リハビリテーションの実施　など	社会的リハビリテーションの実施　など

就労支援について知っておこう

障害者が就労するのに必要な知識や技能に関する支援を行う

就労移行支援とはどんなサービスなのか

就労移行支援とは、障害者総合支援法で定められた自立支援給付のうち、訓練等給付に含まれる障害福祉サービスです。障害者が一般就労を希望する場合や、独立開業をめざす場合に、就労に必要な能力や知識を得るための訓練が受けられます。

就労移行支援の対象者は、サービス利用開始時に65歳未満の障害者で、一般企業への就労を希望する人や、技術を習得し、在宅で就労などを希望する人を主な利用者として想定しています。もっとも、65歳以上の障害者であっても、65歳になる前の5年間の間に、障害福祉サービスの支給決定を受けており、65歳になる前日の段階で、就労移行支援の支給決定を受けていた人については、引き続き就労移行支援を受けることが認められています。

就労移行支援事業は、大きく以下の4つの段階に分類して、必要な支援を行います。

① **基礎訓練**

就労移行支援事業所において、一般的な労働に必要な基礎的な知識・技能に関する支援を受けることができます。具体的には、基礎体力向上に関する支援、集中力や持続力などの習得に関する支援などを通じて、利用者一人ひとりの適性や就労に向けた課題を見つけることが目的です。

② **実践的訓練**

マナーや挨拶、身なりなど、実際に就職した場合に必要になる基本スキルの習得に関する支援が行われます。また、実際に職場見学に行

き、実習を行うなど、利用者は就労後の直接的なイメージをつかむことができます。

③　事業者とのマッチングなど

　求職活動のサポートなどを通じて、個別の利用者にふさわしい職場への就職をめざした支援が行われます。この際には、ハローワークや事業者との間で連携を取り、事業者との間で試行雇用（トライアル）や、事業所内での職場適応訓練などが行われます。

④　就職後のフォロー

　事業者が、障害者を雇うことにした後も、ハローワークなどの関係機関と連携して、障害者の適性や希望に応じた職場を作り出す必要があります。特に、障害者が職に就いた後もその職場に定着することができているかどうかを確認し、支援を続ける必要があります。なお、就労移行支援期間中の訓練であっても、訓練を受けている間の工賃（賃金）が障害者に支払われます。

　就労移行支援のサービスを利用するためには、指定特定相談支援事業者が作成したサービス等利用計画案を市町村に提出し、支給決定を受けなければなりません。障害支援区分は必要ありませんが、24か月間の標準利用期間が設定されています。ただし、必要性が認められる場合に限り、最大で12か月について、サービスの更新を受けることができます。また、サービスを利用して就職をした人は、原則として6か月間、就労移行支援事業者からの継続的な支援が受けられます。

就労継続支援Ａ型（雇用型）とはどんなサービスなのか

　就労継続支援とは、障害者総合支援法で定められた自立支援給付のうち、訓練等給付に含まれる障害福祉サービスです。一般企業に就労するのが困難な障害者に対して就労や生産活動の機会を提供し、能力や知識の向上を目的とした訓練が受けられます。

　就労継続支援にはＡ型とＢ型の２つのタイプがあります。

就労継続支援Ａ型は、雇用型とも呼ばれ、雇用契約に基づく就労が可能と見込まれる65歳未満の障害者が対象です。具体的には就労移行支援事業で一般企業の雇用が実現できなかった人や、盲・ろう・養護学校卒業後就職できなかった人、そして一般企業を離職した人や就労経験のある人を対象としています。もっとも、就労移行支援と同様で、65歳以上の障害者であっても、65歳になる前の５年間の間に、障害福祉サービスの支給決定を受けており、65歳になる前日の段階で、就労継続支援Ａ型の支給決定を受けていた人については、引き続き就労継続支援Ａ型の支援を受けることが認められています。

　具体的な支援については、主に以下の２つに分類することができます。

① 働く機会の提供

　就労継続支援Ａ型においては、障害者は、就労継続支援Ａ型事業所で働くことができます。そのため、就労継続支援Ａ型のもっとも重要な支援として、障害者に雇用を通じた物の生産活動などの働く機会を提供することにあります。注意が必要なのは、就労継続支援Ａ型の利用者は、全員が雇用契約を締結しなければならないわけではありません。つまり、就労継続支援Ａ型事業所との間で雇用契約を結ぶことなく、サービスを利用することができます。ただし、雇用契約を結ばない利用者は、利用者の定員の半数（定員が20名以上の場合９名を超えることはできません）の範囲に限られます。

② 一般的な企業への就職に向けた知識・技能習得のための支援

　就労継続支援Ａ型の最終的な目標は、あくまでも、利用者が一般企業に就職することです。そのためには、就労継続支援Ａ型事業所で働く中で、一般企業で就職するのに必要な挨拶などの就労習慣や、さまざまな業種をこなすための技能を習得するための支援が行われます。

　なお、就労継続支援Ａ型においては、雇用契約を締結するので、就労継続支援Ａ型のサービス利用者は労働者として扱われ、労働基準法などの適用を受けます。また、事業者は障害者に対して工賃（賃金）

を支払う必要があります。工賃は原則としてその地域の最低賃金が保障されます。

　就労継続支援のサービスを利用するためには、就労移行支援と同様に、指定特定相談支援事業者が作成したサービス等利用計画案を市町村に提出し、支給決定を受けなければなりません。ただし、Ａ型のサービス利用者は施設と雇用契約を結んでいるので、就労移行支援のような標準利用期間は設定されていません。

■ 就労継続支援Ｂ型（非雇用型）とはどんなサービスなのか

　就労継続支援Ｂ型は、非雇用型とも呼ばれ、雇用契約を結ぶＡ型とは異なり、雇用契約を結ばずに、就労の機会や居場所を提供し、就労支援を行います。就労継続支援Ｂ型の特徴は、年齢や体力などが理由で、負担の大きな仕事に就くことができない障害者を対象に、軽作業などを中心に行う中で、必要な職業訓練などが行われる点にあります。また、就労移行支援や就労継続支援Ａ型に移行する前提として、就労継続支援Ｂ型を利用することも可能であり、一般的な就職を希望する

■ 就労継続支援Ａ型

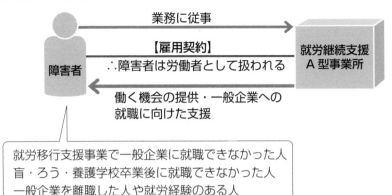

利用者に対しては、就労継続支援B型の中でも、一般就労に必要な知識や技術に関する支援が行われます。

　就労継続支援B型の対象者は、通常の事業所に雇用されることが困難な障害者で、具体的には、就労移行支援事業を利用したが一般企業の雇用に結びつかずB型利用が適当と判断された人、一般企業に就労経験があり、年齢や体力的に雇用が困難と予想される人、あるいは、50歳に達しているか、障害基礎年金1級受給者など、就労の機会を通じて生産活動に関する知識や能力の向上が期待される人を対象としています。具体的な支援については、主に以下の2つに分類可能です。

① 　働く機会の提供

　就労継続支援B型においては、障害者は、雇用契約こそ結びませんが、就労継続支援B型事業所で働くことができます。そのため、就労継続支援A型と同様で、重要な支援として、障害者に雇用を通じた物の生産活動などの働く機会を提供することが挙げられます。就労継続支援B型のサービスを利用する利用者は、手芸などの自主製品の製作やパンやクッキーの製造などの作業を行い、作業分を工賃（賃金）として受け取ります。比較的自由に自分のペースで働くことができます。

　なお、**工賃**とは、就労継続支援B型での作業を通して、障害者が得られる賃金のことをいいます。就労継続支援B型は、事業所と障害者の間で雇用契約を締結せず出来高で工賃を支払うため、1時間当たりの時間給について最低賃金を下回り、工賃が非常に安くなることがあります。しかし、自立に向けた生活を考えると、達成感や、やりがいだけでなく労働の対価として金銭を得ることも重要です。そのため、各事業所は、特別な事情がない限り工賃向上計画を作成し、工賃向上に向けて積極的な取り組みが求められています。また、工賃向上を達成するために市町村等は必要な支援をすることが義務付けられています。

② 　一般的な企業への就職に向けた知識・技能習得のための支援

　就労継続支援B型の利用者の中には、最終的には一般企業などへの

就職をめざして、就労継続支援A型や就労移行支援への移行を希望する利用者もいます。そこで、就労継続支援B型事業所で働く中で、一般企業で就職するのに必要な挨拶などの就労習慣や、さまざまな業種をこなすための技能を習得するための支援も行われます。

　B型のサービスを利用するためには、A型と同様の手続を経て、支給決定を受けなければなりません。また、A型の場合と同様に、標準利用期間の制限もありません。

　A型とB型の違いは、雇用契約があるかないかの違いであり、B型事業所の作業の方が軽作業が多いことが一般的です。さらに、年齢制限の違いもあります。A型事業所は、原則、18歳以上65歳未満の人が利用できる一方で、B型事業所では年齢制限が設けられているわけではありません。

■ 就労継続支援B型

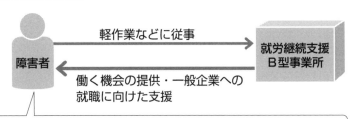

軽作業などに従事

障害者 ← 就労継続支援B型事業所

働く機会の提供・一般企業への就職に向けた支援

就労移行支援事業を利用したが一般企業に就職できなかった人
一般企業に就労経験があり、年齢や体力的に雇用が困難と予想される人
50歳に達しているか、障害基礎年金1級受給者　など

14 施設入所支援について知っておこう

施設に入所して夜間の生活支援を行う

施設入所支援とはどんなサービスなのか

　施設入所支援は、障害者総合支援法で定められた自立支援給付のうち、介護給付に含まれる障害福祉サービスです。施設に入居する障害者に対し、夜間を中心に排せつや入浴、食事といった日常生活の介護や支援、生活に関する相談や助言を行うサービスです。そのため、施設に通所することが困難な障害者のケアを担う重要なサービスだといえます。日中時間帯は、就労移行支援事業や生活介護事業などを利用します。1日の時間帯ごとに適切なサービスが配置されていることで、障害者の1日の生活すべてにおいて、必要なケアが行き届くしくみが採用されています。

　以前まであった入所更生施設は、日中と夜間のサービスを一体的に提供していました。しかし、「日中に適した訓練が施されるが、その施設には住居機能がない」、逆に、「住居機能があるがその施設では満足な訓練が受けられない」などの不都合が生じるケースがありました。そういった背景があり、法改正が行われ、施設入所支援が規定されたことにより、障害者は自分に合った日中活動や夜間のケアを選択することができるようになりました。

　利用者は、施設でのサービスを日中のサービスと夜間のサービスに分けることで、サービスの組み合わせを選択できます。このサービスを利用する場合には、利用者一人ひとりの個別支援計画が作成され、その計画に沿ってサービスが提供されます。

　また、施設入所支援を利用する障害者は、地域移行支援の対象でもあります。そのため、個別支援計画を作成する際には、地域移行も想

定して作成しなければなりません。その障害者がどんな生活が適しているのか、どんな支援が必要なのかを意識して作成する必要があり、障害者本人中心の支援計画を作成することが求められています。

┃ どんな人が利用できるのか

施設入所支援の利用者は、日中に就労移行支援や自立訓練を利用している人で、かつ夜間の介護を必要とする人を対象としています。常時介護などの支援が必要な障害者が該当します。

具体的な対象者は、①生活介護を受けている障害支援区分4以上の人（50歳以上の場合は障害支援区分が3以上）が利用できます。②自立訓練、就労移行支援または就労継続支援B型を受けている人で、施設に入所して訓練を行うことが必要的・効果的であると認められる人、③障害福祉サービスの提供状況などその他やむを得ない事情で通所による介護などを受けることが困難な人、などです。

施設入所支援を希望する場合は、障害福祉サービスの利用申請と異なるので注意が必要です。

■ 施設入所支援 ……………………………………………

障害者

| 日中 | ・就労移行支援事業
・自立訓練
・生活介護事業 |

| 夜間 | ・施設入所支援
施設入居者に対する排せつ、入浴、食事などの日常生活に関する介護・支援 |

夜間を含め
1日トータルの介護
・支援を受けることが可能

共同生活援助について知っ
ておこう

比較的軽度な障害者の生活の場を提供する

▌共同生活援助とはどんなサービスなのか

　共同生活援助（グループホーム）は、障害福祉サービスの中で、自立支援給付の訓練等給付にあたります。地域の中で障害者が集まって共同で生活する場を設け、サービス管理責任者や世話人を配置して生活面の支援をするサービスです。

　主に昼間は就労継続支援や小規模作業所などのサービスを受けている知的障害者や精神障害者などを対象としています。つまり、介護サービスまでは必要ないものの、地域の中で１人で生活していくのが困難という障害者が利用するということです。障害者の場合、親や親族など支援をしていた人が亡くなったり、高齢になって支援できなくなることで、生活の場を失うおそれがあります。そのような障害者の受け皿として、グループホームの必要性は高まっています。また、障害者が社会の中で孤立することを防ぎ、安心して社会生活を送ることをサポートするという役割も担っています。

　グループホームの具体的なサービス内容は、日常生活上必要な相談を受ける、食事の提供、入浴、排せつ、金銭管理、健康管理、緊急時の対応などです。こういったサービスを直接提供するのが世話人の役目です。グループホームには居住者６人に対し１人の割合で世話人が配置されています。

　利用できる対象者は、身体障害者、知的障害者、精神障害者です。なお、身体障害者の場合は、65歳未満の人、65歳になる前に障害福祉サービスなどを利用したことがある人に限定されます。

■ グループホームには種別がある

　グループホームは、①介護サービス包括型、②外部サービス利用型、そして2018年の法改正で新たに創設された③日中サービス支援型に分類されます。介護サービス包括型は、相談や日常生活上の援助、食事や入浴などの介護を合わせて行うサービスです。一方で、外部サービス利用型は、相談や日常生活上の援助は行い、食事や入浴などの介護は外部の居宅介護事業を受ける形態です。日中サービス支援型は、障害者の重度化や高齢化に対応するために創設された形態です。日中においても常時の支援体制を確保する必要があります。その分世話人の配置も多くしなければなりません。

　グループホームは原則として、障害者が共同で生活することを基本としています。しかし、グループホームの支援が不要となっても、支援がまったくないことで不安を抱え、なかなか自立できないといったケースもあります。そのため「サテライト型住居」が認められています。ふだんは民間のアパートなどで生活し、余暇活動や食事などは本体となるグループホームを利用する形態になります。

■ 共同生活援助 ……………………………………………………………

共同生活援助（グループホーム）

★日常生活上必要な相談の受付け、食事の提供、入浴、排せつ、金銭管理、健康管理、緊急時の対応などを行う

介護サービス包括型
⇒ 必要なサービスを基本的にグループホームで行う

外部サービス利用型
⇒ 相談や日常生活上の援助をグループホームが行い、食事や入浴などの介護は外部の居宅介護事業により行う

日中サービス支援型
⇒ 障害者の重度化や高齢化への対応に重点を置く

自立生活援助・就労定着支援について知っておこう

一人暮らしや就労定着の継続支援を行う

自立生活援助とはどんなサービスか

自立生活援助とは、これまで施設入所支援や共同生活援助(グループホーム)の利用者となっていた人たちを対象として行われるサービスです。これまでは一人暮らしをすることが難しいと思われていた障害者が、アパートなどで一人で生活できるようにすることが目的です。そのため、自立生活援助の対象者は、障害者支援施設などを利用していた、一人暮らしを希望する障害者です。

サービスの内容としては、定期的に自宅を巡回訪問したり、必要なときには随時対応することにより、障害者が円滑に地域生活を送ることができるよう、相談や助言などを行います。知的障害や精神障害で理解力や生活力が不十分であるために、一人での生活を選択できないような場合に利用されます。

このサービスが創設された背景には、深刻に進む障害者の高齢化問題への対策という意味合いがあります。今後、障害者を受け入れる施設やグループホームが不足することが想定されるため、年齢が若かったり、障害の程度が軽い人については、なるべく施設などからアパートなどに移り、地域生活を送ることができるようにすることをめざしています。そして、これによって空きの出た施設やグループホームには、高齢であったり、障害の程度が重度な人を、優先的に入所させることになります。

就労定着支援とはどんなサービスなのか

就労定着支援とは、生活介護や就労移行支援などを利用して一般の

企業に雇用された障害者の相談を受けたり、金銭管理などの生活上の課題を支援するサービスです。雇用されている企業、医療機関などとの連絡調整役となり、就労がなかなか定着しない精神障害者、知的障害者、発達障害者などを支援することを目的としています。

「自立生活援助」と「就労定着支援」は、2018年4月1日に創設された新しいサービスです。施設やグループホームから一人暮らしに移行したり、就労支援施設から新たに一般の企業に採用されるなど、障害者の社会進出は増加しています。障害福祉サービスを利用していた人が、自立した生活へ変化することは負担が大きいといえます。そういった負担から、施設生活に逆戻りしたり、退職してしまうことは、社会にとっても本人にとっても好ましいことではありません。

自立生活援助や就労定着支援は、地域社会での自立をめざすため、障害者が徐々に日常生活や就労に慣れ、安心して地域での生活ができるようにサポートする専門的機関として機能することが期待されています。

■ 自立生活援助・就労定着支援 ……………………………………

【自立生活援助】

自立生活援助の役割：
定期的な訪問相談の受付など

↓

1人暮らしを望む
知的障害者・
精神障害者

→ 障害者

アパートなど

生活の変化 ↑

施設入所支援、共同生活援助など

【就労定着支援】

就労定着支援の役割：
相談の受付、金銭管理など

↓

一般企業に雇用された
知的障害者・精神障害者・
発達障害者

→ 障害者

一般企業

就労の変化 ↑

就労移行支援事業所

医療支援のサービスはどのようになっているのか

障害の種類・程度・年齢等の事情をふまえた上で適切な医療が提供される

▌自立支援医療とはどんなものなのか

自立支援医療とは、障害の軽減を図り、自立して日常生活や社会生活を送れるようにするために行われる医療費の公費負担制度です。

自立支援医療は、従来別々に行われてきた、身体障害児の健全な育成や生活能力の獲得を図るための医療（旧育成医療）、身体障害者の自立と社会経済活動への参加促進を図るための医療（旧更生医療）、精神障害者が入院しないで受ける精神医療（旧精神通院医療）の3つが統合されたものです。それぞれの利用手続きは、以下のとおりです。

・育成医療

　実施主体は市町村、申請窓口は市町村の担当課

・更生医療

　実施主体は市町村、申請窓口は市町村の担当課

・精神通院医療

　実施主体は都道府県、申請窓口は市町村の担当課

なお、自立支援医療は、指定された自立支援医療機関において、治療や調剤等が行われるため、申請窓口を通じて必要な手続きをとる必要があります。

申請には、医師の診断書や意見書、健康保険証、さらにその人にとっての妥当な利用料を設定するため、所得に関する書類が必要になります。経済的事情で自立支援医療が受けられないという状態を避けるため、利用負担に関して、所得に応じた細かい区分や上限額が設定されています。申請の有効期間はいずれも1年で、期間が過ぎると更新が必要になります。

育成医療・更生医療を受けられるのは、基本的には、治療により状態がよくなる見込みがある、障害者手帳を持っている障害児（者）です。育成医療の対象は18歳までなので、その後は身体障害者更生相談所（身更相）の判定を経て、更生医療に切り替えて治療を続けます。精神通院医療は、状態を良くするために通院治療を続ける精神障害者が対象です。更生医療と同じく、判定を経る必要があり、その業務は精神保健福祉センターが担います。

自立支援医療が必要だと認められた場合でも、自由に複数の医療機関を利用することはできません。対象者が利用する医療機関は、事情がある場合を除き、どこか1か所に絞らなければなりません。

療養介護医療費とは

障害福祉サービスを受けている者が、医療の他に介護を受けている場合に、医療費の部分について支給されるのが**療養介護医療費・基準該当療養介護医療費**です。

主に昼間、日常生活の世話や医学的管理下での介護、療養上の看護・管理、病院や施設などでの機能訓練を受ける際に療養介護医療費が支給されます。

また、障害福祉サービス事業を提供するための事業所・施設が基準該当事業所や基準該当施設（事業所や施設について、設備・運営基準のすべてを満たしていないが、一定の基準を確保していることから、サービスの提供や施設の運営が認められるもの）の場合、基準該当療養介護医療費が支給されます。

自立支援医療を利用する場合の手続きと利用者の負担額

自立支援医療の担当窓口は市町村の担当窓口です。申請後、判定が行われ、支給認定が行われると受給者証が交付されます。利用者は受給者証の交付後指定の医療機関で治療を受けることになります。

自立支援医療の対象者であることが認定されると、指定自立支援医療機関の中から医療機関を選び、利用者が負担能力に応じて負担する金額で医療を受けることができます。

　また、利用者の負担を軽減するため、下図のような上限額が設定されています。なお、「世帯」については、健康保険や共済組合で扶養、被扶養の関係にある全員、または国民健康保険にいっしょに加入している全員のことを指すため、住民票上の「世帯」とは異なる場合があります。

■ 自立支援医療費の負担の上限額 ……………………………………

世帯の状況	月額の負担上限
生活保護世帯	０円
市町村民税非課税世帯であり、本人収入が80万円以下の場合	2,500円
市町村民税非課税世帯であり、本人収入が80万円を超える場合	5,000円
所得に応じて課せられる市町村民税額が3万3000円未満の場合	医療保険の自己負担限度額（ただし、育成医療については5,000円が上限額）
所得に応じて課せられる市町村民税額が3万3000円以上23万5000円未満の場合	医療保険の自己負担限度額（ただし、育成医療については1万円が上限額）
所得に応じて課せられる市町村民税額が23万5000円以上の場合	公費負担の対象外（ただし、高額治療継続者については、月額2万円が負担上限額）

18 育成医療について知っておこう

障害の除去や軽減ができる児童の医療費の一部を負担する制度

育成医療は障害の除去や軽減ができる児童が対象

　障害のある児童で、手術などの治療により、障害を除去することや軽減することができる者もいます。しかし、障害に対する治療は高額になることがあり、また、長期的に治療が必要であることから、経済的に継続することが困難となる場合もあります。そのような児童の治療を助けるため、**育成医療**が制定されました。

　育成医療の対象となる者は、障害の除去や軽減ができる児童です。まず、児童であるためには、18歳までてなければなりません。満18歳以上になった場合には、育成医療の対象ではなく、更生医療の対象になります。

　育成医療の対象になる児童は、児童福祉法4条2項に規定する障害児、あるいは、治療を行わなければ将来障害を残すと認められる疾患がある児童です。これらの児童は、手術などの医学的な治療により、障害の除去や軽減を確実に期待できる者でなければなりません。

対象となる疾病

　対象となる疾病は、医学的な治療により、除去や軽減を期待できる疾病でなければなりません。たとえば、白内障などの視覚障害、先天性耳奇形などの聴覚障害、口蓋裂などの言語障害、先天性股関節脱臼など肢体不自由が対象になります。他にも、内部障害として、心臓の弁口や心室心房中隔に対する手術で治療できる先天性疾患や、ペースメーカーの埋め込み手術により治療できる後天的な疾患が対象になる他、肝臓移植によって治療可能な肝機能障害、HIVによる免疫機能障

害も対象になります。

そして、育成医療の対象となる医療は、診察、薬剤、治療材料、医学的処置、手術、入院における看護などが対象になります。たとえば、先天性耳奇形、口蓋裂などに対する形成術、尿道形成や人工肛門の造設、HIVによる免疫機能障害に対する抗HIV療法などが対象になります。

支給認定手続き

育成医療を申請する者は、市町村に申請書と添付書類を提出します。申請を受けた市町村は、身体障害者更生相談所などの意見を聴き、負担上限月額の認定を行います。

育成医療の自己負担上限月額の決定には、世帯の所得状況や高額治療継続者に該当するかなど、さまざまな要素が考慮されます。そのため、事前に市町村の担当課や医療機関のソーシャルワーカー（MSW）に相談することが勧められます。

市町村は、自己負担上限月額の決定に際して、育成医療の支給の有効期間も決定します。有効期間は原則3か月ですが、治療が長期におよぶ場合については、1年以内になります。

■ 育成医療 ・・・

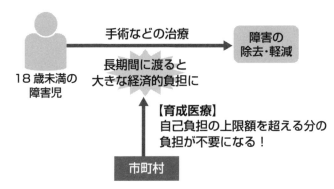

19 更生医療について知っておこう

育成医療と同様に除去・軽減することができる障害の治療の一部を負担する制度

更生医療は18歳以上の身体障害者が対象

更生医療も、育成医療と同様の制度です。治療により、障害を除去し、あるいは軽減することが確実にできるにもかかわらず、治療費が高額であることや、治療が長期にわたり、負担が大きいことから、治療を断念してしまう者は少なくありません。そのような者の負担を軽減し、治療による改善を促すため、更生医療が制定されました。

育成医療が、18歳までの者が対象であったのですが、更生医療は、18歳以上でなければなりません。また、更生医療の対象になる者は、身体障害者でなければなりません。**身体障害者**とは、身体障害者福祉法4条に定義されています。

身体障害者福祉法4条によると、身体障害者にあたるというためには、身体障害者手帳の交付が必要になります。身体障害者手帳は、市町村の窓口において申請し、交付を受けることができます。そのため、更生医療を利用する場合、事前に、身体障害者手帳の申請をしなければなりません。

対象となる疾病

更生医療は、身体障害者が対象であるため、障害の種別として、身体障害でなければなりません。

そして、身体障害でも、その障害が継続するものである必要があります。これは、治療により除去・軽減することができる障害でなければならないからです。たとえば、白内障や網膜剥離などの視覚障害や外耳性難聴などの聴覚障害などがあります。なお、言語機能障害につ

いては、鼻咽腔閉鎖機能不全に対する手術以外に、歯列矯正によって改善が期待できる場合には、歯列矯正も対象に含まれます。また、内部障害として、心臓の先天性疾患や肝機能障害、HIVによる免疫機能障害も更生医療の対象の障害にあたります。支給対象となる医療の内容は、診察、薬剤、治療材料、医学的処置、手術、入院における看護などです。これらのうち、医療による確実な効果が期待できるものに限られます。たとえば、白内障に対する水晶体摘出手術や、HIVによる免疫機能障害に対する抗HIV療法などです。

▎支給認定手続き

　更生医療を利用する者は、まず、市町村に申請をしなければなりません。申請は、申請書を提出する方法によりなされます。市町村は、申請を受理すると、身体障害者更生相談所に判定依頼をします。身体障害者更生相談所は、医療の具体的な見通しや障害の程度などの事情から、申請内容の妥当性や給付の必要性を審査します。身体障害者更生相談所が判定した後、その判定をもって、市町村が支給認定をします。

■ 更生医療の対象になる障害と治療例 ……………………………

対象になる身体障害		具体的な治療例など
視覚障害		水晶体摘出手術、網膜剥離手術、虹彩切除術、角膜移植術など
聴覚障害害		鼓膜穿孔閉鎖術、外耳形成術
言語障害		歯科矯正など
肢体不自由		関節形成術、人工関節置換術など
内臓障害など	心臓	弁口・心室心房中隔に対する手術など
	腎臓	人工透析療法、腎臓移植術など
	肝臓	肝臓移植術など
	小腸	中心静脈栄養法

精神通院医療について知っておこう

医療機関に通院し精神疾患を治療している者の、医療費の一部を負担する制度

■ 精神通院医療は治療のため通院している人が対象

　育成医療や更生医療は、医学的な治療により、障害の除去や軽減ができるなど、確実な効果が期待できる身体障害者が対象でした。また、育成医療や更生医療の実施主体は市町村ですが、精神通院医療の実施主体は、都道府県や指定都市であることにも差があります。

　精神疾患は、治療による効果が出たかどうかを判断することが困難です。精神疾患にも医学的な治療は必要であり、治療を継続することは、身体障害と同様に困難になることがあります。にもかかわらず、精神疾患においては、医療費の給付が受けられないとすることは、不平等です。そのため、**精神通院医療**が制定されました。

　精神通院医療の対象となる者は、治療のために通院している者です。そのため、入院して治療を受ける場合は対象になりません。治療のためにとは、精神疾患が発症していなければならないということではありません。再発予防で通院している者も対象となります。

■ 対象となる疾患

　精神通院医療の対象となる疾患は、精神保健福祉法5条に規定する11つの精神疾患です（次ページ図参照）。たとえば、「病状性を含む器質性精神疾患」「統合失調症」「てんかん」「精神遅滞」「小児期・青年期に通常発症する行動・情緒の障害」などがあります。

　このうち、高額治療継続者の対象疾患があります。先程の例でいうと、「病状性を含む器質性精神疾患」「統合失調症」「てんかん」があたります。高額治療継続者とは、世帯などの所得が一定額以上で、治

療費が公費負担の対象外にあたる場合でも、高額な費用負担が継続する疾患として、治療費の一部が公費により負担される者のことをいいます。高額治療継続者の対象疾患となる疾患は、「重度かつ継続」と認められた疾患のみです。

▌支給認定手続き

　精神通院医療の申請は、市町村になされ、市町村を経由して、都道府県の精神保健福祉センターに申請がなされます。精神通院医療の実施主体は都道府県なのですが、育成医療、更生医療と申請手続を同様にし、利用者の便宜を図るため、このような制度になっています。

　申請を受けた精神保健福祉センターは、申請内容を審査し、判定を行います。そして、精神保健福祉センターの判定をもって、都道府県が支給認定をします。支給認定後、受領書が、市町村を経由して申請者に交付されます。

■ 精神通院医療の対象になる精神疾患 ………………………………

ＩＣＤコード	精神疾患
Ｆ０	病状性を含む器質性精神障害
Ｆ１	精神作用物質使用による精神・行動の障害
Ｆ２	統合失調症、統合失調型障害・妄想性障害
Ｆ３	気分障害
Ｇ40	てんかん
Ｆ４	神経症性障害、ストレス関連障害・身体表現性障害
Ｆ５	生理的障害・身体的要因に関連した行動症候群
Ｆ６	成人の人格・行動の障害
Ｆ７	精神遅滞
Ｆ８	心理的発達の障害
Ｆ９	小児期・青年期に通常発症する行動・情緒の障害

※ＩＣＤコード：「疾病及び関連保健問 題の国際統計分類」（国際疾病分類）に基づく

補装具等の支援について知っておこう

利用者が義肢などを購入した上で、費用の補助が行われる

▌補装具等としてどんな用具が提供されるのか

　補装具とは、障害者等の身体機能を補完・代替し、かつ長期間にわたって継続して使用される用具で具体的には義肢、装具、車いすなどが該当します。

　障害者は、障害の程度によっては車椅子などの使用が欠かせなくなります。義肢や車椅子などの補装具は、市町村に申請することによって給付を受けることができます。この場合、市町村は、身体障害者更生相談所などの意見を聴きながら、補装具費を支給すべきか否かを審査した上で、適切であると認めた人に対して、補装具費の支給決定を行います。支給決定を受けた障害者には、補装具費支給券が交付されます。

　請求方法は、利用者が補装具を購入した上で市町村の担当窓口へ自己負担額を除いた金額を請求し、市町村の支給決定によって給付金が支払われるという流れになります。具体的には、購入時点においては、補装具業者との間で、利用者が購入などの契約を結びます。その際に、補装具費支給券を提示した上で、いったん、利用者自身が購入費用を負担しなければなりません。後に、領収書に補装具費給付券を添付して、市町村に対して請求を行います。これにより、自己負担額を差し引いた金額について、償還を受けることができるという制度がとられています。これを償還払方式といいます。もっとも、市町村が利用者の状況などを考慮した上で、代理受領方式をとることも可能です。代理受領方式とは、利用者が補装具を購入する時点で、自己負担額のみを支払うことで、補装具の引渡しを受けることができる制度です。その際に、利用者は補装具の製作業者に対して、代理受領に関する委任

状と補装具費支給券を手渡します。そして、後に製作業者から、市町村に対して、利用者から手渡された委任状・補装具費支給券を提示して、補装具に関する給付費に相当する金額の支払いを請求し、製作業者が、利用者に支給されるべき金額を受け取ります。

　なお、障害者の費用負担については、利用者が負担すべき額は最大でも１割とされているため、障害者は最大で、補装具を利用する費用の１割を負担することになります。利用者負担以外の部分については、公費負担になります。このうち、国が２分の１を負担し、都道府県・市町村がそれぞれ、４分の１ずつを負担します。

　ただし、所得の状況によって以下のような負担上限額が定められています。

・生活保護受給世帯：０円（障害者の自己負担なし）
・市町村民税非課税世帯：０円（障害者の自己負担なし）
・市町村民税課税世帯：３万7200円

　注意したいのは、所得制限が設けられているということです。つまり、障害者本人あるいは、その障害者が含まれる世帯のうち、いずれかの人が、市町村民税所得税における納税額が46万円以上の場合には、補装具費の支給を受けることができません。

補装具の要件

　補装具として認められるためには以下の３つの要件を満たしていなければなりません。

① 障害個別に対応して設計・加工されており、身体の欠損もしくは損なわれた身体機能を補完・代替するもの
② 同一製品を継続して使用するという条件があり、身体に装着して日常生活・就労・就学に使用するもの
③ 医師などの診断書や意見書に基づいて使用されるもの
　具体的な補装具の種類には次ページ図のようなものがあります。

■ 補装具の種類 ···

義肢
義手、義足
装具
下肢、靴型、体幹、上肢
座位保持装置
姿勢保持機能付車いす、姿勢保持機能付電動車いす、など
盲人安全つえ
義眼
眼鏡
矯正眼鏡、遮光眼鏡、コンタクトレンズ、弱視眼鏡
補聴器
高度難聴用ポケット型、高度難聴用耳かけ型、耳あな式（レディメイド）、耳あな式（オーダーメイド）、骨導式ポケット型、骨導式眼鏡型
車いす
普通型、リクライニング式普通型、ティルト式普通型、リクライニング・ティルト式普通型、手動リフト式普通型、前方大車輪型、リクライニング式前方大車輪型、片手駆動型、リクライニング式片手駆動型、レバー駆動型、手押し型、リクライニング式手押し型、ティルト式手押し型、リクライニング・ティルト式手押し型
電動車いす
普通型時速4.5キロメートル、普通型時速6キロメートル、手動兼用型、リクライニング式普通型、電動リクライニング式普通型、電動リフト式普通型、電導ティルト式普通型、電導リクライニング・ティルト式普通型
座位保持いす
起立保持具
歩行器
頭部保持具
排便補助具
歩行補助つえ
重度障害者用意思伝達装置

補装具の借受けに対する支援

　補装具は、個別の障害者に適合するように、製作されていますので、補装具費用の支給対象になるのは、原則として、利用者が補装具を購入する場合が想定されています。しかし、以下の場合には、補装具の借受けについても、必要な費用の支給を受けることができます。

・身体の成長によって、短期間のうちに補装具の交換が必要になると認められる場合

・障害の程度が進行することが予測され、補装具の使用期間が短く、交換などが必要になると認められる場合

・補装具の購入について、複数の補装具などの比較が必要であり、借受けが適当であると認められた場合

　補装具の借受費用の支給を受ける手続きは、購入の場合の手続きと同様です。借受期間中は、毎月補装具費が支給されることになりますが、補装具費支給券については、借受期間の最初の月に、支給決定通知書と合わせて、借受期間にあたる月数分が交付されます。借受けから補装具の交換までの期間は、原則として1年間です。ただし、市町村・身体障害者更生相談所などが必要性を認めた場合には、約1年ごとに判定・支給決定を行うことで、約3年間まで、補装具の交換までの期間を伸長することができます。

　借受期間の終了にあたっては、利用者は、補装具について購入可能であるのか、あるいは継続して、借受けによる給付を希望するのかを選択することができます。この際には、再び市町村による支給決定の手続きが必要になりますので、改めて身体障害者更生相談所による判定を受けなければなりません。

　なお、現在のところ、借受けの対象になる補装具には、①義肢・装具・座位保持装置の完成用部品、②重度障害者用意思伝達装置、③歩行器、④座位保持椅子の4種類があります。

22 地域生活支援事業について 知っておこう

多くは市町村が行うが、一部の広域的な支援は都道府県が行う

地域生活支援事業とは

地域生活支援事業とは、市町村や都道府県などが、地域に居住する障害者に対して障害の程度などに応じて柔軟に必要な支援を行う事業です。多くは市町村によって行われますが、一部の広域的な支援は都道府県によって行われます。

障害福祉サービスには、自立支援給付があり、自立支援給付は、「それぞれの障害者にとって必要なサービスとはどのような内容か」という観点に重点が置かれています。これに対して、地域生活支援事業では、「その地域で提供できるサービスはどの程度の内容か」という点が重視されています。障害者がさまざまなサービスを希望していたとしても、実際には、サービスに必要な施設や職員の数には限界があります。1人の障害者のニーズに応えて、他の障害者のニーズを軽視するようなことがあってはなりません。そこで、地域生活支援事業により、地域の財政などの実情を考慮して、効率的により多くの障害者のニーズに適したサービスの提供が実施されています。また、広域的な取り組みが可能であることも、地域生活支援事業の特徴といえます。個別の障害者に対する支援では不十分であった支援についても、さまざまな機関への委託などを行うことで、緊急な事態にも対応できる弾力性を持っています。

市町村が行う地域支援事業

必ず実施しなければならない**必須事業**と任意に行うことができる**任意事業**があります。

市町村の必須事業には、①理解促進研修・啓発事業、②自発的活動支援事業、③相談支援事業、④成年後見制度利用支援事業、⑤成年後見制度法人後見支援事業、⑥意思疎通支援事業、⑦日常生活用具給付等事業、⑧手話奉仕員養成研修事業、⑨移動支援事業、⑩地域活動支援センターがあります。市町村が行う地域生活支援事業の主な事業内容は、以下のとおりです。

・理解促進研修・啓発事業

　地域住民に対して、障害者に対する理解を深めるための事業です。たとえば、障害の特性に関する教室の開催や、障害福祉サービス事業所への訪問などの各種イベントの開催などが挙げられます。

・自発的活動支援事業

　障害者やその家族などが、自発的に行う活動を支援する事業です。障害者・家族が共通して抱える悩みなどを相談し合う交流会（ピアサポート）や、障害者を含む地域全体の災害対策、障害者の孤立防止に向けた地域の活動などが挙げられます。

・相談支援事業

　障害者や障害者の保護者などからの相談に応じて、市町村は障害者支援について必要な情報を提供しています。

・成年後見制度利用支援事業

　精神上の障害によって判断能力が不十分な人のために、市町村が行う成年後見制度の利用を支援する事業に対して、助成を行うことによって、成年後見制度の利用を促す事業です。

・意思疎通支援事業

　視覚や聴覚に障害があるために通常の人よりコミュニケーションがとりにくくなっている人を支援する事業です。

・日常生活用具給付等事業

　障害者が自立した生活を営むために用具の給付や貸し出しを行う事業です。

・移動事業

　障害者が屋外での移動を円滑に行えるように、障害者のニーズに応じてサポートする事業です。具体的な支援の方法としては、障害者に対して個別に対応する個別支援型、複数の者が同じ目的で移動する際に行うグループ支援型、バスなどを巡回させて送迎支援を行う車両支援型があります。

・地域活動支援センター

　地域活動支援センターとは、障害者に社会との交流を図る機会や生産活動を行う機会を提供するための施設です。障害を持つ人が地域で自立して生活をすることを可能にするために、利用者や地域の状況に応じて柔軟に事業を運営していくことができるしくみになっています。地域活動支援センターを通じて、障害者は自立した日常生活や社会生活を送る上での援助を受けることができます。

都道府県が行う地域生活支援事業

　都道府県は、障害者を支援する事業の中でも専門的知識が必要とされる事業や、市町村ごとではなく広域的な対応が必要な事業を実施しています。市町村事業と同様に、都道府県事業についても必須事業と任意事業があります。必須事業としては、以下の事業があります。

■ 地域生活支援事業と自立支援給付の関係 ……………………

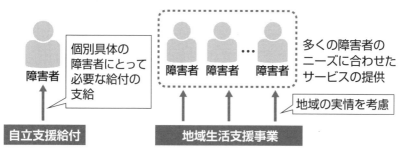

・専門性の高い相談支援事業

　発達障害者やその家族に対しての相談支援、高次脳機能障害に対する人材育成や情報提供・啓発活動、障害者が自立して職業生活を送ることができるようにするための雇用促進のための活動があります。

・人材の養成・研修事業

　手話を使いこなすことができる者の育成、盲ろう者向け通訳や介助員の養成、障害福祉サービスの管理を行う者の養成などを行います。

・専門性の高い者の派遣・連絡調整事業

　手話通訳者、要約筆記者、触手話、指点字を行う者の派遣、市町村相互間での連絡調整に関する事業です。

・広域的な支援事業

　市町村域を越えて広域的支援を行います。具体的には、地域ネットワークの構築、専門知識を必要とする障害者支援システム構築に関する助言、広い地域にまたがって存在している課題解決のための支援などがあります（相談支援体制整備事業）。また、精神障害者の地域移行・生活支援の一環として、アウトリーチ（多種職チームによる訪問支援）を行うとともに、アウトリーチ活動に関して関係機関との広域的な調整などを行います（精神障害者地域生活支援広域調整等事業）。

■ 支援事業について ………………………………………………

市町村の支援事業	都道府県の支援事業
・理解促進研修・啓発事業 ・自発的活動支援事業 ・相談支援事業 ・成年後見制度利用支援事業 ・意思疎通支援事業 ・日常生活用具給付等事業 ・移動事業 ・地域活動支援センター　など	・専門性の高い相談支援事業 ・人材の養成・研修事業 ・専門性の高い者の派遣・ 　連絡調整事業 ・広域的な支援事業 　　　　　　　　　　など

23 障害者総合支援法の居住サポート事業について知っておこう

一般住居への入居などを支援する事業

■ 居住サポート事業とは

　賃貸住宅への入居が困難な障害者を対象に、市町村が主体になって、**居住サポート事業**を行っています。通常、賃貸住宅に入居するときには、保証人を立てる、保証金や敷金の支払いを求められることが多いのが現状です。安定した収入や就職につながる資格を持っている人であれば、賃貸住宅への入居の際にそれほど困ることはないのですが、精神障害者や知的障害者など障害を持っている人の場合、「保証人がいない」などの理由で入居先がなかなか見つからないという問題が起こる可能性が高くなります。障害者総合支援法でも障害者の地域での居住を支援するさまざまなサービスを提供しています。

　そのため、居住サポート事業の利用対象者は、賃貸借契約を締結して一般住宅に入居希望しているものの、身近に保証人になってもらえる人がいない障害者です。現在、障害者施設や児童福祉施設などに入所している人は、対象から除かれます。また、精神障害のために、精神科病院に入院している人も対象外です。

■ 具体的な支援の内容

　居住サポート事業は、地域生活支援事業として、原則として市町村が実施します。具体的な支援内容は、主に以下の2つに分類することができます。

① 　一般住宅への入居支援

　この事業は、賃貸借契約による一般住宅への入居を希望しているものの、保証人がいないなどの理由によって入居が困難になっている障

害者に対して、入居契約の締結に向けた支援を行います。具体的には、市町村もしくは市町村から委託を受けた指定相談支援事業者が、不動産業者に対する障害者への物件あっせんの依頼や、入居手続きの支援、家主等に対する相談・助言、入居後の相談窓口を設けるなどの支援を行います。

② 関係機関との連絡体制の整備など

　利用者が住居において生活していく上で直面する問題に対応するために、関係機関との連絡体制を整備するなどの支援を行います。たとえば利用者が、ホームヘルパーや訪問看護などの利用が必要になった場合に備えて、直ちに必要なサービスの提供が可能なように、連絡調整を行っておく必要があります。

　また、「24時間支援」と呼ばれる支援が特に重要です。これは夜間を含め、緊急な対応が必要になる場合に備えて、迅速に必要な治療などが受けられるように医療機関との連携・調整を行う事業です。家族等への必要な連絡体制の整備にも取り組んでいます。

　なお、国土交通省は、障害者の他に高齢者、子育て世帯や外国人の賃貸住宅への入居を支援する「あんしん賃貸支援事業」を実施しており、居住サポート事業との連携が図られています。

■ 居住サポート事業 ……………………………………………………………

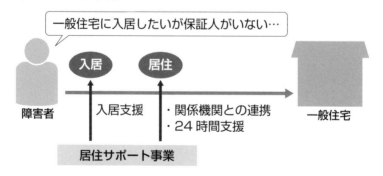

24 児童の通所・入所について知っておこう

児童に対しても入所・通所の支援サービスが行われる

児童の通所に関するサービス

障害児の通所・入所に関係するサービスについては、児童福祉法に一元化され、サービスが体系化されています。

通所サービスは市町村が実施主体であり、児童発達支援、医療型児童発達支援、放課後等デイサービス、居宅訪問型児童発達支援、保育所等訪問支援があります。

① 児童発達支援

身体に障害のある児童、知的障害のある児童、精神に障害のある児童（発達障害児を含む）に対して、日常生活における基本的な動作の指導、知識技能の付与、集団生活への適応訓練などを行います。児童発達支援の対象は、主に未就学児童が想定されています。

② 医療型児童発達支援

児童発達支援において提供される支援の他に、治療などの医療サービスが提供される支援です。たとえば、肢体不自由がある児童に日常生活における基本的な動作や指導などとともに、障害の治療を行います。

③ 放課後等デイサービス

学校教育との相乗効果により、障害児の自立の促進をめざして、放課後の他、夏休みなどの長期休暇を利用して提供される各種訓練などの継続的なサービスです。サービスの対象になるのは、幼稚園や大学以外の学校教育法上の学校に就学している障害児です。

④ 居宅訪問型児童発達支援

通所サービスを受けるために外出することが困難な障害児に対して、障害児の居宅に訪問する形態で行うサービスです。対象に含まれる障

害児は、重度の障害などにより、障害児通所サービスを利用するために外出することが著しく困難な障害児です。

⑤　**保育所等訪問支援**

　保育所などの集団生活が必要な施設において、専門的な支援を行うことにより、障害児が保育所などを安定して利用する上で必要なサービスを提供します。対象に含まれる障害児は、保育所、幼稚園、認定こども園など集団生活が必要な施設を利用している障害児です。

児童の入所に関するサービス

　入所サービスは、都道府県が実施主体であり、福祉型障害児入所施設と医療型障害児入所施設があります。障害児入所支援の対象となる障害児は、基本的に、身体障害児・知的障害児・精神障害児であり、発達障害児も含まれます。

サービスの給付決定後の流れ

　通所サービス・入所サービスともに、サービスの給付決定を受けた場合、障害児の保護者が事業者や施設との間で契約を結び、各種サービスの利用が開始されます。そして、サービスに必要な費用について、原則1割の定率負担と食費・光熱費の実費負担が必要となります。利用状況や世帯の状況に応じて、月額負担上限額や軽減措置（91ページ図）を受けることができます。

　もっとも、保護者が急死した場合など、市町村が、措置として障害児に対して通所サービスを提供することが可能です。同様に、入所サービスについても、都道府県は、その障害児について、要保護児童であるとして、保護のための入所措置をとることになります。

障害福祉サービスの
利用手続きと費用

障害福祉サービスの利用手続きと障害支援区分について知っておこう

2段階の認定調査を経て障害支援区分が決定する

市町村への申請について

　障害福祉サービスを利用したい場合は、居住地の市町村に申請します。注意しなければならないのは、市町村ごとに対応窓口の名称が一定ではないということです。一般に、生活福祉課や障害福祉課などの名称が付けられていることが多いようです。具体的に、どの窓口に対して申請すればよいのかがわからない場合には、申請に出向く前に、あらかじめ市町村の総合窓口に問い合わせをしておきましょう。

　なお、市町村は、障害福祉サービスの一環として、相談支援事業を行っていますので、相談支援の中で、障害者は、自身に適切なサービスの内容や、必要な手続きに関するアドバイスを受けることができます。その際には、市町村から委託を受けた**相談支援事業者**からのアドバイスなどを受けることになります。相談支援事業者は、障害者に代わって申請に関する手続きを代行することも可能です。

　相談支援事業者は、**指定一般相談支援事業者**と**指定特定相談支援事業者**に分類することができます。ともに、市町村から指定を受ける必要がありますが、指定一般相談支援事業者は、広く障害者が社会生活を営む上で抱えた問題について、相談を受け付けます。これに対して、指定特定相談支援事業者は、障害福祉サービス利用手続きの相談の他に、サービス等利用計画案の作成まで行ってもらえます。

　サービス等利用計画案とは、後述する障害支援区分とともに、障害福祉サービス利用申請の際に、障害者が提出を求められる書類です。サービス等利用計画案には、障害者が自身の障害の状況に応じて、提供を希望する障害福祉サービス内容の詳細について記載します。その

ため、**セルフプラン**とも呼ばれています。サービス等利用計画案は、障害者自身が作成することも可能です。しかし、障害者自身が、自分の障害の状態に合わせて、適切な障害福祉サービスの内容を選別することは容易ではなく、指定特定相談支援事業者が、サービス等利用計画案を作成するのが一般的です。

実際に障害福祉サービスの支給決定が行われた後には、実際に障害福祉サービスの提供を担当するサービス事業者を交えて、サービス担当者会議が開催されます。そして、サービス等利用計画案の内容に基づき、より実践的に、提供するサービス内容に関する協議が行われ、最終的に、サービス等利用計画書としてまとめられます。

障害支援区分はどんなことに活用されているのか

障害福祉サービスの申請を受けた市町村は、障害者の心身の状態を把握し、サービスが必要かどうかの認定調査を行います。その際に、最も重要な指標になるのが、**障害支援区分**です。

障害支援区分とは、身体障害者や知的障害者、精神障害者、難病患者等の障害の多様な特性、その他の心身の状態に応じて、必要とされる標準的な支援の度合いを総合的に示す区分です。

障害支援区分は、認定調査や医師意見書の内容をもとに、コンピュータによる一次判定、審査会による二次判定を経て判定されます。

区分は、「非該当」と「区分1～6」の7段階で構成されています。区分の数字は、大きい数字であるほど、支援を必要としている度合いが大きいことになります。したがって、非該当と判断された場合、支援の必要性が低く、多くの障害福祉サービスを受けることができません。そして区分6は、支援の必要性がもっとも高い状態を示しています。

この7段階の判定結果によって、居宅介護や同行援護、短期入所（ショートステイ）など、障害者が利用できる障害福祉サービスの上限金額や利用時間などが決まります。

障害支援区分に関する認定調査と具体的な認定方法

　市町村は、訪問調査に基づく、障害者の状況、居住の場所、障害の程度、市町村審査会の意見などを総合考慮して、支給決定案を作成することになります。

　障害支援区分の認定調査は2段階に分かれています。認定調査員による訪問調査の結果と主治医の意見書の内容をもとにコンピュータによって判定が行われる**1次認定調査（1次判定）**と、認定調査員による特記事項と主治医の意見書の内容をもとに市町村審査会によって判定が行われる**2次認定調査（2次判定）**です。

　1次判定に先立って行われる訪問調査については、市町村の職員、あるいは、指定一般相談支援事業者の相談支援専門員が行います。これらの職員が、実際に障害者の自宅などを訪問して、障害者本人や家族に関する基本的な情報や、介護の有無・現在受けている福祉サービスの有無や、生活状況全般に関する質問などが行われます。そして、これらの事項については、概況調査票に必要事項が記入されます。

　この際、利用者の保護者に対して、利用者に対してどのようなサービスを行うのがよいのか聴取が行われます。具体的には、6種類のカテゴリー（全80項目）に分類された、障害者の心身の状況や活動などについて、障害者などに質問を行い、回答を得る形で、該当項目に関して、「できる」あるいは「できない」などのように、認定調査票に聴取り結果を記入していきます。職員などが、明確に判断できない場合には、特記事項として判断が困難であることを記入しておくことで、後の判断の材料にすることができます。

　そして、認定調査員による訪問調査の結果と主治医の意見書の内容をもとに、1次判定としてコンピュータによって判定が行われます。1次判定では、認定調査項目（80項目）の結果及び医師意見書（24項目）の一部項目をふまえ、判定ソフトを活用したコンピュータ処理がなされます。認定調査項目は訪問調査における事項と同様に、移動や

動作等に関する項目、日常生活等に関する項目、行動障害に関する項目、意思疎通に関する項目、特別な医療に関する項目、その他の項目などです。医師意見書は、まひ、関節の拘縮、生活障害評価（食事・生活リズムなど）などが調査項目になっています。

　その後、1次認定調査（1次判定）と、認定調査員による特記事項と主治医の意見書の内容をもとに市町村審査会によって行われる判定が、2次認定調査（2次判定）です。2次認定調査（2次判定）まで通ると、ようやく障害支援区分の認定が決定し、申請者へ結果が通知されることになります。

　障害支援区分には有効期限があります。障害支援区分は、原則として3年間有効です。ただし、障害の状況や程度は、刻一刻として変化する場合もあり、3年間という有効期間では、適切に障害の程度を把握することが困難な場合も少なくありません。そこで、身体・精神障害の程度が容易に変動することが見込まれる場合、障害者の生活環境が大きく変動する場合、その他、市町村審査会が認めた場合には、3か月から3年間で、より短縮した有効期限を定めることも認められています。

　無事に支援区分認定が終わると、続いて市町村による勘案事項調査（社会活動、介護者、居住などの状況についての調査）が行われます。この際に注意しなければならないのは、障害支援区分は、あくまでも勘案事項の一要素だということです。つまり、障害支援区分の認定が行われたからといって、障害福祉サービスの利用が可能になるという保証はありません。たとえば、個別の障害者が住んでいる地域において、十分な障害福祉サービスの提供ができる環境が整っていない場合には、支給決定がなされないこともあります。この勘案事項調査に通ると、支給を受ける障害者に対し、サービスの利用意向の調査（聴取）が行われます。なお、訓練等給付のサービスについては、支給の要否を判断するために、一定期間サービスを利用することができます（暫定支給決定）。

障害者のサービス利用意向の確認後、サービス利用計画案の提出が行われます。さらに、審査会の意見をもとに、支給の要否が決定され、支給が決定した障害者には、障害福祉サービス受給者証が交付されます。

実際に支給されるサービスの量はどのように決定されるのか

　支給決定を受けた障害者が、どの程度の障害福祉サービスを利用することができるのかについて、障害者総合支援法は、基準を定めているわけではありません。そのため、具体的にどの程度の量のサービスを支給するのかについては、原則として市町村に幅広い裁量が認められています。

　市町村に比較的広い裁量が認められている理由として、障害福祉サービスの財源が公費負担（税金）であることが挙げられます。つまり市町村は、限られた財源の中で、公平性に考慮しつつ、財源の他にも、施設などの物的資源や、職員数の確保などにも注意しながら、安定的に提供できるサービスの量を見極めなければなりません。ただし、市町村の判断があまりにも合理性を欠く場合には、障害者側から必要なサービスが提供されていないとして、訴訟を提起され、その中で、市町村の判断が違法と判断されるおそれもあります。

暫定支給決定とは

　暫定支給決定とは、障害者に対して、本格的な訓練等給付を行う前に、一定の期間に限って給付を行うことです。これにより、当該サービスが利用者にとって本当に役に立っているかどうかを判断することができます。自立訓練や就労移行支援などのサービスを希望する場合は、まずは一時的な給付をする暫定支給決定が行われます。一定の期間訓練等給付を行い、利用者にサービスを継続して受けていく意思があるのかどうか、最終的な意向を確かめることが目的です。そのサービスが利用者にとって効果的なものであるかどうか、また、適切な

サービスだといえるかどうかといった点を判断することも、暫定支給決定の目的です。

　自立訓練（機能訓練と生活訓練）のサービスの必要性については、IADL項目（清掃、洗濯、入浴、調理、買い物、食事、交通利用）と生活項目（洗顔、整髪、薬の服用、歯磨き）の２つを基準にし、サービスが障害者にとって適切であるかどうかを判断します。障害者自身の利用意思も重要な支給決定基準です。訓練等給付が適切と判断されれば、サービス事業者が利用者個々に対して、訓練期間や目標などを設定し（個別支援計画案）、それに基づいて、本格的に訓練等給付の決定が行われることになります。

　暫定段階で支給が適切と認められない場合は、サービス事業者の変更やサービス自体の変更が行われます。暫定支給の期間については、原則として更新は行われません。ただし、暫定支給終了段階で、一定の改善が見られる場合や、再評価の必要があると判断された場合は、暫定支給の期間が延長されることがあります。

■ サービスの利用手続き

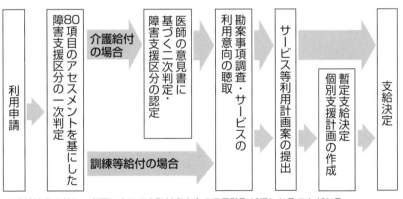

利用申請 → 80項目のアセスメントを基にした障害支援区分の一次判定 → 介護給付の場合：医師の意見書に基づく二次判定・障害支援区分の認定／訓練等給付の場合 → 勘案事項調査・サービスの利用意向の聴取 → サービス等利用計画案の提出 → 暫定支給決定 個別支援計画の作成 → 支給決定

※支給決定の前に、必要に応じて市町村審査会の意見聴取が行われることがある

サービスの利用計画を作成する

相談支援事業者に本人・家族の意向を伝えることになる

ケアマネジメント制度とはどんな制度なのか

障害者ケアマネジメントとは、単に福祉サービスを提供するだけでなく、障害者が自ら望む生活を送れるようにするために、ケア計画を作成した上で福祉・保健・医療・教育・就労などのさまざまなサービスを一体的・総合的に提供することです。障害者自身が、自分に適切なサービスの内容を、的確に把握できる場合は少ないといえます。そこで、ケアマネジメントによって、個々の障害者の状況に合わせた、サービスの助言やあっせんを行うことができます。

現在の障害福祉サービスは利用者とサービス提供者間での契約制度になっています。利用者のニーズに合わせて、さまざまなサービスから適切なものを選んで活用していくことになり、このような個々の利用者のための福祉サービスのプラン設計や、障害者やその家族への相談支援や補助を行うためケアマネジメント制度が導入されています。市町村にサービスの利用を申請した場合、このようなケア計画を作成していくことになります。

また、サービスの利用計画の作成も相談支援事業に含まれます。障害福祉サービスの効率的な利用のために起案されたケアマネジメントを制度化したものが**計画相談支援給付費（サービス等利用計画作成費）**です。ケアマネジメント制度は、障害をかかえている本人の意思をより汲み取ることができるようにするための制度だといえます。

サービス等利用計画を作成する際の注意点

支給決定の判断が下されると、**サービス等利用計画書**を作成します。

障害者に対する施設での居住支援や自立訓練といった障害福祉サービスは、事業者として指定を受けたNPO法人などにより提供されます。**サービス等利用計画**とは、障害福祉サービスについてどのような福祉サービスをどのような形で利用するのかをプランニングしたものです。

このサービス等利用計画に基づいて、利用者はサービス事業者と契約を結んだり、サービスの提供を受けることになります。サービス等利用計画は、個人で作成することもできますが、相談支援事業者に作成を依頼することもできます。相談支援事業者は、障害者やその家族の意向を聞き入れながら、サービス等利用計画を作成します。このサービス等利用計画を作成依頼する際に、利用者側には費用の負担はありません。サービス等利用計画については、市町村の支給決定後に作成するのではなく、支給決定をするにあたっての判断材料とした方がよいことから、支給決定の前の段階で、サービス等利用計画案の作成・勘案が行われます。

また、相談支援事業者は、サービス等利用計画以外にも、障害者へのサービス利用のあっせんや、契約の援助などを行っています。障害者のサービスの利用開始後も、障害者宅を訪れてモニタリング（84ページ）を行ったり、引き続き相談や支援を受け付けています。特に、このような障害者に継続的に支援を行う場合、相談支援事業者には計画相談支援給付費などの給付が支払われています。

■ 障害者ケアマネジメント制度のしくみ ……………………………

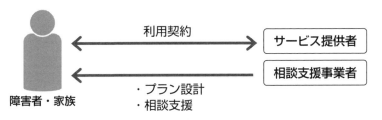

書式　サービス等利用計画書

サービス等利用計画書(1)

○初回｜継続

(番号　　　　　)

利用者名： 綾小路 晃子　　性別 女　　生年月日：昭和 55 年 7 月 8 日　40歳　住所 市川市北方2-1-39

指定相談支援事業者名・所在地及び計画作成者：市川市西野2119　相談支援事業所ステップ　西海 勝男 印

初回サービス等利用計画作成日：令和 2 年 8 月 25 日　サービス等利用計画変更日：令和　年　月　日

受給者証の有無、有効期間及び番号：○有・無　令和 5 年 8 月 31 日　NO.　　　上限額：　　年　月　○日

障害程度区分	非該当	1	2	3	4	5	6 ○	未認定

利用者および家族の希望	本人：障害者支援施設で自分の生活をしたい。 　　　今までの病院生活より良い生活をしたい。 家族：自分たちは高齢のために自宅での介護はできない。 　　　施設の中でみんなとうまく過ごしてもらいたい。
相談支援専門員の支援方針	障害者支援施設の生活に早く慣れる。 人生をあきらめることなく、少しでも楽しみが見つかるように支援する。 自分の生活の中に生きがいを探すことができるようにする。
長期目標（1年間）	健康に留意しながら、本人の活動の場が広がるように支援する。
短期目標（2ヶ月）	障害者支援施設の生活に早く慣れていく。 アセスメントの中で、本人のできる活動を探していく。

サービス等利用計画書(2)

別紙様式4

(番号： 1 ）

ニーズの優先順位	生活全般の解決すべき課題(ニーズ)	援助目標（目標を達成すべき時期を明記する 必要のあるものは時期を記入）	サービス内容 援助内容（提供期間を明記する必要のあるものは「頻度」欄に記入）	サービス種類別（事業者等）	頻度	費用（円/月） サービス費用（全額） 単位	回数	合計	自己負担
1	健康に留意して生活したい。	健康に留意し、施設で過ごす。	体調の変化を観察する。	施設入所支援 希望の青空	31日	298	31	92,380	9,238
2	日中に出来る活動を行いたい。	他の利用者と一緒に日中活動ができるものを行う。	日中の活動を楽しむ。	生活介護 希望の青空	23日	1111	23	255,530	25,553
3	自分の車椅子がほしい。	車椅子を作成するために関係者と連絡をとる。	車椅子を作成するための情報を提供する。	相談支援専門員 スタッフ	早めに				
4	社会福祉のボランティアがしたい。	入所しながらボランティア活動を行う。	施設の中で出来るボランティアを考える。	相談支援専門員 スタッフ					

サービス利用計画の有効期限　令和　3　年　8　月　31　日まで

備考

食事代として別途費用がかかる。

※週間ケア計画を必要に応じて添付

サービス合計　347,910　自己負担額　0

日付　令和　2　年　8　月　25　日

本人または代理人の同意。

署名　■本人　□代理人　綾小路　晃子

3 モニタリングについて知っておこう

利用者のニーズに合っているか、再評価を行う

サービスの利用計画の見直し

　モニタリングとは、利用者の状況を定期的に確認して計画見直しなどの必要性を検討することです。障害福祉サービスを利用する際には、サービス等利用計画を作成する必要があります。利用計画が利用者のニーズに合った計画であるかを確認し、それを基に、再計画や再評価につなげる重要な作業となっています。再評価の課程において、援助の全体目標や生活全般の解決すべき課題、提供される各サービスの目標や達成時期、提供されるサービスの種類、内容、頻度などが再設定されます。計画作成を指定特定相談支援事業者に依頼すると、担当の相談支援専門員が、定期的に利用者の状況を確認するという方法により行われます。

　モニタリングの頻度は市町村や利用するサービスの内容によっても異なりますが、最低でも年に1回は実施されます。個別の支援計画では、PDCAが重要と言われています。つまり、計画（P）、実行（D）、評価（C）、改善（A）のサイクルがうまく回っているほど良いとされます。モニタリングは評価（C）にあたる作業です。

　このように、モニタリングは障害福祉サービス提供のプロセスの一過程を構成する重要な要素です。そのため、必ず実施しなければならない反面、モニタリングを行った場合には報酬を請求することが認められます。ただし、後述のようにモニタリング実施期間として定められた期間以外にモニタリングを行っても、原則として、報酬請求の対象には含まれません。

▌モニタリングを行う期間

　モニタリング期間は、障害者等の心身の状況・サービス内容などを考慮して定めますが、事業者との頻繁な連絡調整等が必要な場合など、障害者の状態が不安定であれば、期間は短く設定されます。

　具体的なモニタリング期間は、国が定める標準期間や勘案事項をふまえて決定されます。たとえば、新規サービス利用者や変更によって、内容や量に著しい変動があった場合は利用開始から３か月間は毎月実施します。在宅サービスの利用者は、３か月に１回が基本ですが、障害支援施設から退所するなどによって、一定期間集中的に支援が必要になったり、常時介護を必要とする障害者などの場合は毎月実施する必要があります。障害者支援施設入所者や重度障害者等包括支援の利用者は、６か月に１回実施が基本となります。

　特定相談支援事業者などが上記をふまえてモニタリング期間を設定し、サービス利用計画案に記載します。サービス利用計画案は市町村に提出され、市町村では、支給決定などと併せて、モニタリング期間の決定を行います。

　なお、指定特定相談支援事業者を通さず、自らサービス等利用計画を作成している場合は、モニタリングは実施されません。

▌行う際の注意点

　モニタリングを行う際にはいくつか注意する点があります。以下、紹介していきます。

① **利用者や家族の視点が中心に置かれた計画を立てているかどうか**

　サービスや支援を受ける上で、利用する障害者や家族が主体的に参加することが必要不可欠です。利用する障害者や家族のニーズをふまえて、満足のいく計画を立てることが必要です。

② **権利擁護の視点で作成しているかどうか**

　権利擁護とは難しい言葉ですが、寝たきりや意思疎通が困難な障害

者の権利やニーズを代弁することを意味します。つまり、モニタリングの際には、サービスの実施状況などから、不利益が生じていないかを確認する必要があります。実際には、利用者に最も近い障害福祉サービス事業所の責任者からの情報を得ることが多いようです。また、サービス提供の現場に出向き、どのような表情で過ごされているか自分の目で確かめることも必要です。

③　ニーズの変化を見逃していないかどうか

　①の利用者や家族視点の計画作成に共通する部分ですが、前回の訪問から今回の訪問まで変化はないかどうか、本人の障害の状態や健康に変化はないか、本人だけでなく家族などの介護者に変化はないか、介護環境などに変化はないかを確認する必要があります。そういったことに変化があった場合は、利用者や家族のニーズが変化していることが多く、計画も適していない可能性があります。

　モニタリングの注意点を守りながらモニタリングの継続を行うことで、利用者や家族と信頼関係が深まり、より良いサービスの提供につながります。

■ モニタリングで考慮するべき事項 ……………………………

モニタリングにおける考慮事項	障害者などの心身の状況	
	障害者などの置かれている状況	家族の状況
		障害者の介護を行う人の状況
		生活の状況（日中の活動の状況など）
	サービスによる援助の全体目標	
	提供される障害福祉サービスの種類・内容・量	
	提供される障害福祉サービスの個別目標・達成時期	
	支給決定の有効期間	

書式　モニタリング報告書

モニタリング報告書

利用者名：綾小路 晃子　　相談支援事業者名：希望の青空
受給者証番号：12121211111　　障害支援区分：6

計画作成担当者：井上 香織　㊞
個別支援計画作成日：令和2年8月25日
モニタリング実施日：令和3年2月28日

※障害者支援施設（生活介護）に入所して半年後の個別支援計画に対するモニタリングです。

順位	支援目標	総合的な支援の方針 障害者支援施設の生活に早く慣れる。人生を諦めることなく、少しでも楽しみが見つかるようにする。自分の生活の中で生きがいを探すことができるようにする。					
		サービス提供状況	本人家族の感想・満足度	達成度	今後の課題・解決方法	計画変更の必要性	その他留意事項
1	施設の生活の流れを説明し、理解していただく。	施設の生活の流れを現した印刷物を各室に貼った。担当が何回も説明した。	掲示物を見てというの流れがつかめたり、説明もわかりやすく理解できた。	◎	流れが理解できたので問題はない。	無	行事等の時に説明をすることが必要である。
2	入浴や清拭で皮膚疾患の予防を図る。	週2回入浴し、日曜を除いて清拭を提供した。	週2回入浴でき、清拭も丁寧で気持ちがよい。	◎	皮膚疾患はないが、疾患がある場合の対応が不安。	無	褥瘡の既往があるため発生に注意が必要。
3	身体機能の維持を図る。	本人の状態を把握し、週5回リハビリを実施するよう努めたが、職員の都合でうまくできない。	リハビリの回数があまり多くないので、状態はあまりかわらない。	△	障害を負ってからリハビリを行わなかったため、関節が固くなっている。	有	週5回ハビリができるとよい。
4	外出支援を行い、楽しみを見つける。	9月14日に近くのショッピングセンターまで外出をして買い物と食事をした。	障害を負ってから初めての外出で、多少疲れたが、自分の好きな物を買うことができたので楽しむことができた。	△	2ヶ月に1度という頻度はこれ以上出先が、介護タクシーなどとの利用も考えていく。	有	介護タクシーも検討する。
5	自分にあった車椅子を作成する。	役所に相談し、車椅子が作成できる予定。	自分の車椅子ができることになってうれしい。	◎	業者と連絡し、シートの色などを確認する。	無	多少時間がかかるのが心配である。
6	社会福祉に関する事仕活動ができるようにする。	いろいろな利用者に紹介し、計画変更の必要性は有・無で記載する。	奉仕活動をまだはいかないが、利用者の話を聞くことで、傾聴の事仕をするようになった。	△	できる部分から始めていく。相手を思いやること も事とする。	無	難しい問題は悩みず職員に相談するよう話をする。

達成度は◎、○、△、×で記入する。

利用者同意署名欄　　　　3年　2月　28日　　利用者氏名　綾小路 晃子

第2章　障害福祉サービスの利用手続きと費用　87

4

サービスを利用するときの費用について知っておこう

家計の負担能力に応じて負担額を決定する

サービス利用のための負担のしくみ

　障害福祉サービスを利用する場合、利用者は一定の利用料を負担します。この負担額については、利用者や世帯の所得を考慮して料金を決定するという考え方（**応能負担の原則**）に基づいて決定します。

　利用料の決定方法には、他に、サービスを利用する程度の多さに応じて、多くの負担を求めるという考え方（**応益負担**）もあります。応益負担は、サービスの対価としての性格が強く、利用者が不要なサービスを受給することを抑止する役割があります。ただし、本当に必要なサービスが、障害者が低所得である場合には、行き渡らなくなるおそれがあるため、応能負担が採用されています。

　具体的には、市町村は、障害福祉サービスの種類ごとに指定障害福祉サービスなどに通常要する費用につき、厚生労働大臣が定める基準により算定した費用の額から、家計の負担能力その他の事情を考慮して政令で定められた額を控除した額について、介護給付費または訓練等給付費を支給します。

　家計の負担能力が高い人は高額の負担であっても、全額を自己負担しなければならないというわけではなく、利用者の負担額は最大でも利用料の1割となっています。

　サービスの利用料の負担が重くなり過ぎないようにするために、障害者が負担する障害福祉サービスの利用費は、世帯に応じて上限額が設定されています。なお、ここでいう世帯とは、障害者の年齢によってその範囲が異なります。具体的には、18歳以上の障害者の場合は障害者とその配偶者、障害児の場合は保護者の属する住民基本台帳の世

帯で所得が判断されることになります。

　世帯の区分は、①生活保護を受給している世帯、②低所得世帯（市町村民税非課税世帯）、③一般1（市町村民税課税世帯のうち、世帯収入が概ね600万円以下の世帯）、④一般2（①～③以外の者）、の4種類です。

　下図のように、生活保護世帯と低所得世帯については、自己負担はありません。一般の世帯についても自己負担の上限は月額3万7200円とされています。

■ 応能負担の原則 ・・・

応能負担の原則 利用者や世帯の所得を考慮して負担額を決定する

家計の負担能力などを基に設定されている自己負担額（下図）が上限となる
ただし、その自己負担額よりもサービス費用の1割相当額の方が低い場合、1割相当額を負担することになる

■ 利用者負担の上限額 ・・・

世帯の状況	負担上限額
生活保護受給世帯	0円
市町村民税非課税世帯 （※1 世帯収入が概ね300万円以下）（低所得）	0円
市町村民税課税世帯のうち、世帯収入が 【障害者】概ね600万円以下の世帯（一般1） 【障害児】概ね890万円以下の世帯（一般1）	9300円 ※2 （障害児については 入所施設利用の場合）※3
上記以外（一般2）	3万7200円

※1 3人世帯で障害者基礎年金1級受給の場合
※2 障害者のうち、入所施設利用者(20歳以上)、グループホーム、ケアホームの利用者については3万7200円
※3 通所施設、ホームヘルプを利用する障害児については4600円

5

医療型個別減免について知っておこう

医療費や食事など一部の費用が免除される制度のこと

医療型個別減免とはどんな制度なのか

　障害福祉サービスの**利用者負担を軽減するための措置**には次ページ図のように、さまざまなものがあります。

　所得別の上限額の制限に加えて、食費などの減免措置、高額障害福祉サービス費（96ページ）、家賃助成など、利用するサービスに応じた負担軽減措置があります。

　医療型入所施設や療養介護を利用する場合、**医療型の個別減免措置**として医療費と食費が減免されます。医療型の個別減免措置とは、医療費や食費などの一部の費用の負担が軽減される制度です。これによって、障害者が、障害福祉サービスにかかる費用を支払った後でも、一定の金額が障害者の手元に残るように配慮されています。

障害者についての医療型個別減免

　医療型個別減免措置が適用される対象者は、市町村民税非課税（低所得）者で、療養介護などの療養を行うサービスを利用している人や施設に入所している人です。定率負担、医療費、食事療養費を合算した利用者負担の上限額が、収入や必要な生活費などを考慮して設定され、それを超える部分は免除されます。

　また、20歳以上の入所者の場合、少なくとも2万5000円が手元に残るように、利用者負担額が減免されます。

　市町村民税非課税世帯にある者が、医療型個別減免措置の対象となるためには、申請の際に本人の収入額を示す書類（年金証書・源泉徴収票・市町村の課税証明書など）、必要経費の額がわかる書類（たと

えば、国民健康保険の保険料等を納付した証明書)、その他それぞれ
の市町村が要求している書類の提出が必要です。

▍障害児についての医療型個別減免

　医療型の個別減免措置は20歳未満の障害児に対しても適用されます。
その地域で子を養育する世帯の負担額を考慮して負担額の上限額を設
定します。
　利用者が20歳以上の場合、「市町村民税非課税世帯」という所得要
件がありますが、障害児の場合には所得要件はありません。

■ 利用者負担に関する配慮措置 ………………………………………

	入所施設利用者 （20歳以上）	グループホーム 利用者	通所施設 利用者	ホームヘルプ 利用者	入所施設利用者 （20歳未満）	医療型施設利用者 （入所）
	❶ 利用者負担の月額負担上限額設定（所得別段階）					
	❸ 高額障害福祉サービス費（世帯での所得段階別負担上限）					**❷医療型 個別減免** （医療、食事 療養費と合 わせ上限額 を設定）
	❽ 生活保護への移行防止（負担上限額を下げる）					
食費・光熱水費等	**❹補足給付** （食費・光熱 水費負担を 軽減）		**❻食費の 人件費支 給による 軽減措置**		**❺補足給付** （食費・光熱 水費負担を 軽減）	
		❼補足給付 （家賃負担を 軽減）				

6 食費・光熱費など軽減措置について知っておこう

年齢や所得に応じた軽減措置がある

食費や光熱費は利用者の全額実費負担なのか

　利用するサービスは障害の程度や状況によって変わってきますが、基本的に食費や光熱費は実費負担です。通所施設を利用する場合には、食費については実費を自己負担します。入所施設を利用する場合、食費だけでなく個室利用料や医療費も自己負担することになります。

　サービスの利用料は最大1割（88ページ）とされていますので、利用者は最大1割の利用料と食費・光熱費（実費負担）を支払うことになります。

　もっとも、食費・光熱費を実費で負担しなければならないとすると、それぞれの世帯の事情によっては、経済的負担が過大なものになってしまう可能性があります。そのため、年齢などに応じて最低限のお金が手元に残るように、食費や光熱費の一部について**特定障害者特別給付費**が支給されます。特定障害者特別給付費は補足給付と呼ばれることもあります。

　また、特定障害者特別給付費の対象となる障害福祉サービスは、施設入所支援、共同生活援助（重度障害者等包括支援の一環として提供される場合を含む）が該当します。支給手続は、原則として施設の入所時に申請書と添付書類を市町村へ提出します。

食費や光熱費はどの程度まで軽減されるのか

　20歳以上の施設入所者への補足給付は、低所得の人を対象に、食費や住居費以外の「その他の生活費」が一定額残るように、食費や住居費に負担限度額を設定します。その他、生活費の額は2万5000円（障

害基礎年金１級受給者の場合は２万8000円）と決められています。食費・光熱水費の負担限度額は、必要経費等控除後の収入からその他生活費を差し引いて算出します。

ただし、就労により得た収入については、２万4000円までは収入として認定しません。つまり就労収入が２万4000円までは食費等の負担は生じないことになります。また、２万4000円を超えた場合でも、超える額については、超える額の30％は収入として認定しません。

通所施設利用者についても、食費などの負担を軽減するための措置が実施されています。低所得、一般１（所得割16万円未満、グループホーム利用者を含む）の世帯の場合、食材料費のみの負担となり、実際にかかる額のおおよそ３分の１の負担となります（月22日利用の場合、約5100円程度と想定されています）。

なお、食材料費については、施設ごとに額が設定されます。そのため、施設は事前に、実費負担として利用者から徴収する額（補足給付額と分けて記載する必要があります）を契約書に明示しなければなりません。あわせて施設は、その額を都道府県に届け出なければならず、

■ 補足給付とはどんな給付なのか ……………………………

概　要	入所施設の食費・光熱水費（実費負担分）等に対する負担を軽減する措置
	【20歳以上の場合】 福祉サービスと食費等の実費を負担しても少なくとも手元に25,000円が残るように、給付が行われる
対象者	【20歳以上の場合】 　生活保護受給者　区市町村民税非課税の者 【20歳未満の場合】 　すべての所得区分の者（18〜19歳は監護する者の属する世帯の所得区分を認定して決定する）

これによって、都道府県は、利用者の負担額を確認することができるというしくみがとられています。

障害をもつ子どもの施設利用についての食費などの負担

　食費や光熱水費などの費用については、その負担を軽減するために、**補足給付**を受給することができます。

　補足給付は、施設入所者が20歳未満の場合にも、負担軽減措置を受けることが可能です。ただし、補足給付費の算出方法は、施設入所者が20歳以上の場合とは異なります。20歳未満の場合、すべての所得区分に属する人が対象になります。ただし、18歳・19歳の障害者については、監護者の属する世帯の所得区分を認定して決定されることになります。具体的には、①医療型入所施設に入所する障害児については、地域で子どもを養育する世帯と同程度の負担となるように負担限度額が設定されており、限度額を上回った額について、減免が行われます。

　また、②障害児が福祉型入所施設を利用する場合については、補足給付の支給額の目安は、地域で子どもを養育する費用（低所得世帯、一般１については５万円、一般２については７万9000円）と同様の負担となるように設定されています。

　その他、③通所施設を利用する場合にも、食費の減免のための負担軽減措置が行われています。上限額は次ページの図のように設定されています。

その他の軽減措置

　医療費や食費の減免措置の他にも、グループホーム利用者へ家賃を助成する制度や、生活保護への移行を防止する措置などがあります。

・グループホーム利用者への家賃助成

　グループホーム（48ページ）の利用者が負担する家賃を対象として、利用者１人あたり月額１万円を上限に補足給付が行われます。家賃が

1万円未満である場合は、実費として支払った額が支給されることになります。家賃助成の対象者は、生活保護世帯、市町村民税非課税（低所得）世帯に該当する利用者です。

　家賃助成の申請をする際には、過去1年間の収入額を証明する書類、グループホームの家賃額を証明する書類、住民税の課税（非課税）証明書などを提出する必要があります。過去1年間の収入額が、各自治体が定める基準を上回っている場合には家賃助成を受けることができません。なお、対象となるグループホームには、重度障害者等包括支援の一環として提供されているものも含まれます。

・生活保護への移行防止

　上記の負担軽減策が講じられても、実費負担のために生活保護の対象となる場合には、実費負担を生活保護の対象にならない額まで引き下げます。

■ 通所施設を利用する障害児の食費負担軽減措置 ………………

所得の状況	上限額
低所得	2,860 円
一般1	5,060 円
一般2	11,660 円 ※軽減なし

■ グループホーム利用者への家賃助成の額 ………………………

家賃が1万円未満	実費を支給
家賃が1万円以上	1万円（上限）を支給

7 高額障害福祉サービス費について知っておこう

負担した金額が上限を超えた場合には償還払いが受けられる

家族に複数の障害者がいる場合の特別な軽減措置

　障害福祉サービスを利用する人が同一世帯に複数いる場合には、個人個人ではなく、世帯全体で合算された金額が利用者負担の上限（89ページ図参照）と比較されます。同じ世帯で、障害福祉サービスを受ける者が複数いる場合などには、世帯として支払う費用の額が大きくなってしまいます。そのため、そのような世帯の負担を軽減するために**高額障害福祉サービス費**が支給されます。

　また、利用者が障害福祉サービスと介護保険法に基づくサービスを両方受けた場合で、かかった費用の合計額が一定の限度額を超えるときには、その超えた分についても高額障害福祉サービス費が支給されます。利用者が障害児の場合で、障害福祉サービスと児童福祉サービスを両方受けたというケースでも、同様に、限度額を超える分については高額障害福祉サービス費が支給されます。

　なお、障害福祉サービスの他に、補装具の支給や介護保険サービス、障害児支援サービス等を受けているという場合には、まずは各サービスの利用で負担した費用を世帯で合算した上で、高額障害福祉サービス費の金額を算定することになっています。

高額障害福祉サービス費の具体的な計算方法

　同じ世帯に障害者・障害児が複数いる場合などで、利用している障害福祉サービス等の利用者負担額が高額になる場合、1か月の負担額の合算が基準額を超えていれば、その超えた部分について払戻しを受けることができるのが高額障害福祉サービス費の制度です。高額障害

福祉サービス費の給付は、いったん通常どおりサービス費を支払い、その後申請して受給する償還払いによって行われます。申請できるのは、利用者負担額を世帯で合算し、そこから基準額を差し引いた額です。基準額は世帯の収入状況や利用しているサービスのパターンによって異なりますが、一般の課税世帯で、障害福祉サービス・障害児支援・補装具等のいずれか2つ以上を利用している場合は、3万7200円となっています。

　たとえば夫婦と知的障害のある子どもの3人家庭で、妻が交通事故に遭って下半身まひの身体障害者となり、障害福祉サービスと補装具の利用を始めたとします。子どもの通所支援にかかる利用者負担額が2万円、妻の日常生活支援にかかる利用者負担が3万円、補装具にかかる利用者負担が1万円だとすると、この世帯の利用者負担額は月6万円になります。ここから基準額の3万7200円を差し引いた2万2800円が、高額障害福祉サービス費の支給対象となります。

　また、高額障害福祉サービス費について、注意しなければならないのは、対象になるサービスが、障害者総合支援法に基づく障害福祉サービスに限られないということです。具体的には、介護保険法に基づく訪問介護などの介護福祉サービス、障害児の場合には児童福祉法

■ 高額障害福祉サービス費のしくみ ……………………………………

障害福祉サービス等の 利用者負担額の 世帯合計※	−	（上限の額） 高額障害 福祉サービス費 算定基準額	＝	（償還払いされる額） 高額障害 福祉サービス費の 支給対象額

※合算の対象
・障害福祉サービス　・補装具
・介護保険サービス　・障害児支援サービス

に基づく入所・通所サービスの利用費なども対象に含まれます。その
ため、たとえば、1人の障害者であっても、障害福祉サービスと介護
福祉サービスを合わせて受給しており、両者の利用者負担額の合算額
が、3万7200円を超える場合には、超過分について償還を受けること
ができます。

高額障害福祉サービス費の支給対象者の拡大

　障害をもつ高齢者は、65歳を超えると、介護保険法と障害者総合支
援法の双方の制度の適用を受けることになりますが、両者が重複した
場合には、介護保険法が優先されるという原則が存在しています。そ
のため、65歳を超えると、障害福祉サービスの支給決定を受けること
ができなくなり、高額障害福祉サービス費も受けることができなくな
ります。その結果、費用の負担が増えてしまい、生活に困窮する高齢
障害者が多く生じてしまうという事態が起きていました。

　そこで、高齢障害者の所得の状況や障害の程度などの事情を考慮し、
介護保険サービスの利用者についても、高額障害福祉サービス費の支
給によって負担を軽減できるしくみが整備されています。

　具体的には、①65歳に至るまでに、相当の長期間（5年間）にわ
たって、障害福祉サービスを利用してきた低所得の高齢障害者であっ
て、②65歳に達する日の前日において障害支援区分が区分2以上であ
ること、③65歳に至るまで介護保険法による保険給付を受けていない
こと、などを満たした場合に限り、引き続き障害福祉サービスに相当
する介護保険サービスを利用する場合については、65歳以降も高額障
害福祉サービス費を受けることができることになります。

第 3 章

障害年金のしくみ

1 年金にはどんな種類があるのか

管理および運営をする組織に応じて3種類に分類される

┃ 公的年金・企業年金・個人年金

　日本の年金制度は、管理および運営をする組織に応じて分類されています。国が管理・運営するのは「公的年金」、企業が主体となって行うのは「企業年金」、そして、保険会社などの金融機関が商売のひとつの手段として行うのは「個人年金」です。

　このうち、**公的年金**には、基礎年金と被用者年金制度があり、徴収、管理、運営の手続きはすべて法律で定められています。基礎年金には、すべての国民が加入する「国民年金」、被用者年金には、適用事業所に勤める会社員が加入する「厚生年金保険」、公務員や私立学校の職員などが加入する「共済年金」があります。ただし、法改正により平成27年10月以降は被用者年金制度が一元化され、共済年金の加入者は自動的に厚生年金保険に加入しました。

　企業年金には、「確定給付企業年金」や「確定拠出年金」、中小企業の従業員などが加入する「中小企業退職金共済制度」や「特定退職金共済制度」、大企業の従業員が加入する「厚生年金基金」などがあります。また、個人年金は、金融機関が商品を開発し、販売を行うものです。その種類は期間によってさまざまで、多岐にわたります。大きく分けると、公的年金と同じく死ぬまで受け取ることができる「終身型」の他、受け取れる期間があらかじめ決まっている「確定型」、確定型である上に本人が死亡した場合にも支払いがストップする「有期型」などがあります。

公的年金はどんな場合に受給できるのか

　老後を迎えた場合、障害を負った場合、死亡者に遺族が残された場合の生活保障として支給されます。公的年金に加入する理由は、「老齢」「障害」「死亡」という３つの社会的なリスクをカバーするためです。このうち「死亡」は人として生まれた限り誰でも必ず直面するリスクです。一方、「老齢」は長生きすれば必ず直面するリスクで、「障害」も誰もが直面する可能性のあるリスクです。これらのように特定の人だけが被るおそれのあるリスクではなく、少なくとも、誰もが直面する可能性のあるリスクをカバーする保険が公的年金だといえます。

■ 年金制度の分類 ･･････････････････････････････････････

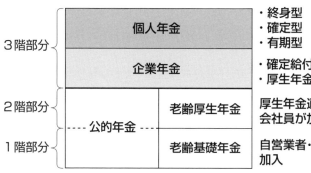

3階部分	個人年金	・終身型 ・確定型 ・有期型　など
	企業年金	・確定給付企業年金 ・厚生年金基金　など
2階部分	---公的年金--- 老齢厚生年金	厚生年金適用事業所の会社員が加入
1階部分	老齢基礎年金	自営業者・学生・無職者が加入

■ 年金の種類と給付の種類 ･･････････････････････････････

国民年金に加入していると… 　厚生年金保険に加入していると…

	国民年金	厚生年金保険
年をとったとき	老齢基礎年金	老齢厚生年金
障害状態になったとき	障害基礎年金	障害厚生年金
亡くなったとき	遺族基礎年金	遺族厚生年金

　┗━➡ 給付には一定の要件がある

障害年金はどんなしくみになっているのか

基礎年金・厚生年金の2種類があり、障害の程度に応じて支給される

障害年金の全体構造

　障害年金は、病気やケガで障害を負った人（若年者も含む）に対して給付される年金です。障害年金には障害基礎年金と障害厚生年金の2種類があります。国民年金の加入者が障害を負った場合は障害基礎年金を受給でき、厚生年金加入者の場合は上乗せ支給があり、障害基礎年金に加えて障害厚生年金が受給できます。

　障害年金は、老齢年金より給付の条件が緩い面がある点が大きな特徴です。障害の度合いによっては2階部分、つまり障害厚生年金だけを受け取ることができる場合があります。

　障害基礎年金は、障害等級1級か2級に該当する状態にないと受給できないのに対し、障害厚生年金には1級・2級に加え3級や、一時金である障害手当金の制度があります。そして、障害等級1級・2級に該当する場合は障害基礎年金が支給され、さらに厚生年金保険に加入していた場合は、障害厚生年金が上乗せして支給されます。

　そのため、基礎年金が受給できなければ上乗せ部分である厚生年金も受け取れない老齢年金とは異なり、障害等級1級、2級に該当せず、障害基礎年金を受給できない場合でも、厚生年金の加入者であれば3級の障害厚生年金や障害手当金を受給できる可能性があります。障害を負う前に国民年金か厚生年金保険のいずれかに加入しているかで、受け取ることのできる障害年金の内容が全く異なるわけです。

　なお、障害基礎年金と障害厚生年金の障害等級（1級または2級）は、同じ基準となっています。障害年金は、そもそも同一の障害に対する保障であるため、実際に認定がなされた場合に該当する等級も必

ず一致します。また、以前は公務員や私立学校における教員などを対象とした共済年金制度における障害共済年金もありましたが、共済年金制度そのものが厚生年金制度と一元化されたため、平成27年10月以降に障害共済年金の請求を行った場合は、障害厚生年金の支給がなされることになっています。

▋ 先天性・後天性障害でどんな年金を受け取れるのか

　先天性の障害とは、生まれた時点で発生している障害のことです。当然ながら保険料の納付は行っていない状態で障害を抱えることになるため、年金を請求することを躊躇するケースがありますが、このような場合でも障害基礎年金の請求を行うことが可能です。2級以上の障害等級に該当した場合は20歳の誕生日を迎えた時点で年金を受け取ることができます。

　この制度を**二十歳前傷病の障害年金**といいます。ただし、この制度で適用されるのは障害基礎年金のみであり、障害厚生年金を受給することが可能になるのは、初診日が20歳以降であり、厚生年金に加入している必要がある点に注意しなければなりません。生まれつきの障害

■ 障害年金制度のしくみ ・・・・・・・・・・・・・・・・・・・・・・・・・・・・・・・・・・・

障害等級	国民年金	厚生年金保険
1級	障害基礎年金 子の加算	障害厚生年金 配偶者の加給年金
2級	障害基礎年金 子の加算	障害厚生年金 配偶者の加給年金
3級		障害厚生年金

であるために初診日の証明が取れない場合などは、**第三者証明**を活用することで未成年時の初診日証明に代わるものとすることができます。

　第三者証明とは、20歳前より患っている障害にまつわる初診日を確認することができない場合に、初診日と想定されるその当時の障害状態を把握している複数人の第三者に、障害状態の証明をしてもらうことです。

　第三者とは、病院の関係者や介護施設における施設長、勤務先の事業主や近所の人などが挙げられます。なお、障害年金の請求者本人やその生計同一者（三親等以内の者）は第三者にあたらないため、第三者証明を行うことはできません。ただし、先天性の知的障害を抱える人の場合、初診日を証明する必要はありません。

　また、後天性の障害の場合も、年齢に応じて請求ができる年金の内容が異なります。20歳になるまでの間に初診日が該当する障害に対しては、「二十歳前傷病による障害年金」が適用され、障害等級に該当すれば障害基礎年金の請求が可能です。そして、20歳を超えた際に初診日があり、厚生年金に加入している場合は、要件に該当すれば障害厚生年金を受け取ることができます。

　なお、二十歳前傷病による障害年金には所得制限が設けられています。一定の所得を超えた場合、障害等級の上下にかかわらず年金が半額、または全額停止される場合があります。具体的な所得金額は、扶養親族がいない場合で前年の所得の金額が3,604,000円を超過する場合は年金の半額が停止され、4,621,000円を超過する場合は年金が全額停止されます。

■ 障害年金の病気やケガとはどんな程度なのか

　障害の程度は、医療機関で診断された病名にかかわらず、その人が負っている「障害の内容」に応じて支給が決定されます。

　具体的な傷病とは、精神疾患・肉体的な疾患を問いません。また、

先天性・後天性ともに問いません。先天性としては、脳性麻痺や染色体疾患ダウン症候群、フェルニケトン尿症、先天性風疹症候群、発達障害などが挙げられます。後天性の障害には、精神疾患である統合失調症や、肉体的疾患である高次脳機能障害や脳梗塞や脳出血の後遺症、ガンなど、その種類は幅広いものがあります。

　ただし、精神疾患に該当する不安障害・パニック障害などの神経症や人格障害は障害年金の対象外とされているため、注意が必要です。

▌障害等級は何に定められているのか

　障害等級を認定する基準には、政令で定められた**障害等級表**と客観指標である**障害認定基準**の2種類があります。なお、障害等級表の等級は、障害のある人が申請することで入手することが可能な障害手帳に記載されている等級とは全く別のものであるため、注意が必要です。したがって、障害手帳を持っていなくても年金を受け取ることが可能です。逆に障害手帳の等級が1級であっても必ずしも年金を受け取れるわけではありません。

　障害基礎年金は障害等級1〜2級、障害厚生年金は障害等級1〜3級に該当した場合に支給されます。そのため、障害等級1級・2級に

■ 障害の程度 ……………………………………………………………

重い障害 （1級障害）	やや重い障害 （2級障害）	やや軽い障害 （3級障害）	軽い障害 （一時金）
常時介護を 要する人	常時ではないが 随時介護を 要する人	労働が著しく 制限を受ける人	聴力や視力、言語に障害があるなど 生活に制限を 受ける人
1級障害基礎年金 1級障害厚生年金	2級障害基礎年金 2級障害厚生年金	3級障害厚生年金	障害手当金

該当する障害の状態は国民年金法施行令別表に、3級に該当する障害の状態は厚生年金保険法施行令別表第1に、それぞれ規定されています。また、障害手当金の障害の状態については、厚生年金保険法施行令別表第2に規定されています。

おおよその程度としては、1級に該当した場合は、ほぼ寝たきりで日常生活に支障をきたしている場合とされています。一方、2級の場合は、何とか日常生活をこなす程度であり、外出が厳しい状態です。また、3級の場合は、就労することが難しい、もしくは就労内容が制限されてしまう状態です。

世帯収入や本人の収入によって上限はあるのか

障害年金は、年齢・障害等級・保険料納付の3つの要件を満たしていれば受給することが可能な年金です。世帯単位である程度の収入がある場合でも関係なく受け取ることができます。したがって、就労する親や配偶者、子供と同居しており、たとえその世帯全体が高収入の場合でも、障害年金の支給が可能です。

ただし、生まれもった障害である場合や、20歳未満で障害を負った場合は、「二十歳前傷病による障害年金」に該当するためその本人による所得に応じて年金の支給が制限されます。あくまでも本人の収入額であり、家族のものではないことに注意が必要です。たとえば、先天性の場合などで本人に収入がない場合は、障害等級に応じて満額の障害年金を20歳以降に受け取ることができます。

また、平成3年3月までに国民年金任意加入期間がある学生や昭和61年3月までに国民年金任意加入期間がある労働者の配偶者で、当時任意加入していなかったために障害基礎年金等を受給していない人は「特別障害給付金制度」の対象となるため、障害年金の所得が制限されます。

資料　障害等級表（1級と2級）

障害の程度		障害の状態
級		
1級	1	両眼の視力の和が 0.04 以下のもの
	2	両耳の聴力レベルが 100 デシベル以上のもの
	3	両上肢の機能に著しい障害を有するもの
	4	両上肢のすべての指を欠くもの
	5	両上肢のすべての指の機能に著しい障害を有するもの
	6	両下肢の機能に著しい障害を有するもの
	7	両下肢を足関節以上で欠くもの
	8	体幹の機能に座っていることができない程度又は立ち上がることができない程度の障害を有するもの
	9	前各号に掲げるもののほか、身体の機能の障害又は長期にわたる安静を必要とする病状が前各号と同程度以上と認められる状態であって、日常生活の用を弁ずることを不能ならしめる程度のもの
	10	精神の障害であって、前各号と同程度以上と認められる程度のもの
	11	身体の機能の障害若しくは病状又は精神の障害が重複する場合であって、その状態が前各号と同程度以上と認められる程度のもの
2級	1	両眼の視力の和が 0.05 以上 0.08 以下のもの
	2	両耳の聴力レベルが 90 デシベル以上のもの
	3	平衡機能に著しい障害を有するもの
	4	そしゃくの機能を欠くもの
	5	音声又は言語機能に著しい障害を有するもの
	6	両上肢のおや指及びひとさし指又は中指を欠くもの
	7	両上肢のおや指及びひとさし指又は中指の機能に著しい障害を有するもの
	8	一上肢の機能に著しい障害を有するもの
	9	一上肢のすべての指を欠くもの
	10	一上肢のすべての指の機能に著しい障害を有するもの
	11	両下肢のすべての指を欠くもの
	12	一下肢の機能に著しい障害を有するもの
	13	一下肢を足関節以上で欠くもの
	14	体幹の機能に歩くことができない程度の障害を有するもの
	15	前各号に掲げるもののほか、身体の機能の障害又は長期にわたる安静を必要とする病状が前各号と同程度以上と認められる状態であって、日常生活が著しい制限を受けるか、又は日常生活に著しい制限を加えることを必要とする程度のもの
	16	精神の障害であって、前各号と同程度以上と認められる程度のもの
	17	身体の機能の障害若しくは病状又は精神の障害が重複する場合であって、その状態が前各号と同程度以上と認められる程度のもの

（備考）視力の測定は、万国式試視力表によるものとし、屈折異常があるものについては、矯正視力によって測定する。

資料　障害等級表（3級）

障害の程度		障害の状態
級	号	
3級	1	両眼の視力が 0.1 以下に減じたもの
	2	両耳の聴力が、40 センチメートル以上では通常の話声を解することができない程度に減じたもの
	3	そしゃく又は言語の機能に相当程度の障害を残すもの
	4	脊柱の機能に著しい障害を残すもの
	5	一上肢の三大関節のうち、二関節の用を廃したもの
	6	一下肢の三大関節のうち、二関節の用を廃したもの
	7	長管状骨に偽関節を残し、運動機能に著しい障害を残すもの
	8	一上肢のおや指及びひとさし指を失ったもの又はおや指若しくはひとさし指を併せ一上肢の三指以上を失ったもの
	9	おや指及びひとさし指を併せ一上肢の四指の用を廃したもの
	10	一下肢をリスフラン関節以上で失ったもの
	11	両下肢の十趾の用を廃したもの
	12	前各号に掲げるもののほか、身体の機能に、労働が著しい制限を受けるか、又は労働に著しい制限を加えることを必要とする程度の障害を残すもの
	13	精神又は神経系統に、労働が著しい制限を受けるか、又は労働に著しい制限を加えることを必要とする程度の障害を残すもの
	14	傷病が治らないで、身体の機能又は精神若しくは神経系統に、労働が制限を受けるか、又は労働に制限を加えることを必要とする程度の障害を有するものであって、厚生労働大臣が定めるもの

（備考）

1. 視力の測定は、万国式試視力表によるものとし、屈折異常があるものについては、矯正視力によって測定する。

2. 指を失ったものとは、おや指は指節間関節、その他の指は近位指節間関節以上を失ったものをいう。

3. 指の用を廃したものとは、指の末節の半分以上を失い、又は中手指節関節若しくは近位指節間関節（おや指にあっては指節間関節）に著しい運動障害を残すものをいう。

4. 趾の用を廃したものとは、第一趾は末節の半分以上、その他の趾は遠位趾節間関節以上を失ったもの又は中足趾節関節若しくは近位趾節間関節（第一趾にあっては趾節間関節）に著しい運動障害を残すものをいう。

3 障害基礎年金のしくみと受給額について知っておこう

初診日・障害等級・保険料納付の要件に該当すれば請求できる

どんな場合に障害基礎年金を受給できるのか

障害基礎年金は、原則として次の3つの要件をすべて満たしている場合に支給されます。

① 病気やケガを負い、医療機関で診察を最初に受けた日である（初診日）に国民年金に加入していること。または、過去に国民年金の加入者であった60歳から65歳の人で、日本国内に在住していること

② 初診日から1年6か月を経過した日、または治癒した日（障害認定日）に障害等級が1級または2級に該当すること

③ 初診日の前日に保険料納付要件を満たしていること

なお、③の**保険料納付要件**とは、初診日の月の前々月までに国民年金の加入者であったときは、全加入期間のうち保険料の納付期間と免除期間が3分の2以上を占めることをいいます（65歳未満の時点で初診日を迎えた場合については、初診日が属する月の2か月前までの1年間に保険料未納期間がないことを意味します）。

3つの要件についての注意点

障害基礎年金をもらえる人は、国民年金の加入者か老齢基礎年金をまだ受け取っていない60〜65歳の人で、障害等級が1級か2級と認定され、さらに国民年金の保険料の滞納が3分の1未満の人ということになります。

障害年金制度に年齢要件が設けられているのは、他の年金と重複しないようにするためです。年金は国民の生活保障のために支給されるものであるため、一人あたり1つの年金が支給されます。たとえば、

65歳を迎えた場合、支給要件を満たす国民であればすべてが老齢年金の支給対象者となります。したがって、障害基礎年金には65歳未満という要件が存在するのです。

　また、③の保険料納付要件に関する規定では、特例として初診日が令和8年3月31日以前の場合、初診日の月の前々月までの直近1年間に保険料の滞納がなければ受給できることになっています。ただし、初診日が基準となるため、病気やケガで診察を受けて、障害が残りそうだということで慌てて滞納分を払いに行っても、時すでに遅しで、給付対象にはなりません。

　②の障害認定日において認定が必要な等級は、障害基礎年金の場合は障害等級が1級または2級、障害厚生年金の場合は障害等級1級または2級、3級が必要であることにも、それぞれ注意が必要です。障害等級に該当する障害には、肉体的な障害に加え、精神障害も含まれます。

　なお、「治癒した」とは、一般的なイメージで言う「治る」とは異なり、症状が固定し、障害の原因になる病気やケガの治療行為が終わることです。「完治した」という意味ではありません。

┃20歳になる前に障害を負った場合には受給できないのか

　障害基礎年金の支給を受けるためには、対象となる傷病の初診日に被保険者等要件や保険料納付要件を満たす必要があります。そのため、国民年金の第2号被保険者として社会保険の適用事業所で働く者を除く20歳前の未成年が障害等級に相当する障害を負った場合は、国民年金の被保険者ではないため障害基礎年金を受給することができません。

　しかし、納めるべき保険料を滞納していたわけではなく、本来は保険料を納める立場にない若者が、たまたま障害を負ってしまったために国の補償を受けることができず、無年金となってしまうのは合理的とはいえません。また、障害には生まれつきのものもあるため、幼い

頃より障害により生活に支障をきたす者も存在します。

　そこで、このような20歳前の障害を負う者に対する制度として「二十歳前傷病による障害基礎年金」という制度が設けられています。具体的には、20歳未満の者が障害の認定を受けた場合は20歳になった日、20歳以後に障害の認定を受けた場合はその障害認定日にそれぞれ障害等級に該当する場合、障害基礎年金が支給されます。

　この「20歳未満」という年齢要件には下限がなく、たとえ生まれたばかりの０歳児であったとしても、先天性の障害を抱えており、障害等級に該当する状態であれば20歳以降に障害基礎年金を受給することができます。ただし、知的障害の場合は生まれた日が初診日となる点に注意が必要です。

■ 障害給付の保険料納付済期間

原則

20歳 ／ 初診日 ▼

保険料納付済期間	滞納期間	保険料免除期間	保険料納付済期間

初診日がある月の前々月

保険料納付済期間＋保険料免除期間がこの期間中の
3分の2以上であること

特例　※初診日が令和8年3月31日までにある

20歳 ／ ——1年間—— ／ 初診日 ▼

滞納期間	保険料免除期間	保険料納付済期間

初診日がある月の前々月

この期間中滞納がなければよい

この制度により、公的年金の加入者ではない若者も障害基礎年金を受給することができますが、通常の障害基礎年金とは異なり、一定額を超える所得がある場合は支給が停止されます。

▎納付する保険料額について

障害基礎年金が支給されるための要件のひとつとして、保険料納付要件が挙げられます。これは、国民年金第1号被保険者または任意加入被保険者の場合は国民年金保険料を支払った期間、第2号被保険者の場合は厚生年金保険料を支払った期間で判断されます。

なお、第3号被保険者の場合は2号被保険者の被扶養者であるため保険料の納付は不要です。国民年金保険料は、令和2年度の場合は毎月16,540円です。厚生年金保険料の場合は、収入に応じて定められた標準報酬月額に該当する金額となります。つまり、所得の金額に比例して保険料額が増減する点に注意が必要です。

▎障害基礎年金の受給額

障害基礎年金は、加入期間の長短に関係なく障害の等級によって定額になっています。

支給額については一定期間ごとに見直しが行われており、令和2年度の基準からは、1級が年額97万7,125円（2級の125％にあたる）、2級が年額78万1,700円（老齢基礎年金の満額と同額）です。それに加えて18歳未満の子（または一定の障害をもつ20歳未満の子）がいる場合は、子1人につき22万4,900円（3人目からは7万5,000円）が加算されます。

いずれの場合も、障害認定日の翌月から障害に該当する限りは一生涯にわたり支給されます。

4 障害厚生年金のしくみと受給額について知っておこう

厚生年金の加入者が受け取ることのできる年金である

どんな場合に障害厚生年金を受給できるのか

　障害厚生年金は、厚生年金保険による生活保障年金です。支給要件については、障害基礎年金と同じ内容となっています。そして、障害厚生年金を受給するには下記の要件に該当する必要があります。

①　厚生年金へ加入している期間中に初めて医師の診療を受けた初診日が該当していること

②　障害等級に該当する障害を抱えていること

③　初診日前日の時点で、以下のいずれかの保険料納付要件を満たしていること

ⓐ　初診日のある月の2か月前までの公的年金加入期間のうち、3分の2以上の期間は保険料が納付または免除されていること

ⓑ　初診日に65歳未満の者であり、初診日のある月の2か月前までの1年間に、保険料の未納期間が含まれていないこと

要件についての注意点

　障害厚生年金は、厚生年金の加入者を対象とした年金であるため、先天性の障害を抱える場合は原則として支給の対象にはなりません。

　ただし、先天性の障害であっても、実際に詳しい障害が判明するのが年を重ねた時点になる場合があります。たとえば、先天性の股関節脱臼を抱えている場合でも、実際には成人になってから痛みなどで生活に支障をきたすケースなどが挙げられます。

　この場合、実際に痛みを感じて医師の診察を受けた初診日の時点で厚生年金へ加入している事実があれば、たとえ痛みの原因が先天性の

障害であっても障害厚生年金の請求を行うことができる可能性があります。

　なぜなら、障害年金の初診日の概念は医学的なものとは異なるためです。医師が「先天性である」と医学的見解で判断を行ったとしても、障害年金の支給要件としての見解では初診日の時期が違うケースが生じます。

納付する保険料額について

　障害厚生年金を受給するためには、厚生年金へ加入し、厚生年金保険料を納付する必要があります。

　実際の金額は、32等級に分類された標準報酬に基づき、一定の率（令和2年9月から令和3年8月までの保険料率は、船員などを除く被保険者の場合18.300％）を乗じた金額となります。ただし、原則として厚生年金保険料は被保険者と事業所で折半して納付するため、実際に支払う場合は上記の金額を2で除した金額となります。

障害厚生年金の受給額

　障害厚生年金は、1級障害の場合は老齢厚生年金の1.25倍、2級障害の場合は老齢厚生年金と同一の金額が支給されます。

　障害の程度や収入に応じた金額が支給されるのが原則となるため、障害厚生年金の支給額は、その人の障害の程度や収入に応じて異なった金額になります。

　障害厚生年金の額を計算する場合、平成15年4月以降の期間とそれより前の期間とで、計算方法が異なります（次ページ）。厚生年金保険への加入期間の長さも関係します（現役会社員で加入期間が300か月に満たない場合は、300か月の加入期間があったものとみなして支給額が算出されます）。

　障害厚生年金の場合、障害基礎年金と異なり、子どもがいる場合の

加算はありません。その代わり、１級２級の場合は受給権が発生した当時、その者により生計を維持していた65歳未満の配偶者がいる場合は加給年金額22万4,900円が加算されます。３級の場合は加給年金がありませんが、58万6,300円が最低保障額として定められています。

■ 障害給付の受給額 ···

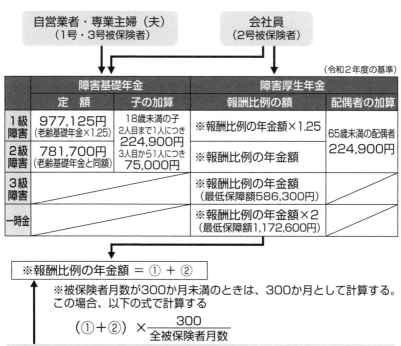

| 自営業者・専業主婦（夫） | 会社員 |
| (1号・3号被保険者) | (2号被保険者) |

(令和２年度の基準)

| | 障害基礎年金 | | 障害厚生年金 | |
	定　額	子の加算	報酬比例の額	配偶者の加算
1級障害	977,125円 (老齢基礎年金×1.25)	18歳未満の子 2人目まで1人につき 224,900円 3人目から1人につき 75,000円	※報酬比例の年金額×1.25	65歳未満の配偶者 224,900円
2級障害	781,700円 (老齢基礎年金と同額)		※報酬比例の年金額	
3級障害			※報酬比例の年金額 (最低保障額586,300円)	
一時金			※報酬比例の年金額×2 (最低保障額1,172,600円)	

※報酬比例の年金額 ＝ ① ＋ ②

※被保険者月数が300か月未満のときは、300か月として計算する。この場合、以下の式で計算する

$$（①＋②）\times \frac{300}{全被保険者月数}$$

①平成15年3月までの期間

平均標準報酬月額 $\times \dfrac{7.125}{1000} \times$ 平成15年3月までの被保険者月数

②平成15年4月以降の期間

平均標準報酬額 $\times \dfrac{5.481}{1000} \times$ 平成15年4月以降の被保険者月数

※老齢厚生年金算出時と同じ従前保障あり

Q 初診日がはっきりしないのですが、正確な日付がわからないと障害年金を請求できないのでしょうか。

A 初診日は、障害年金を受給するにあたり重要な「初めて医療機関にかかった日」のことですが、場合によっては自身の初診日がいつなのか判別できないケースや、初診日の証明となるカルテが破棄されたケース、またはかかっていた病院が閉鎖したケースなど、「受診状況等証明書」を取得することが不可能な場合があります。残念ながら、知的障害を除き初診日を証明できないと障害年金は請求できません。初診日には、支給要件のひとつである保険料の納付状況を確認する基準日にもなりますし、初診日から1年6か月後が「障害認定日」という障害年金請求において重要な日を特定する役割もあります。したがって初診日が全く証明できない状況で年金請求をしても受付すらしてもらえません。しかし病院自体なくなってしまうこともありますし、通院をやめて10年も経過するとカルテを廃棄されることも珍しくありません。当時担当した医師がいたとしてもカルテが全く残っていない場合、医師の記憶だけでは「受診状況等証明書」は発行してもらえません。

　このような場合は、「受診状況等証明書が添付できない申立書」を提出します。そして別の方法で初診日を証明していきます。その際、保険料の未納期間がないことを証明でき、障害認定日も争いにならないケース、たとえば二十歳前傷病による障害や障害認定日をある程度経過した後の事後重症による年金請求の場合、厳密な初診日の特定までは求められません。医師が通院していたことを記憶していればかなり有力な証言となりますが、それ以外でも障害者手帳を申請した時の診断書、あるいは当時の診察券や治療費を支払った時の領収書、家族以外の複数名の証言、など初診日に関する資料をできる限り集めます。そうすることによって障害年金を受給するための道が開かれます。

Q 保険者（日本年金機構）の初診日の決定に問題のある場合もあるのでしょうか。

A 障害年金を受給するための要件である初診日は、年金の受給審査にあたってもっとも重要な存在だといえるでしょう。したがって、この初診日がはっきりと確定できない場合は、初診日に問題があるとして、年金請求が却下されるおそれがあります。

問題が生じる可能性があるケースとしては、たとえば、初診を受けた医療機関が勤務先である場合などが挙げられます。人の生死にかかわる場面に遭遇することが多い医療現場は過酷であり、そこで働く医師や看護師などのスタッフは、何らかの事情で体調を崩す可能性が否めません。

　例として、前述のような医療スタッフの一人が身体に何らかの痛みを覚え、同僚に相談したとします。医療に関する知識が豊富な同僚が多いことから、プロならではの視点で痛みの原因を突きとめ、痛み止めの注射や処方を行う場合もあるでしょう。しかし、このような職場内では、患者として正式に受診した場合のような手続きを取らずに治療を行うケースがあるため、注意が必要です。カルテを取らず、治療を行った日付や治療内容を控えていない場合は、治療日を「初診日」と証明する手段がないため、結果として年金の受給が認められない可能性があります。さらに、職場に初診日の証明を求めても、担当した医師が死亡した場合や廃院した場合などは、証明してくれる人がおらず、ますます初診日の認定が困難なものとなるでしょう。このような場合、年金の請求者が初診日以外の受給要件（保険料の納付要件など）を満たしていれば、症状が長引くにあたって受診した別の医療機関での診療日が初診日として認められるケースがあります。そのためには、日頃から国民年金や社会保険への理解を深め、適切に加入を行い保険料を支払う方法が非常に有効となるでしょう。

Q 自分には収入がないのですが、世帯収入がある場合、受給できるのでしょうか。専業主婦の場合はどうでしょうか。

A たとえば、もともと共働き世帯として働いて収入を得ていた妻が障害により心身の状態に支障をきたし、入院や療養のために仕事ができなくなる場合があります。年金は、国民の生活保障のために国から支給されるものです。

したがって、このように夫婦の片方が就労できなくなったとしても、片方が就労し、収入を得ている場合は年金が支給されないのではないかと不安になるケースが見られます。

しかし、実際は世帯全体での収入がある状態でも、障害等級に該当する障害がある場合であれば障害年金を受け取ることが可能です。障害を抱えた状態で生活をする場合は、何かと医療費などの負担がかかるものです。初診日要件や保険料納付要件を満たすのであれば、年金請求の手続きをしましょう。

なお、働いている期間に障害にまつわる初診日が該当する場合は、障害厚生年金を受け取ることができる可能性があります。さらに、障害の程度によっては配偶者加算を受給できる場合があるため、必ず確認をしましょう。

また、専業主婦の場合も同様で、本人の収入がゼロであっても障害年金を受け取ることができます。もし、専業主婦が障害のために家事仕事ができなくなり、別の人に家事実施の依頼を行えば、それなりの出費となるため、生活保障が行われるしくみになっています。具体的には、配偶者の扶養に入っている第3号被保険者であれば男女問わず、期間内に初診日が該当することで障害年金を受け取ることが可能です。

なお、18歳未満の子を持つ第3号被保険者が、該当する障害等級の2級よりも重い障害を負った場合は、子の数に応じて年金額に加算が行われます。

Q 脳梗塞により右手に障害が残ったのですが、私は以前から高血圧の診断を受けていました。障害年金の判断の際にはこの高血圧の受診も考慮してもらえるのでしょうか。

A 医学の観点からいえば、高血圧症はさまざまな合併症を引き起こしやすく、その中には脳梗塞や脳出血なども含まれると言われています。しかし、障害年金を認定するかどうかの観点からいうと、相当の因果関係があるとは一概にはいえない場合があります。

障害年金の認定における相当な因果関係とは、先に発生した疾病や負傷がなければ、後の疾病は起こり得なかったというケースのことです。実際に因果関係があると認められた場合は、先に発生した疾病または負傷の際に初めて病院にかかった日が初診日と扱われ、前後のケガや病気は同一のものとしてみなされます。

たとえば、糖尿病と糖尿病性の網膜症や腎症、肝炎と肝硬変、交通事故などで発症する脳血管疾患における高次脳機能障害などが挙げられます。

ただし、高血圧症と脳梗塞または脳出血、糖尿病と脳梗塞または脳出血の場合は、原則として相当の因果関係は認められないとされています。つまり、病院で脳梗塞や脳出血の原因として高血圧の疑いがあるとされたとしても、障害年金上では別の病気として扱われます。

今回のケースの場合は、高血圧の診断を受けている状態で脳梗塞を発症したとのことですが、これらの疾病は因果関係がないとみなされるため、高血圧は別の病気と扱われます。したがって、高血圧の診断を初めて受けた日は初診日とは認められず、脳梗塞と診断された初めての診療日が障害年金における初診日とされます。ただし、一過性の脳虚血発作や可逆性虚血性神経障害、高血圧脳症を発症していた場合などは、総合的な観点から因果関係を判断される場合があるため、因果関係の有無はケース・バイ・ケースだともいえます。

Q 社会的治癒が認められる場合には受給はできないのでしょうか。

A 社会的治癒とは、治療しないまま日常生活や社会生活などを通常通り送ることができる状態のことです。医師のいう「治癒」とは異なり、医師が「治っている」という証明をしなくても、実際に通常生活を送っている場合は、社会的治癒といえます。

社会的治癒の具体的な期間は定義づけられておらず、疾患の内容に応じて大きな幅があります。肉体に影響を及ぼす病気やケガなどに比べ、精神疾患の方が長期間にわたるとされるケースが多く見られます。社会的治癒が認められれば、社会的治癒前と治癒後での病気や疾病がたとえ同じものであっても「別の傷病である」とみなされます。これに伴い「初診日」が変更され、社会的治癒後に初めてかかった病院での診療日が初診日になります。したがって、社会的治癒前の傷病における初診日には「保険料納付要件」を満たしていなかった場合でも、社会的治癒期間に保険料を納めたことで、社会的治癒後の初診日に保険料納付要件を満たし、障害年金を受給することができる可能性が生じます。

また、社会的治癒前の傷病における初診日の時点では学生で国民年金の対象者であった者が、社会的治癒期間に卒業して社会人となり社会保険に加入した場合などは、社会的治癒後の初診日には厚生年金での年金請求が認められる場合があります。そして、社会的治癒前の初診日に社会人であった者でも、社会的治癒期間に昇給し、標準報酬がアップしたために、社会的治癒が認められた時点で受け取ることのできる障害年金が増額する可能性もあります。

このように、社会的治癒は障害年金に大きな影響を及ぼします。社会的治癒の存在を知らずに障害年金の請求を行った場合、受給の有無や金額で不利益となる場合があるため、注意が必要です。

今、保険料を納めておかないと障害年金を受給できなくなってしまうのでしょうか。

 20歳以後の納めるべき期間に未納があると、年金が支給されない場合があります。

保険料を支払うかどうかで給付の明暗が分かれる例を一つ挙げてみます。20代前半の2人の若者が交通事故に遭い、双方とも同じケガを負い、同じ障害を受けた場合です。一方は障害基礎年金・障害厚生年金が受給でき、もう一方は1円ももらえませんでした。

その理由は、保険料を支払った期間の差です。年金受給者の方は20歳前に就職し、その後、厚生年金に加入していました。もう一方は、大学を卒業した後に就職し、厚生年金に加入したものの、学生時代に国民年金の保険料を支払わず、学生納付特例の申請をしませんでした。この未納期間が保険滞納期間とみなされ、20歳から現在までの保険料納付義務期間の3分の1を超えてしまいました。また、特例制度である直近1年間の未納なしにも該当しませんでした。

このように学生時代の保険料を未納のまま放置すると、想定外の事故や天災で障害を負った場合に年金の保障がありません。したがって、時効である2年が経過する前に保険料を納めておく、学生納付特例制度の承認を受ける、経済的に苦しい場合には免除申請をしておく、というように、何らかの対策をしておくことが重要になるのです。保険料の納付や免除申請などは、初診日の前日までに済ませておかなければなりません。初診日の後に保険料の納付や免除申請をしても、障害年金を受給できるようにはなりませんので、注意が必要です。

なお、障害年金は、若い人だけの年金ではなく、給付対象となる障害があれば、年齢に関係なく支給されます。また、障害を負った際に20歳未満で就労をしていない若者に対しても20歳到達後から「二十歳前の傷病による障害基礎年金」という年金が支給されます。

障害者手帳について教えてください。

 障害者に対しては、障害の内容に応じて、身体障害者手帳、療育手帳、精神障害者保健福祉手帳が交付されます。
また、それぞれの障害の状態に合わせて、さまざまな福祉サービスを受けることができます。

① 身体障害者手帳

　身体障害者手帳とは、身体障害者が日常生活を送る上で、最低限必要な福祉サービスを受けるために必要な手帳です。身体障害者とは、視覚障害、聴覚・平衡機能障害、音声・言語機能または咀嚼機能障害、肢体不自由、内部障害などの障害がある18歳以上の者で、都道府県知事から身体障害者手帳の交付を受けた者のことを意味します（身体障害者福祉法4条）。障害の程度の重い方から1級〜6級に分けられます。7級の障害の場合は基本的に手帳交付の対象外ですが、7級の障害を複数持っている場合など、一定の場合には、交付が認められるケースもあります。

　身体障害者手帳を受け取るためには、交付申請書と各都道府県知事の指定を受けた医師の診断書が必要です（身体障害者福祉法15条）。

② 療育手帳

　知的障害者と認められた人に交付される手帳が療育手帳（東京都では「愛の手帳」）です。東京都においては、申請があった場合、本人との面接や知能検査を経て、手帳交付の有無を判定します。

　知的障害者の定義については、知的障害者福祉法にはっきりと規定されているわけではありません。療育手帳についても、法で定められたものではなく、各都道府県が独自に発行するものであり、知的障害者と判定されても、必ず持たなければならないものではありません。療育手帳の交付を受けるには、本人が居住している地域の福祉事務所へ申請します。

③　精神障害者保健福祉手帳

　精神障害者とは、統合失調症、精神作用物質による急性中毒または
その依存症、知的障害、精神病質その他の精神疾患を有する者のこと
です（精神保健福祉法５条）。精神障害者保健福祉手帳は、日常・社
会生活に制約のある精神障害者が自立し、また、社会復帰・参加を促
進し、各種福祉サービスを受けやすくするために交付されます。

　精神障害者保健福祉手帳の交付は、精神保健指定医または精神障害
者の診断・治療を行っている医師の診断書を提出しなければなりませ
ん。手帳は障害の程度の重い方から１級～３級と等級が分かれており、
等級により受けられる福祉サービスに差があります。また、２年間の
有効期間があるため、期限が切れる前に更新の手続きが必要です。な
お、精神障害の状態に変化があり、現在の等級が適当でないと思われ
る場合は、有効期限前でも等級の変更申請をすることが可能です。

●手帳を持っているだけで障害年金を受給できるわけではない

　前述の①～③の手帳の交付を受けても、自動的に障害年金が支給さ
れるわけではありません。障害年金が支給されるためには、別途、年
金請求の手続きを経る必要があります。手帳交付の有無は、障害年金
を受給するための条件にはなっていませんので、手帳を持っていない
場合も、他の要件がそろっていれば障害年金を受け取ることが可能です。

■ 障害者の種類と交付される手帳 ……………………………………

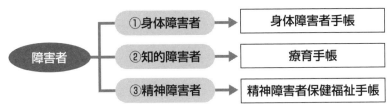

障害手当金のしくみと受給額について知っておこう

3級に満たない障害に該当することで受給できる一時金である

障害手当金とは

　障害手当金は、初診日から5年経過日までに症状が治癒した日に障害等級3級に満たない障害、つまり4級以下の障害に該当すれば支給される一時金のことです。障害手当金は、病気やケガで初めて医師の診療を受けた日（初診日）において被保険者であった者が、その初診日から起算して5年を経過する日までの間にその病気やケガが治った日に、一定の障害の状態に該当した場合に支給されます。ただし、障害手当金を受給すると、その後に障害の程度が悪化しても同一の疾患について障害給付を受給できなくなる場合があります。そのため、障害手当金の受給は慎重に行うことが重要です。

　障害手当金は、初診日に障害厚生年金に加入していなければ支給されません。また、初診日の前日において、初診日の属する月の前々月までに被保険者期間があり、その被保険者期間のうち、保険料納付済期間と保険料免除期間をあわせた期間が被保険者期間の3分の2未満である場合は支給されません。

　ただし、令和8年4月1日より前に初診日のある障害で、初診日の前日において初診日の属する月の前々月までの1年間に保険料の未納がない場合には障害手当金が支給されるという特例措置があります。

　障害手当金の支給額は、報酬比例の年金額の2倍相当額で、最低保障額（令和2年度は117万2,600円）が定められています。障害手当金の額には物価スライドは適用されませんが、本来の2級の障害基礎年金の額の4分の3に2を乗じて得た額に満たないときは、最低保障額を見直します。

▍障害手当金を受給できない場合

　障害を定める日において、公的年金給付、公務員や教職員の補償の対象者、障害補償や船員保険法の規定による障害を支給事由とする年金給付の受給権者には、障害手当金が支給されません。

　また、先天性障害を抱えている者の場合も、原則として支給されません。ただし、先天性障害であっても、年齢を重ねることで悪化し、成人して厚生年金に加入している状態で障害手当金の支給要件に該当した場合は、受け取ることができます。

　なお、公的年金における障害給付の受給権者で障害等級1～3級に該当せず3年が経過した者（現に障害状態に該当しない者に限る）は、障害手当金の支給を受けることができます。

■ 障害手当金の対象になる障害 ………………………………………

- ・両眼の視力が0.6以下に減じたもの
- ・1眼の視力が0.1以下に減じたもの
- ・両眼のまぶたに著しい欠損を残すもの
- ・両眼による視野が2分の1以上欠損したものまたは両眼の視野が10度以内のもの
- ・両眼の調節機能および輻輳機能に著しい障害を残すもの
- ・1耳の聴力が、耳殻に接しなければ大声による話を解することができない程度に減じたもの
- ・そしゃくまたは言語の機能に障害を残すもの
- ・鼻を欠損し、その機能に著しい障害を残すもの
- ・脊柱の機能に障害を残すもの
- ・1上肢の3大関節のうち、1関節に著しい機能障害を残すもの
- ・1下肢の3大関節のうち、1関節に著しい機能障害を残すもの
- ・1下肢を3cm以上短縮したもの
- ・長管状骨に著しい転位変形を残すもの
- ・1上肢の2指以上を失ったもの
- ・1上肢のひとさし指を失ったもの
- ・1上肢の3指以上の用を廃したもの
- ・ひとさし指を併せ1上肢の2指の用を廃したもの
- ・1上肢のおや指の用を廃したもの
- ・1下肢の第1趾または他の4趾以上を失ったもの
- ・1下肢の5趾の用を廃したもの
- ・前各号に掲げるもののほか、身体の機能に、労働が制限を加えることを必要とする程度の障害を残すもの
- ・精神または神経系統に、労働が制限を受けるか、または労働に制限を加えることを必要とする程度の障害を残すもの

併合認定について知っておこう

併合認定とは

　もともと何らかの障害を抱えている人が、さらに事故や病気などで別の障害をも抱える状態に陥る場合があります。このような場合は、障害年金における**併合認定**という制度を利用し、２つの障害をあわせてひとつの障害年金として受け取ることが可能です。

　併合認定とは、年金の受給審査の対象となる障害認定日に１級・２級に該当した人に、新たに障害等級１級・２級の障害等級に該当する障害が発生した場合、この前後の障害を併合した上で新たに障害の程度（最も重い等級）が決められる制度です。

　たとえば、もともと目や耳が不自由で障害手帳を取得している人が就労中にうつ病を患った場合や、事故により生活に支障をきたす程度の大ケガをした人がさらに内臓疾患にかかる場合など、疾病の種類はさまざまです。また、交通事故などで上半身と下半身の一部を切断するほどのケガを負った場合なども、上半身の障害・下半身の障害を併合することが可能です。

　併合認定は、障害認定日に「２級以上」の障害がある人だけが対象になります。その中には、３級まで軽減していたものの、新しく２級以上になった場合も含まれます。

　注意しなければならないのが、前発の障害、後発の障害いずれも障害等級２級以上に該当する内容でなければ、併合認定が行われない、ということです。また、障害等級に該当する障害であれば、３つ以上の複数障害を併合することも可能です。

　そして、障害等級に該当する障害同士を併合すれば必ず上の等級に

なるわけでもありません。たとえば、障害等級２級同士を併合した場合、１級に上がる場合もあれば、２級のままの場合もあります。自身が抱える障害同士がどのように併合されるかについては、厚生労働省によって定められた障害認定基準により決定されます。障害認定基準については、併合判定参考表（130ページ）という併合の基準が記された表をもとに併合の結果を判定することになります。併合判定参考表は、障害の程度ごとに番号と区分が割り振られており、実際の障害の状態が定められています。

　たとえば、障害等級１級に該当する状態としては、両目が見えない（失明）状態や、両耳とも聴力レベルが100デシベル以上、などが挙げられます。障害の程度は、１～３級と障害手当金の範囲で定められており、自身の障害に該当する番号を併合判定参考表で割り出した上で、併合認定表を用いて併合後の等級を算出する、という流れを取ります。

　なお、障害等級２級に該当する者が新たに障害等級３級に該当する目か耳の障害を負った場合は、１級に認定されるものと定められています。

　また、新たに障害等級に該当する障害が発生したものの、その障害が労働基準法の規定による障害補償を受けることができるために支給停止される場合、支給停止されている期間は併合認定後の等級は適用されず、もともとの障害年金が支給されます。

■ 併合認定のしくみ ……………………………………………

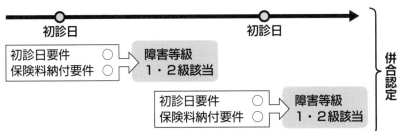

併合改定とは

併合改定とは、障害年金の受給者が、その後障害等級に該当しない程度の傷病（その他障害）にかかり、65歳になるまでの間に「障害年金＋その他障害」を併合した障害の程度が支給されている年金の程度よりも重症の場合に、障害年金額の改定を請求することができる制度です。この請求は、65歳になるまでの間に行う必要があります。

たとえば、交通事故による高次脳機能障害を発症した人が、障害等級に該当しない程度のケガを負ったことでさらに生活が困難になった場合などが挙げられます。

前述した併合認定の場合は、後発の障害の程度が2級以上の内容と定められていることに対し、併合改定の場合は後発となるその他障害の程度が3級以下、つまり障害等級に該当しない場合までも含まれます。また、併合認定が行われた場合は前発の障害年金を受ける権利は消滅し、後発の受給権に代わりますが、併合改定の場合は前発の障害年金を受ける権利を残したまま、障害等級が変更されるというシステムをとります。

なお、子の加算額や配偶者の加給年金額については、後で発生した障害に関する年金を請求する際に、改めて要件に該当しているかが確認されます。

総合認定、差引認定とは

複数の障害状態となっている場合に選択する手段としては、併合認定や併合改定以外の認定方法があります。たとえば、総合認定や差引認定などが例として挙げられます。

総合認定とは、複数の内部疾患を抱えている人が、あえてそれぞれの障害を併合認定せず、疾患全体をまとめて一つの障害状態として年金の請求を行うことです。この場合の疾患は、いずれも因果関係が認められないものとなります。また、内部疾患には、精神疾患も含まれ

ます。具体例としては、内部疾患の場合は糖尿病の患者が脳梗塞を発症した場合、精神疾患の場合はうつ病を患った者が、その後認知症を発症した場合などが挙げられます。精神疾患の例で考えると、この場合はうつ病と認知症という2つの障害をそれぞれの等級に該当させて併合認定を行うのではなく、障害を総合してどの程度の支障が生じているかで判断されることになります。

　一方、**差引認定**とは、これまでの障害同士を併合する方法や総合して一つにまとめる方法とは異なり、複数の加重障害の中から以前に発生した障害を取り除く認定方法です。

　たとえば、もともと右目に視力障害を抱えていた者が、成人後に左目の視力も低下した場合などが挙げられます。この場合は、まずはもともと発症していた右目の視力障害、後で発症した左目の視力障害におけるランクを「総合判定参考表」から割り出します。

　その後、ランクに応じた形で「現在の活動能力減退率」から「前発障害の活動能力減退率」を差引、残存率を求めます。そして、「差引結果認定表」に当てはめた上で現在の障害等級を定める、という形で算出することになります。

　このような方法で差し引き認定を実施することで、これまでは合体させることで認定されていた等級から一定の障害状態が取り除かれることにより、認定前より等級の内容が不利になるケースも多く見られます。

障害の程度	番号	区分	障害の状態
1級	1号	1	両眼が失明したもの
		2	両耳の平均純音聴力レベル値が100デシベル以上のもの
		3	両上肢を肘関節以上で欠くもの
		4	両上肢の用を全く廃したもの
		5	両下肢を膝関節以上で欠くもの
		6	両下肢の用を全く廃したもの
		7	体幹の機能に座っていることができない程度又は立ち上がることができない程度の障害を有するもの
		8	身体の機能の障害又は長期にわたる安静を必要とする病状が日常生活の用を弁ずることを不能ならしめる程度のもの
		9	精神の障害で日常生活の用を弁ずることを不能ならしめる程度のもの
		10	両眼の視力の和が0.04以下のもの
		11	両上肢のすべての指を基部から欠き、有効長が0のもの
		12	両上肢のすべての指の用を全く廃したもの
		13	両下肢を足関節以上で欠くもの
2級	2号	1	両眼の視力の和が0.05以上0.08以下のもの
		2	平衡機能に著しい障害を有するもの
		3	そしゃくの機能を欠くもの
		4	音声又は言語の機能に著しい障害を有するもの
		5	両上肢のすべての指を近位指節間関節（おや指にあっては指節間関節）以上で欠くもの
		6	体幹の機能に歩くことができない程度の障害を有するもの
	3号	1	両耳の平均純音聴力レベル値が90デシベル以上のもの
		2	両耳の平均純音聴力レベル値が80デシベル以上で、かつ、最良語音明瞭度が30%以下のもの
		3	両上肢のすべての指の用を廃したもの
		4	両上肢のおや指及びひとさし指又は中指を基部から欠き、有効長が0のもの
		5	両上肢のおや指及びひとさし指又は中指の用を全く廃したもの
		6	両下肢をリスフラン関節以上で欠くもの

2級	4号	1	一上肢のすべての指を基部から欠き、有効長が0のもの
		2	一上肢の用を全く廃したもの
		3	一上肢のすべての指の用を全く廃したもの
		4	両下肢の10趾を中足趾節関節以上で欠くもの
		5	一下肢の用を全く廃したもの
		6	一下肢を足関節以上で欠くもの
		7	身体の機能の障害又は長期にわたる安静を必要とする病状が、日常生活が著しい制限を受けるか、又は日常生活に著しい制限を加えることを必要とする程度のもの
		8	精神の障害で日常生活が著しい制限を受けるか、又は日常生活に著しい制限を加えることを必要とする程度のもの
3級	5号	1	両眼の視力がそれぞれ0.06以下のもの
		2	一眼の視力が0.02以下に減じ、かつ、他眼の視力が0.1以下に減じたもの
		3	両耳の平均純音聴力レベル値が80デシベル以上のもの
		4	両耳の平均純音聴力レベル値が50デシベル以上80デシベル未満で、かつ、最良語音明瞭度が30%以下のもの
	6号	1	両眼の視力が0.1以下に減じたもの
		2	そしゃく又は言語の機能に相当程度の障害を残すもの
		3	脊柱の機能に著しい障害を残すもの
		4	一上肢の3大関節のうち、2関節の用を廃したもの
		5	一下肢の3大関節のうち、2関節の用を廃したもの
		6	両上肢のおや指を基部から欠き、有効長が0のもの
		7	一上肢の5指又はおや指及びひとさし指を併せ一上肢の4指を近位指節間関節（おや指にあっては指節間関節）以上で欠くのもの
		8	一上肢のすべての指の用を廃したもの
		9	一上肢のおや指及びひとさし指を基部から欠き、有効長が0のもの
	7号	1	両耳の平均純音聴力レベル値が70デシベル以上のもの
		2	両耳の平均純音聴力レベル値が50デシベル以上で、かつ、最良語音明瞭度が50%以下のもの
		3	長管状骨に偽関節を残し、運動機能に著しい障害を残すもの

3級	7号	4	一上肢のおや指及びひとさし指を近位指節間関節（おや指にあっては指節間関節）以上で欠くもの、又はおや指若しくはひとさし指を併せ一上肢の3指を近位指節間関節（おや指にあっては指節間関節）以上で欠くもの
		5	おや指及びひとさし指を併せ一上肢の4指の用を廃したもの
		6	一下肢をリスフラン関節以上で欠くもの
		7	両下肢の10趾の用を廃したもの
		8	身体の機能に労働が著しい制限を受けるか、又は労働に著しい制限を加えることを必要とする程度の障害を残すもの
		9	精神又は神経系統に労働が著しい制限を受けるか、又は労働に著しい制限を加えることを必要とする程度の障害を残すもの
3級（治らないもの）	障害手当金（治ったもの）| 8号	1	一眼の視力が0.02以下に減じたもの
			2	脊柱の機能に障害を残すもの
			3	一上肢の3大関節のうち、1関節の用を廃したもの
			4	一下肢の3大関節のうち、1関節の用を廃したもの
			5	一下肢が5センチメートル以上短縮したもの
			6	一上肢に偽関節を残すもの
			7	一下肢に偽関節を残すもの
			8	一上肢のおや指を指節間関節で欠き、かつ、ひとさし指以外の1指を近位指節間関節以上で欠くもの
			9	一上肢のおや指及びひとさし指の用を廃したもの
			10	おや指又はひとさし指を併せ一上肢の3指以上の用を廃したもの
			11	一下肢の5趾を中足趾節関節以上で欠くもの
			12	精神又は神経系統に労働が制限を受けるか、又は労働に制限を加えることを必要とする程度の障害を残すもの
		9号	1	両眼の視力が0.6以下に減じたもの
			2	一眼の視力が0.06以下に減じたもの
			3	両限のまぶたに著しい欠損を残すもの
			4	両限による視野が2分の1以上欠損したもの又は両限の視野が10度以内のもの
			5	一耳の平均純音聴力レベル値が90デシベル以上のもの
			6	そしゃく及び言語の機能に障害を残すもの

3級（治らないもの）	障害手当金（治ったもの）	9号	7 鼻を欠損し、その機能に著しい障害を残すもの
			8 一上肢のおや指を指節間関節以上で欠くもの
			9 一上肢のおや指の用を全く廃したもの
			10 ひとさし指を併せ一上肢の2指を近位指節間関節以上で欠くも
			11 おや指及びひとさし指以外の一上肢の3指を近位指節間関節以上で欠くもの
			12 一上肢のおや指を併せ2指の用を廃したもの
			13 一下肢の第1趾を併せ2以上の趾を中足趾節関節以上で欠くもの
			14 一下肢の5趾の用を廃したもの
		10号	1 一眼の視力が0.1以下に減じたもの
			2 両眼の調整機能及び輻輳機能に著しい障害を残すもの
			3 一耳の平均純音聴力レベル値が80デシベル以上のもの
			4 そしゃく又は言語の機能に障害を残すもの
			5 一上肢の3大関節のうち、1関節に著しい機能障害を残すもの
			6 一下肢の3大関節のうち、1関節に著しい機能障害を残すもの
			7 一下肢を3センチメートル以上短縮したもの
			8 長管状骨に著しい転位変形を残すもの
			9 一上肢のひとさし指を近位指節間関節以上で欠くもの
			10 おや指及びひとさし指以外の一上肢の2指を近位指節間関節以上で欠くもの
			11 一上肢のおや指の用を廃したもの
			12 ひとさし指を併せ一上肢の2指の用を廃したもの
			13 おや指及びひとさし指以外の一上肢の3指の用を廃したもの
			14 一下肢の第1趾又は他の4趾を中足趾節関節以上で欠くもの
			15 身体の機能に労働が制限を受けるか、又は労働に制限を加えることを必要とする程度の障害を残すもの
		11号	1 両眼の調節機能又は運動機能に著しい障害を残すもの
			2 両眼のまぶたに著しい運動障害を残すもの
			3 一眼のまぶたに著しい欠損を残すもの
			4 一耳の平均純音聴力レベル値が70デシベル以上のもの

		5	一上肢のなか指又はくすり指を近位指節間関節以上で欠くもの
		6	一上肢のひとさし指の用を廃したもの
		7	おや指及びひとさし指以外の一上肢の2指の用を廃したもの
		8	第1趾を併せ一下肢の2趾以上の用を廃したもの
	12号	1	一眼の調節機能に著しい障害を残すもの
		2	一眼のまぶたに著しい運動障害を残すもの
		3	一上肢の3大関節のうち、1関節に機能障害を残すもの
		4	一下肢の3大関節のうち、1関節に機能障害を残すもの
		5	長管状骨に奇形を残すもの
		6	一上肢のなか指又はくすり指の用を廃したもの
		7	一下肢の第1趾又は他の4趾の用を廃したもの
		8	一下肢の第2趾を中足趾節関節以上で欠くもの
		9	第2趾を併せ一下肢の2趾を中足趾節関節以上で欠くもの
		10	一下肢の第3趾以下の3趾を中足趾節関節以上で欠くもの
		11	局部に頑固な神経症状を残すもの
	13号	1	一眼の視力が0.6以下に減じたもの
		2	一眼の半盲症、視野狭窄又は視野変状を残すもの
		3	両眼のまぶたの一部に欠損を残すもの
		4	一上肢の小指を近位指節間関節以上で欠くもの
		5	一上肢のおや指の指骨の一部を欠くもの
		6	一上肢のひとさし指の指骨の一部を欠くもの
		7	一上肢のひとさし指の遠位指節間関節の屈伸が不能になったもの
		8	一下肢を1センチメートル以上短縮したもの
		9	一下肢の第3趾以下の1又は2趾を中足趾節関節以上で欠くもの
		10	一下肢の第2趾の用を廃したもの
		11	第2趾を併せ一下肢の2趾の用を廃したもの
		12	一下肢の第3趾以下の3趾の用を廃したもの

		2級			3級			障害手当金					
		2号	3号	4号	5号	6号	7号	8号	9号	10号	11号	12号	13号
2級	2号	1	1	1	1	2	2	2	2	2	2	2	2
	3号	1	1	1	1	2	2	2	2	2	2	2	2
	4号	1	1	1	1	2	2	4	4	4	4	4	4
3級	5号	1	1	1	3	4	4	5	5	5	5	5	5
	6号	2	2	2	4	4	4	6	6	6	6	6	6
	7号	2	2	2	4	4	6	7	7	7	7	7	7
障害手当金	8号	2	2	4	5	6	7	7	7	7	8	8	8
	9号	2	2	4	5	6	7	7	7	8	9	9	9
	10号	2	2	4	5	6	7	7	7	10	10	10	10
	11号	2	2	4	5	6	7	8	9	10	10	10	10
	12号	2	2	4	5	6	7	8	9	10	10	11	12
	13号	2	2	4	5	6	7	8	9	10	10	12	12

注1　表頭及び表側の2号から13号までの数字は、併合判定参考表（130ページ）の各番号を示す。

注2　表中の数字（1号から12号まで）は、併合番号を示し、障害の程度は、次の表のとおりである。

注3　次に掲げる障害をそれぞれ併合した場合及び次の障害と併合判定参考表の5号ないし7号の障害と併合した場合は、併合認定表の結果にかかわらず、次表の併合番号4号に該当するものとみなす。

① 両上肢のおや指の用を全く廃したもの

② 一上肢のおや指及び中指を基部から欠き、有効長が0のもの

③ 一上肢のおや指及びひとさし指又は中指の用を全く廃したもの

併合番号	障害の程度
1 号	国年令別表1級
2 号	国年令別表2級
3 号	
4 号	
5 号	厚年令別表第1　3級
6 号	
7 号	
8 号	厚年令別表第2 障害手当金
9 号	
10 号	
11 号	厚年令別表不該当
12 号	

併合判定参考表 （別表1）		現在の活動能力 減退率(%)	前発障害の活動能力 減退率(%)
1号	区分1〜9	134	95
	区分10〜13	119	
2号		105	84
3号		92	74
4号		79	63
5号		73	44
6号		67	40
7号		56	34
8号		45	18
9号		35	14
10号		27	11
11号		20	8
12号		14	6
13号		9	4

資料　差引結果認定表

差引残存率	障害の程度		
112%以上	国年令別表	1級	9号・11号
111%〜76%	国年令別表	2級	15号・17号
75%〜51%（治ったもの）	厚年令別表第1	3級	12号
75%〜24%（治らないもの）	厚年令別表第1	3級	14号
50%〜24%（治ったもの）	厚年令別表第2		21号

後で障害の程度が緩和あるいは悪化するとどうなるので しょうか。

 障害の程度の変化に応じて事後重症・増進改定に該当し、年 金額が改定されます。

　障害年金の受給中に障害の程度が変わった場合、障害年金の額が改 定されます。

　障害年金は、原則として「有期」の年金です。障害等級に該当する 限りは支給継続される点に変わりはないものの、ほとんどの障害年金 には1～5年ごとの更新時期が定められています。更新時には、障害 状態が継続されていることを証明するための診断書や障害状態確認届 などの書類を届け出なければなりません。この更新時に障害等級が重 くなればその等級に基づいて給付額が増え、軽くなれば減額になりま す。そして、障害等級の該当から外れた場合は、年金は支給されませ ん。なお、障害が重くなった場合、支給額の増額申請ができるのは65 歳までと定められています。

　障害年金の改定は、具体的に次のケースが想定されています。それ ぞれのケースにおいて、障害年金支給の改定が行われます。

① **事後重症**

　障害認定日の時点では、障害等級が1～3号に該当しなかったもの の、後に症状が悪化して、等級が1～3号に該当するようになった場 合に該当します。図（次ページ）のⒷのケースに該当し、障害認定日 以降に障害等級に該当した場合、請求した月の翌月から障害年金の受 給ができます。なお、65歳以降は事後重症の申請を行うことはできま せん。

② **増進改定**

　障害認定日には障害等級が2～3級で障害年金を受給していたもの の、後に症状が悪化して1～2号に該当するようになった場合に該当

します。なお、増進改定は、65歳以降でも申請することができます。

●3級から2級に該当した場合

　障害等級3級の者が2級以上に該当することになった場合は、障害基礎年金と障害厚生年金で扱いが異なります。これは、障害基礎年金の等級が2級、障害厚生年金の等級が3級まで定められていることが原因です。この場合、障害基礎年金は事後重症、障害厚生年金は増進改定になります。また、65歳以降の申請は認められないため、障害基礎年金は受け取れず、障害厚生年金も増額されません。しかし、もともと2級以上の者が後に3級となり、その後再度2級以上になった場合は、65歳以降でも改定申請ができます。これは、以前は障害基礎年金を受け取っていたという理由から、受給権は消滅しておらず、増進改定が認められるためです。

■ 事後重症と障害年金の請求 ……………………………………

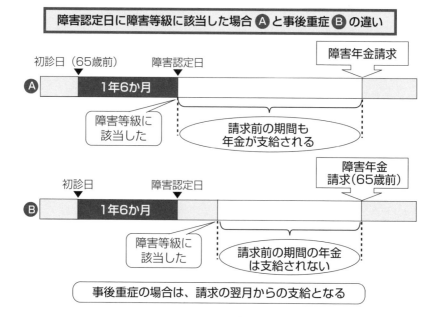

障害認定日に障害等級に該当した場合 Ⓐ と事後重症 Ⓑ の違い

Ⓐ
初診日（65歳前）　　　障害認定日　　　　　　　　　障害年金請求
1年6か月
障害等級に該当した
請求前の期間も年金が支給される

Ⓑ
初診日　　　　　　障害認定日　　　　　障害年金請求（65歳前）
1年6か月
障害等級に該当した
請求前の期間の年金は支給されない

事後重症の場合は、請求の翌月からの支給となる

Q 事後重症を理由に年金を請求したのですが、障害認定日に要件を充たしていたことが後からわかりました。障害認定日請求をすることはもうできないのでしょうか。

A 事後重症請求を行った上で障害年金を受け取っていたものの、新たに障害認定日における要件を満たしていたことが判明した場合や、障害認定日に遡った請求ができることを知らず、後日気づいた場合などは、改めて障害認定日の請求をやり直すことができます。実際に障害認定請求を行う場合は、現在の年金請求の取り下げと、新たに請求をやり直す手続きを同時に取ることになります。

必要書類としては、年金請求書と加給年金対象者がいる場合は証明書類、障害認定日時点での診断書、病歴・就労状況等申立書（事後重症請求時～障害認定日請求までの期間分）など、障害認定日請求に必要な書類が挙げられます。それに加え、事後重症請求時に受け取った年金証書や取下げ書、請求切り替えに至った経緯を記す理由書が必要です。理由書にはフォーマットが用意されていないため、自身の言葉でなぜ今回の請求に至ったかを記載します。

実際に障害認定日まで遡って請求を行い、認定された場合は、認定による障害年金に加え、障害認定日までの期間分の障害年金を受け取ることができます。たとえば、障害認定日から3年経過した時点で障害認定日請求を行い、認められた場合は、3年分の障害年金をまとめて受け取ることが可能です。事後重症請求に比べ、遡った請求分も上乗せ支給されるため、かなりのメリットがあるといえます。

ただし、遡ることができる期間には時効があり、5年が限度とされています。したがって、5年を超える期間をおいた上で障害認定日請求を実施した場合は、請求時以前5年分しか遡ることができないため、さほどのメリットは見込めないことになります。

7

労災や健康保険の給付も同時に
受給できるのかを知っておこう

労災保険、健康保険の給付は調整が行われた上で一部または全部が減額される

障害年金と労災保険の給付の調整

通勤途中や、業務中の事故が原因で障害を負った場合、障害年金に加えて、労災保険からも給付があります。

労災保険（正式には労働者災害補償保険といいます）とは、仕事中や通勤途中に発生した労働者のケガ、病気、障害、死亡に対して、必要な保険給付を行う制度です。業務上または通勤途中の事故や病気などの保険事故に対応して、①療養（補償）給付、②休業（補償）給付、③傷病（補償）年金、④障害（補償）給付、⑤遺族（補償）給付、⑥葬祭料（葬祭給付）、⑦介護（補償）給付、⑧二次健康診断等給付、の8つの保険給付が行われます。

年金制度の障害年金との関係で問題が生じるのが障害（補償）給付です。傷病が治癒したときで、一定の障害が残った場合に障害等級に応じて支給されます。第1級～第7級の場合は給付基礎日額の313日～131日分の障害（補償）年金、第8級～第14級の場合は給付基礎日額の503日～56日分の障害（補償）一時金が支給されます。

障害年金と労災保険は別の制度であるため、両方の受給要件を満たせば、両方の給付を受けることができます。しかし、この場合、労災保険からの給付との調整が行われます。具体的には、労災保険が12～27％の範囲内で減額されて支給されます。

障害年金と傷病手当金の調整

傷病手当金は、健康保険から支給される給付のひとつです。健康保険とは、業務外での疾病や休業、死亡、出産などを迎えた際に受ける

ことができる、公的な医療保険制度です。健康保険は、すべての公的医療保険を網羅するものですが、「健康保険」というと、「国民健康保険」との比較で協会けんぽや健康保険組合が運営する被用者（会社員などの労働者等のこと）の健康保険をさすことが多いようです。

　傷病手当金は、健康保険の被保険者が業務外の病気やケガで働くことができなくなり、その間の賃金を得ることができないときに、受給することができる生活費です。傷病手当金の給付を受けるためには、療養のために働けなくなり、その結果、連続して３日以上休んでいたことが要件となります。傷病手当金の支給額は、１日につき標準報酬日額の３分の２相当額です。会社などから賃金の一部が支払われたときは、傷病手当金と支払われた賃金との差額が支払われます。支給期間は１年６か月です。

　傷病手当金も労災保険と同様、受給要件を満たせば、障害年金との併給が可能です。ただし、この場合も前述した労災保険の給付と同様に調整が行われ、具体的には障害年金の支給額分に相当する傷病手当金が減額されます。

■ 労災保険調整率 ···

		併給される社会保険の給付		
		国民年金および厚生年金保険	厚生年金保険のみ	国民年金のみ
支給される労災保険の保険給付	傷病(補償)年金休業(補償)給付	0・73	0・86	0・88
	障害(補償)年金	0・73	0・83	0・88
	遺族(補償)年金	0・80	0・84	0・88

※併給される場合、労災保険の保険給付が減額されます。
本来の支給額に上表の数値を掛けた額が支給されます。

したがって、障害年金額が傷病手当金額よりも高い場合は、傷病手当金は支給されません。

障害基礎年金と老齢厚生年金の併給

かつては１人１年金を原則とする考え方から、障害基礎年金と老齢厚生年金、遺族厚生年金の併給は認められていませんでした。

しかし、制度が変更され、平成18年４月からは、障害基礎年金および老齢厚生年金の併給、障害基礎年金および遺族厚生年金の併給が可能になっています。

ただし、基礎年金同士である障害基礎年金と老齢基礎年金の併給は認められません。

■ 厚生年金からの障害給付と労災保険給付の受給調整 …………

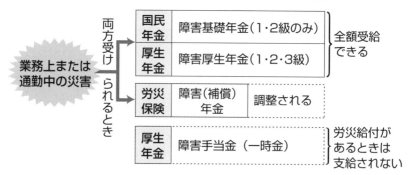

8

損害賠償と年金の支給調整について知っておこう

求償と控除による支給調整のしくみをおさえる

第三者行為災害とは

第三者とは、年金給付者（国）・年金受給者（被害者）以外の受給権者以外の加害者のことです。**第三者行為災害**とは、第三者によって生じたもののことで、この場合は第三者が被害者または遺族に対して損害賠償の義務を負います。災害の加害者が第三者と呼ばれるのはなじみにくいのですが、年金支給の関係においては年金給付者（国）と年金受給者（被害者）が当事者です。災害の当事者であっても、災害の加害者は年金支給関係においては第三者という立場になります。

第三者行為災害が発生した場合、被害者や遺族は年金給付者である国に対して保険給付の請求権を取得すると同時に、第三者に対して民事上の損害賠償請求権を取得することになります。しかし、同一事由で両者から二重の損害のてん補（補償）を受けるとなると、被害者や遺族は実際に発生した損害額より過剰な利益を受けることになります。さらに、本来、加害行為がなければ年金給付の原因が発生しなかったことを考えると、てん補されるべき損失は、最終的には国ではなく、第三者が負担するのが合理的です。そこで、第三者行為災害の場合、年金の給付と民事上の損害賠償とは支給調整されます。

支給調整される部分とは

第三者行為災害による年金と損害賠償額との支給調整額は、損害賠償額すべてではなく、一部の額が対象となることに注意が必要です。第三者つまり災害の加害者は、逸失利益や休業補償の他、慰謝料、医療費などを被害者に補償することになります。このうち逸失利益や休

業補償といった生活保障の部分が支給調整対象となりますが、慰謝料などは支給停止される年金部分から省かれることになります。生活保障分として支払われた損害賠償の金額が国の定める月間生活費の何か月分になるのかが計算され、その月数の年金が支給停止になります。

　なお、調整期間は最大３年（平成27年９月30日以前の災害については最大２年）です。ただし、年金が支給されるのは、通常初診日から１年６か月経過した障害認定日からとなります。１年６か月を待たずに障害認定されるケースを除き、災害が発生してから１年６か月については、もともと年金は支給されません。この期間も調整期間に含まれますので、実際に年金が支給停止になるのは１年６か月となります。また、事後重症請求を行う場合などは災害から３年以上経過していることもあります。そのような場合は支給調整対象にはなりません。

▌第三者行為災害の具体例

　たとえば、第三者の起こした交通事故によりケガを負い、結果として障害等級に該当する障害が残った場合などは、第三者行為災害に該当します。この場合は、事故の加害者に対して損害賠償を請求することが可能になります。障害認定を受けると障害年金も請求できるようになりますが、損害賠償が優先されることになります。損害賠償の金額が確定し支払われると、そのうちの生活保障に相当する分の金額を特定します。保険会社から支払われるときは保険会社が作成した計算書を基に算出しますが、災害の当事者同士が直接やり取りをし、保険会社も関与せず、損害賠償の内訳もはっきりさせないまま総額だけを決定して支払われることもあります。その場合は、国の算定によって生活保障分がいくらに該当するかを算出します。そしてその賠償請求額の生活保障相当額が災害の被害者の生活費何か月分に相当するかが計算され、そこで求められた月数について、最大３年間受け取ることのできる障害年金額が支給停止されます。また、第三者の起こした交

通事故で被害者が亡くなった場合も、第三者行為災害となります。この場合は、損害賠償請求額の生活保障額相当額の範囲で、被害者の遺族に対して支払われる遺族年金額が支給停止されます。

第三者行為事故状況届が必要になる

　第三者行為災害により、障害年金または遺族年金を受け取ることのできるケースに陥った場合は、年金請求の手続きを行う際に第三者行為災害であることを証明する書類が必要になります。

　その主たるものが「第三者行為事故状況届」（次ページ）という書類です。この書類には年金の請求者や相手方のデータ、事故現場の状況や発生状況、現場の図、自動車保険の加入有無、賠償額の請求先、第三者の負う損害賠償額の内訳などを詳細に記載する必要があります。

　また、第三者行為災害であることを確認するための「確認書」（150ページ）や、交通事故などの事故が発生したことを証明するための事故証明や事故内容が記載された記事なども必要になります。すでに損害賠償金が決定している場合は、示談書などの損害賠償金の受領額がわかるものも提出します。この損害賠償金のうち生活補償分として支払われた金額については障害年金と支給調整が行われます。第三者からいくら損害賠償を受け取ったのか、その受領金額等がわかる算定書を「第三者行為事故状況届」などとともに提出します。

　なお、損害賠償は損害保険会社から支払われることもあります。事故の加害者となった第三者あるいは損害保険会社から支払われた損害賠償金、今後支払われる予定の損害賠償金を確認するために損害保険会社や事業所、弁護士等に照会をする必要があります。しかし個人情報保護のため、損害保険会社等は相手が日本年金機構であっても個人の損害賠償金等の情報を教えることはありません。そこで「同意書」（151ページ）を提出して、損害保険会社等が損害賠償金の情報照会を受けられるようにします。

書式　第三者行為事故状況届

国 民 年 金 厚生年金保険	**第三者行為事故状況届**	整理番号 ※本部記入欄	

1 年金請求者	基礎年金番号	1 2 3 4　5 6 7 8　9 0	年金コード ※本部記入欄	
	氏　名	東中野　二郎　㊞		
	現住所	〒111-0001　都道 府県 東京　港　郡市 区 港北	☎ 03 - 3456 - 1234	

2 事故の当事者の方	氏　　名	東中野 二郎	生年月日	明・大・㊌・平 42 年 7 月 19 日
	事故の当事者の方が勤務している事業所等	名　称	㈱代々木開発	☎　　-　　-
		所在地	〒123-0001　都道 府県 東京　品川　郡市 区 西品川 1-1-1	

3 相手方	①	氏　　名	高円寺 太郎	生年月日	明・大・㊌・平 36 年 4 月 16 日
		現住所	〒135-0123　都道 府県 東京　新宿　郡市 区 大通 町区 村 3-4-5	☎ 090- 1234 - 1234	
		勤務先	名称または氏名	㈱エフジェーケー	
			所在地または住所	〒224-0024　都道 府県 神奈川　横浜　郡市 区 西 町区 村 新町 6-6-3	☎ 045- 212 - 3456
		相手方の住所・氏名がわからないとき	その理由		
	②	氏　　名		生年月日	明・大・昭・平 　年 　月 　日
		現住所	〒　　都道 府県　　郡市 区　　町区 村	☎　　-　　-	
		勤務先	名称または氏名		
			所在地または住所	都道 府県　　郡市 区　　町区 村	☎
		相手方の住所・氏名がわからないとき	その理由		

4 事故現場の状況	発生年月日	昭和 ㊤成 31 年 1 月 11 日　午前・㊤後 9 時 0 分頃			
	発生場所	東京 都道 府県 品川 郡市 区 西品川 町区 村 2丁目			
	種　別	㊤通事故・労災事故・航空機 船 船 列 車 事故・段打 刺傷・その他（　　　　）			
	事故結果	即死・入院直後の死亡 入院中の死亡（死亡日 昭和 平成 　年 　月 　日）・㊤療			
	警察官の立会い	㊤った・ない・ないが届出済・わからない			
	所轄署	品川　警察署　　　　交番			
	天候	㊤・曇・雨・雪・霧			
	交通事故の場合	道路状況	舗装 ㊤てある してない　歩道 ㊤る ㊥・片・ない　見通し ㊤い・悪い		
			㊤線・カーブ・平坦・坂・積雪路・凍結路		
		信号標識	信号 ㊤り・なし　駐車禁止 ㊤れている されていない　一時停止 ㊤り・なし		
			制限速度　　50 km/h　その他の標識		
		交通状況	混雑・㊤通・閑散　車両速度：自車　km/h・相手車 60 km/h		

※交通事故証明書等、当該事故が確認できる書類を添付していただくことにより記入の省略は可能です。

実施機関等
受付日付印

・該当文字を〇で囲み必要事項を記入してください。

146

5 事故発生の状況	被害者・加害者の行動、事故発生原因と状況をわかる範囲で記入してください。
	青信号で横断歩道を横断中に加害者の車が右折して交差点に進入し被害者（私）をはね飛ばした。私は、腰部を激しく打ち負傷した。

6 事故現場の見取図	

東京駅

青

国道26号

→品川

国道11号

表示符号

自車	⬥
相手車	⬦
進行方向	↑
信号（赤、青、黄の表示）	〇〇〇
人間	⚲
自転車・オートバイ	
一時停止	
横断禁止	
横断歩道	▤
接触点	×

（注）交通事故の場合には、道路方向の地名（至○○方面）、道路幅、信号、横断歩道、区画線、道路標識、接触点等わかる範囲で表示してください。

7 遺族（相続人）	氏　名	続　柄	生年月日	同居/別居	氏　名	続　柄	生年月日	同居/別居
		配偶者						

※死亡事故の場合に記入してください。
※損害保険会社等に相続人（遺族）として請求した者について記入してください。

8 被扶養者	氏　名	続　柄	生年月日	同居/別居	氏　名	続　柄	生年月日	同居/別居
	東中野　美子	配偶者	昭和47年8月18日	同居				
	東中野　星子	長女	平成12年3月10日	同居				

※事故当時に事故の当事者の方に扶養されていた者を記入してください。
※事故当時に扶養されていた者が18歳以上の子および父母等の場合は、扶養されていたことがわかる書類を添付してください。

1510 1018 044

9 **自** **動** **車** **保** **険** **の** **状** **況**	**相** **手** **車** **両**	自賠責保険 加入の有無	①.有→	証明書番号	第 12345678 号
				保険契約者	① 相手本人　2. 他（名前　　　　　　）
				損保会社名・ 支店名	全日本損保㈱　　　　担当者名 田中
			2.無	所在地	横浜市西区港 1-1-2　☎ 045-123-1231
		任意保険 加入の有無	①.有→	証券番号	第 12121212 号
				保険契約者	① 相手本人　2. 他（名前　　　　　　）
				損保会社名・ 支店名	神奈川損保　　　　担当者名 佐藤
				所在地	横浜市東区大吉 4-5-6　☎ 045-222-1111
			2.無	任意一括 支払の有無	有 ・ ⦅無⦆
	自 **車** **両**	任意保険 加入の有無 （人身傷害）	1.有→	証券番号	第　　　　　号
				保険契約者	1. 本人　2. 他（名前　　　　　　）
				損保会社名・ 支店名	担当者名
				所在地	☎
			2.無	相手損保会社から の回収の有無	回収済（額　　　　　円）・ 未回収 ・ 不明

※保険証書（コピー）を添付することにより記入の省略は可能です。

⇩

10 **請** **求** **状** **況**	1．平成31年 2月 8日に請求した 2．平成　年　月頃請求予定 3．現在のところ請求していない 4．他（　　　　　　　　　　）

11欄について、複数の項目に該当する場合は、該当する項目すべての数字を○で囲んでください。

11 **賠** **償** **の** **請** **求** **先**	① 相手（相手車両・同乗車両）の任意保険から受ける ② 相手（相手車両・同乗車両）の自賠責保険から受ける 3．自分の人身傷害補償保険から受ける 4．政府保障から受ける 5．相手方から直接受ける 6．労災保険から受ける 7．相手（会社）から直接受ける 8．請求しない（理由を下記から選択してください） 　ア．請求する相手がいないため 　イ．過失割合が大きいため 　ウ．その他（　　　　　　　　　　　）

※相手方に対して請求する損害賠償の請求の状況について記入してください。
※10～12欄は重要です。空欄とせず、必ず提出時点での現状（予定）について、いずれか該当する数字を○で囲んでください。
なお、11欄で項目6または8を選択した場合は、12欄の記入は不要です。

⇨

12 **交** **渉** **状** **況**	① 示談（和解）した：平成31年 3月15日 2．近々交渉を行う予定：平成　年　月頃 3．現在交渉中 （状況） 4．裁判の見込み（裁判中） （状況） 5．請求したが、受領できなかった （理由を下記から選択してください） 　ア．相手が無資のため 　イ．相手に補償能力なし 　ウ．その他（　　　　　　　　）

13 **参考事項** **その他の**	....

※事故について参考となる事項がありましたら記入してください。

14損害賠償金の受領状況および自己負担額（損害賠償金を受領したとき記入してください）	相手方からの損害賠償・保険会社等からの賠償の内訳 (内訳書がある場合はコピーを添付して頂くことにより記入の省略は可能です)		実支払額 (実際に要した費用を記入してください)
	医 療 費 (通院費・入院費・治療費・付添費等)	1,000,000 円	984,000 円
	逸 失 利 益 (生活補償費)	10,000,000 円	
	休 業 損 害	2,500,000 円	2,360,000 円
	葬 祭 費	円	円
	慰 謝 料	5,000,000 円	
	見 舞 金	100,000 円	
	緊 急 費 (遭難救助・死体捜索・護送料)	円	円
	雑 損 害 (物 損 費)	円	円
	文書料・診断書等	5,000 円	5,000 円
	そ の 他 (弁護士費用等)	3,000,000 円	3,000,000 円
	合 計	21,605,000 円	6,349,000 円

受領方法および年月日	全 額	昭和・平成 31 年 4 月 19 日 受領			
	分 割 (　)回払い	第1回	円	年 月 日 受領	
		第2回	円	年 月 日 受領	
		第3回	円	年 月 日 受領	

※損害賠償金受領の内訳がある場合は必ず記入してください。内訳が不明の場合は合計欄のみ記入してください。
※実支払額は年金との調整（年金の支給停止をするかどうか）を審査する際に、受領賠償金額から控除する額ですので、もれなく申告してください。

15添付書類	※添付した書類の該当する数字を○で囲んでください。 1．交通事故証明書等当該事故が確認できる書類 2．確認書（各実施機関提出用） 3．示談書（コピー） 4．損害賠償金の受領額が確認できる書類（コピー）、内訳書がある場合は、コピーを添付 5．事故当時18歳以上の子および父母等の被扶養者がいる場合、扶養していたことがわかる書類 6．賠償金の内訳の基礎となる領収証のコピー

以上のとおり相違ありません。　　令和　2 年　7 月　26 日

郵便番号　1 1 1 - 0 0 0 1

回答記入者　住　所　東京都港区港北 1-2-3

（フリガナ）　ヒガシナカノ　ヨシコ
氏　名　東中野　美子　　　　　　　㊞

電話番号　(　03　)-(　3456　)-(　1234　)

※代理人が記入した場合（年金受給権者との関係　妻　）

別添3

「各実施機関提出用」

様式第286号【第2項規定】

確　認　書

事故発生年月日	昭和 平成 31 年 1 月 11 日	相手方の氏名
事故の当事者の氏名	東中野　二郎	高円寺　太郎

上記の事故に係る年金(保険)給付を請求するに当たり、以下の事項を確認し、了承します。

1　相手方から損害賠償金を受けたときは、事故日の翌日から起算して最長36か月の範囲内で、今回請求した障害年金または遺族年金の給付が支給停止される場合があります。

2　相手方から損害賠償金を受けたときは、受領の年月日、内容、金額(評価額)を漏れなく、かつ遅滞なく届け出ます。

3　相手方との示談を行うときは、事前にその内容を年金の支払いを行う実施機関へ申し出ます。

4　相手方との示談交渉状況について年金の支払いを行う実施機関から照会があったときは、漏れなくかつ遅滞なく、その状況を報告します。

5　相手方に白紙委任状を渡しません。

令和 2 年 7 月 26 日

　　　　　住所　東京都港区港北1-2-3

　　　　　氏名　東中野　二郎　　　　　　　㊞
　　　　　　　　※本人が自ら署名する場合、押印は不要です。

実施機関

受付年月日

同　意　書

　私は、相手方から損害賠償金を受けたときは、第三者の行為による事故にかかる年金の支給と第三者からの損害賠償との調整に関する審査に必要な事項等（損害賠償金の受領の年月日、内容、金額やその内訳等に関する事項等をいう。以下同じ。）を遅滞なく届け出する必要があることを確認し、了承いたしました。

　ついては、以下の事項に同意します。

（1）　貴職が、第三者の行為による事故にかかる年金の支給と第三者からの損害賠償との調整に関する審査に関して必要な事項等について、損害保険会社・事業所（事業主）・弁護士等へ私に代わり照会を行い、その照会内容について情報提供を受けること。

（2）　この同意書をもって（1）に掲げる事項に対応する損害保険会社・事業所（事業主）・弁護士等への同意を含むこと。

（3）　この同意書を損害保険会社・事業所（事業主）・弁護士等へ提示すること。

令和 2 年 7 月 26 日

日本年金機構中央年金センター長　様

　　　受給権者の住所　東京都港区港北1-2-3

　　　　　　　氏名　東中野　二郎　　　　　　　　㊞

Column

障害福祉サービスと介護保険の関係

介護保険とは、加齢により介護を要する状態になった場合に安心して日常生活を送れるように医療や福祉のサービスを行う制度です。

高齢社会の進展が劇的な我が国において、障害者が65歳以上になったときには、介護保険の第1号被保険者の対象になります。また、40〜64歳の障害者が、特定疾病にかかった場合には、介護保険の第2号被保険者として、要介護者にあたる場合があります。そのため、障害福祉サービスと介護保険の関係が問題になります。

両方のサービスの対象になった場合には、原則として介護保険制度の利用が優先されます。対象の障害者は、介護サービスを利用することになります。しかし、介護サービスには、障害福祉サービスと異なり、行動援護や就労移行支援などに該当するサービスがありません。そこで、介護保険制度が用意していないサービスが必要な障害者は、障害福祉サービスを利用することができます。また、介護保険における居宅介護サービス費は、支給に限度が設けられていますので、そこで、介護保険制度では十分なサービスが受けられない障害者については、不足する部分について、障害福祉サービスを上乗せして利用することができます。

なお、障害福祉サービスを利用していた障害者が、たとえば65歳になれば、今後は介護保険サービスの利用が求められますが、そのときに、サービス事業者が介護保険法に基づく指定を受けていない場合には、それまで慣れていた事業者とは別の事業者からサービスを受けなければならないなどの不都合が生じていました。現在では、障害者と高齢者に対して、同一の施設でサービスを提供することをめざして、共生型サービスという制度が設けられています。

これによって、たとえば障害福祉サービス事業者が介護保険法に基づく指定を容易に得ることが可能なしくみが整えられています。共生型サービスでは、生活介護（障害福祉）と通所介護（介護保険）、自立訓練（障害福祉）と通所介護（介護保険）などで認められています。

第4章

障害年金の請求と準備

1 障害年金の請求パターンについて知っておこう

障害認定日の翌月に遡って請求できる場合もある

┃ 障害年金の請求

　障害年金の請求手続きは、原則として初診日から1年6か月を経過した日（**障害認定日**）の障害の状態を判断の基準として行います。この方法で障害年金を請求することを、判断基準となる日の名称をとり**障害認定日請求**といいます。初診日から1年6か月を経過する前に治癒した場合（症状が固定し、治療の効果が期待できない状態となったとき）は、例外として、1年6か月を経過していなくても、その治癒したときを基準に裁定請求をすることができます。たとえば、心臓の障害の場合はペースメーカーを装着した日、肢体の障害の場合は切断をした日、などが障害認定日になります。

　なお、裁定請求の手続きは**障害認定日以降**に行うことになります。障害認定日以降とは、具体的には認定日から1年以内の期間で、この期間に請求することを**本来請求**といいます。本来請求として裁定請求を行い、認定された場合は障害認定日の翌月分から障害年金を受給できるようになります。

　また、障害年金の請求には、本来請求の他に**遡及請求**という方法があります。これは、障害認定日から1年を経過した場合でも、障害認定日に遡って請求を行う方法のことです。遡及請求を行うためには、障害認定日より3か月以内に診察した医師による診断書に加え、請求を行う時点での診断書が必要になります。ただし、遡及請求を行う場合は、最大5年分しか遡ることができない点に注意が必要です。これは、障害年金の時効は5年となっているため、請求が遅れて5年を超えた場合は、請求日から遡って5年間分しか受給することができま

せん。たとえば、障害認定日の７年後に裁定請求をした場合、請求日から５年分しか支給されず、残りの２年分は受給することができないということになります。

　なお、生まれながらに障害を抱える先天性障害者の場合や、未成年時に障害を抱えた者については、保険料の納付要件を問わず、20歳に到達した日を障害認定日とした上で、障害年金の請求をすることになります。これを「二十歳前傷病の障害年金」といい、20歳になった以降に前述のような本来請求や遡及請求の手続きを取り、年金を受け取ることができます。

事後重症による請求

　初診日から１年６か月が経過した日（障害認定日）には障害年金を受けるほどの状態ではなかったものの、その後悪化して障害等級に該当する程度になった場合は、65歳の誕生日の前々日までであれば、そのときに裁定請求することができます。このことを**事後重症による請求**といいます。障害認定日に障害等級に該当していなかったという場合だけでなく、受診歴やカルテがないために、障害認定日に障害等級に該当していたことを証明できないという場合にも、事後重症による請求をすることになります。なお、事後重症による請求の場合の障害年金は、請求日の翌月分から支給されることになります。

初めて２級障害による請求

　その他、**初めて２級障害による請求**（２つ以上の障害を合わせて、初めて障害等級が２級以上になったときに、裁定請求をすること）によって支給を受けるという方法もあります。

　「初めて２級障害」とは、すでに２級より下と判断される何らかの障害を持っている者に対して新たな障害が発生した場合に、既存の障害と新たな障害を併合することで「初めて障害等級２級以上に該当し

た場合」のことです。なお、この場合の新たな障害のことを**基準障害**といい、「初めて２級障害」のことを「基準障害による障害年金」と呼ぶ場合もあります。

この「初めて２級障害」に該当した場合は、後発の新たな傷病に対する初診日を基準として、初診日における被保険者等要件と保険料納付要件をクリアしているかを判断します。一方、先に発生していた既存の障害にまつわる被保険者要件や保険料納付要件は一切問われることはありません。

基準障害における被保険者等要件と保険料納付要件の具体的内容は、通常の障害年金の場合と同様です。基準障害の初診日の前日において、保険料を未納している期間が１年以上ある場合や、納めるべき期間の３分の１以上が未納である場合は受給することができません。

申請は、原則として65歳までに行う必要があります。ただし、65歳になる前日までに障害等級２級以上に該当した場合は年金の受給権が発生するため、65歳を超えても請求できます。

被保険者要件と保険料納付要件を満たした上で請求を行った場合、請求月の翌月より、既存の障害と基準障害を併合した新たな障害の程度に該当する障害年金が支給されます。なお、老齢基礎年金を繰り上げ受給している場合は請求ができません。また、過去に遡っての支給は行われないため、早急に手続きをするのがよいでしょう。

■ 初めて２級障害のしくみ

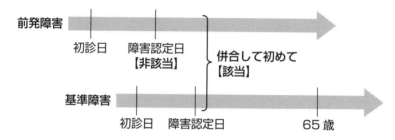

前発障害
初診日　障害認定日【非該当】
併合して初めて【該当】

基準障害
初診日　障害認定日　65歳

Q うつ病を発症して６年になります。最近になって障害年金という制度を知ったのですが、今からでも請求できるのでしょうか。

A 障害年金は、成人の場合なら初診日から１年６か月以降、もしくは症状が治癒した状態で障害認定日（障害状態の認定を受けた日）以降であれば請求を行うことができるものです。つまり、障害認定を受けた後に「自分は障害がある状態となります」と国に申請を行い、生活保障を受けるという流れをとります。

　障害認定日以降に障害を請求する方法には２種類あります。１つは、現時点における障害で請求を受ける場合で、事後重症請求という方法が挙げられます。もう１つは、障害認定日まで遡って請求を受ける場合で、障害認定日請求という方法があります。なお、この障害認定日請求を行うことは遡及請求とも呼ばれています。今回のケースの場合、うつ病と診断されて６年を経過しているとのことですが、このケースでも遡及請求を行うことが可能のため、請求の手続きを取るべきだといえるでしょう。

　実際に障害認定日請求を行う場合、まずは障害認定日以降３か月以内の診断書を添付しなければなりません。この診断書は実際のカルテに沿った内容で記されている必要があります。ただし、二十歳前傷病の障害基礎年金の場合は期間が異なり、認定日前後３か月以内とされています。次に、障害認定を受けた時点におけるカルテの準備も必要です。これは、同時に提出される診断書がカルテに沿った内容であるか確認するために要する書類でもあります。その上で、自身の抱える障害が要件に該当する障害等級にあてはまることが必要です。

　なお、当時の診断書やカルテがない場合や、障害の状態が軽度になっている場合など、障害認定日請求の要件に合致しない場合は、事後重症請求を行う方法に切り替えて準備を進める必要があります。

障害年金はいつから受給できるのかを知っておこう

請求の内容に応じて支給開始時期が異なる

いつから支給開始されるのか

　障害年金は、年金を請求した時期に応じて、支給開始される時期が異なります。

　まず、障害認定日に障害等級に該当しており、その上で認定日1年以内に請求を実施する「本来請求」の場合は、認定が下りた場合は障害認定日の翌月より支給が開始されます。

　一方、請求の時点で障害認定日より1年を過ぎている状態で遡って請求を行う「遡及請求」の場合は、基本的には障害認定日の翌月より支給が開始されますが、遡ることができる期間は最長5年となる点に注意が必要です。遡及請求の場合は65歳を超えた状態でも請求し、受け取ることが可能です。

　また、障害認定日後に障害等級に該当することで請求を行う「事後重症請求」の場合は、請求した月の翌月より支給が開始されます。過去に遡って請求を行わない点が、遡及請求とは異なります。事後重症請求の場合は、65歳を迎える前に請求を済ませる必要があります。

　その他、もともと障害等級に該当しない障害を抱えている人が新たに傷病を患うことで障害等級に該当する状態となった場合には、後に患った傷病における初診日で受給要件が審査され、請求した月の翌月から支給が開始されます。この場合は、65歳になる前に障害等級に該当する障害を抱えていれば、65歳を超えても請求を行うことが可能です。

　なお、先天性の障害や未成年で障害を抱えることになった場合は、初診日に国民年金に加入していませんが、「二十歳前傷病による障害年金」という制度があるため、保険料納付要件を問われることなく障

害基礎年金の請求が可能で、20歳以降に年金を受け取ることができます。

いつまで受け取れるのか

　支給開始された障害年金は、受取人が死亡または障害状態を外れた場合には支給停止されます。つまり障害状態が改善しない限り一生涯死ぬまで受け取り続けることが可能です。

　老齢年金を受給することになった場合に支給される年金については、年齢に応じて異なります。たとえば、65歳までに老齢年金の支給を受けることになった場合は、老齢年金と障害年金のうち年金額が高い方を選択することになります。

　一方、65歳を迎えて老齢年金を受け取ることになった場合は、①老齢基礎年金と老齢厚生年金、②障害基礎年金と障害厚生年金、③障害基礎年金＋老齢厚生年金のいずれかの組み合わせのうち、最も高額となる内容を選択して受け取ることができます。

■ 障害年金支給の開始と終了 ……………………………………………

請求の種類		請求日	支給開始月	支給の終了
障害認定日請求	本来請求	制限なし	障害認定日の翌月分から	受取人が死亡したとき
	遡及請求	制限なし	同上（5年の時効あり）	
事後重症請求		65歳に達する日の前日まで	請求日の翌月分から	受取人が障害状態を外れたとき
初めて2級請求		制限なし	請求日の翌月分から	

3 受給するために何から始めればよいのか

病院に初めてかかった日と具体的な症状から確認をする

▎受給の可能性を検討する

　まずは、受給の可能性があるかを検討してみましょう。

　第一に確認すべきなのは、初診日です。初診日とは、年金の受給を検討している障害のもととなっている病気やケガについて、初めて病院の医師による診療を受けた日のことです。

　初めてケガをした日、もしくは体調不良を感じた日について思い出してみましょう。すぐに思い出せない場合は、病院の領収証や保険調剤明細書、お薬手帳などを確認し、かかった日とかかった病院名を割り出します。このような場合に備え、特に大きな疾病や長期にわたりそうな疾病にかかった場合は、日頃から領収証や明細書を整理しておく方法が重要です。

　先天性の障害の場合は、初診日は生まれた日となり、障害認定日は20歳に到達した日となります。この場合は、20歳になるまでは障害年金の請求はできず、20歳になってから請求の手続きをする必要があります。また、先天性の場合でも、実際に生活に支障ときたす程度の症状が確認できるのが後日になってから、という場合があるため注意が必要です。たとえば、先天性の障害を抱えている状態で、後日に痛みが生じて生活することが困難になったケースなどが挙げられます。このような場合は、痛みが生じた時点で初めて病院にかかった日が初診日になります。

　次に確認すべきことは、対象となる障害の程度です。障害基礎年金を受給する場合は障害等級1級または2級、障害厚生年金を受給する場合は障害等級1級または2級、3級に該当する必要があります。ま

ずは、自身の症状がどのような内容であるかを確認する必要があります。肉体的な部分における障害の場合は歩行や食事、入浴、掃除や洗濯などの日常生活への支障はどの程度生じているのかを洗い出します。検査の数値により障害の等級が決定する症状もあるため、かかりつけの医師にも相談してみましょう。一方、精神的な部分における内容の場合は、診断された病名や、その症状によって日常生活への支障がどの程度生じているのかを確認します。特に自身や家族の障害の状態が長引くと、心身ともに疲労が蓄積してしまい、なかなか確認作業が進まないケースもあります。このような場合は、社会保険労務士などの専門家に相談してみるのも有効です。

3つの書類を準備して年金事務所へ行く準備をする

　障害年金の受給にあたり準備する書類は、①受診状況等証明書、②医師による診断書、③病歴・就労状況等申立書の3つです。3つの書類が無事にそろったところで、実際に年金事務所へ行き、申請の手続きを行うことになります。まずは、最寄りの年金事務所の所在地を確認しましょう。実際に申請に行く日の開所時間や交通機関、駐車場の有無確認も重要です。所在地や開所時間については、パソコンで日本年金機構のホームページや、自宅の住所を入力することで、管轄の年金事務所を調べることが可能です。所轄の年金事務所ではなく、職場近くの年金事務所へ行くこともできます。次に、年金手帳を準備します。年金手帳は年代により色が異なり、青色または鮮やかなオレンジ色の表紙で、母子手帳やパスポート大の冊子です。準備した上で基礎年金番号を確認しましょう。

　なお、年金手帳を紛失した場合は、本人確認のできる免許証や健康保険証を準備することで、同じ年金事務所で再発行をしてもらうことが可能です。

Q 障害と診断されたからしばらく病院に行っておらず、3か月以内の診断書がありません。もう請求は認められないのでしょうか。

A 障害年金の請求を行う場合、基本的には障害認定日における診断書が必要です。この診断書は、障害認定日から3か月以内に病院を訪れ、作成してもらわなければなりません。この診断書がないと年金請求は受理してもらえません。

しかし障害認定日から3か月以内に診断書を作成してもらっていなくても、対処方法はあります。まず障害認定日の3か月以内に病院で診察を受けていて、カルテが残っている場合はその受診日のものとして診断書を作成してもらえます。一方、障害認定日の3か月以内には病院に行っていないという場合は、事後重症に切り替えることで年金請求をすることが可能になります。指定書式の診断書を持って医師の診断を受けます。かかりつけの医師がいる場合はその医師に診断してもらいます。しばらく通院していないという場合も以前診察してもらった医師がよいでしょう。病院が閉鎖していたり、転居のため以前診察を受けた病院に行けないような場合は近所の病院でも大丈夫ですが、障害年金請求用の診断書は特殊なため、記載経験のあるような大きな病院の方がよいでしょう。新たに診察を受け、現在の障害の状況について診断してもらいます。診察を受ける際に障害年金の診断書を書いていただくためであることを伝えます。現在の障害状況を記載した診断書をもらったら、事後重症として年金請求します。実際には障害認定日当時重度の障害があったとしても、当時は年金対象にならない程度の軽い障害だったのが、今になって重症化したとして請求します。障害認定日の状況を証明できないため、やむを得ない方法です。障害認定日請求の場合は最大5年間遡って支給されますが、事後重症の場合は請求した月の翌月からの支給となります。

4 提出書類を用意するときに気をつけること

診断書、受診状況等証明書、病歴・就労状況等申立書等が必要である

どんな書類を提出するのか

　障害年金を請求するには、さまざまな書類を準備し、提出しなければなりません。たとえば、重要なものには年金請求書が挙げられます。**年金請求書**とは、年金をもらうための請求書のことです。年金は、すべて請求制度をとっているため、この請求作業を行わなければ受け取ることができません。年金請求書は、最寄りの年金事務所や役所で入手することが可能です。請求書は年金の種類によって異なるため、必ず障害年金を受給する旨を伝え、入手しましょう。受け取ったら、基礎年金番号や生年月日、氏名などの基本的情報の他、受取を希望する口座番号や加給対象者などを記載して提出します。

　さらに、障害年金の請求には確実に必要となる**受診状況等証明書**や**医師による診断書、病歴・就労状況等申立書**の準備もしなければなりません。受診状況等証明書は初診日を証明するための書類で、初めて受診した医療機関に作成を依頼します。これらの書類は、必ず直接取りに行く手筈を整え、その場で不備がないか確認することが重要です。診断書については後述しますが、障害の具体的な内容について証明するための書類で、こちらも医師に発行を依頼します。そして、病歴・就労状況等申立書は、請求する本人やその家族が、障害にまつわる具体的な状況を記載するための書類です。

　その他の書類としては、年金請求書に記載した基礎年金番号や口座番号の証明となる本人やその配偶者分の年金手帳もしくは基礎年金番号通知書や預金通帳も準備します。また、申請日の6か月以内に発行された戸籍謄本や住民票も準備をしておかなければなりません。加給

対象者がいる場合は配偶者の所得証明書や子の在学証明書、対象者の年金証書も必要です。また、共済組合に加入していた期間がある場合は、その証明となる年金加入期間確認通知書も用意します。

受診状況等証明書の記載と作成依頼

受診状況等証明書とは、別名「初診日証明」とも言われる書類のことで、障害のもととなっている病気やケガで初めて病院を受診した「初診日」を証明するための書類です。初めて受診した先である病院の医師に依頼し、作成してもらいます。

この書類は、初診以降ずっと同じ病院にかかっている場合は、医師による診断書によって初診日の証明がなされるという理由から用意する必要はありません。一方、初めてかかった病院が遠方であった場合や、より確実に治療を受けられるよう別の病院へ転院した場合などは、初診日の確認ができるように受診状況等証明書が必要になります。

診断書の作成依頼

医師による診断書とは、障害の程度を証明するために医師に発行してもらう書類です。病気やケガの状況や治療にかかった日数、手術が必要であった場合はその内容や入院日数などが記載されています。

診断書は、障害年金の請求を行う際に必ず提出が必要となる必要不可欠な書類です。実際に診断書を入手する際に依頼を行う医療機関については、障害認定日に確実に障害状態に陥っていると予想される場合は障害認定日時点にかかっていた医療機関、障害状態かどうかが不明の場合は今現在かかっている医療機関に対して依頼を行うことになります。

依頼する際には、通常の場合は「依頼状」という書類を作成した上で、医療機関の窓口へ出向き、依頼します。依頼状についての正式なフォーマットはありませんが、内容としては、社会人が作成するようなビジネス文書の書式を用いて、日付・依頼先となる医療機関と医師

の氏名を記入し、患者となる依頼主名を記載します。その上で、「診断書作成願い」と題名を記した上で、診断書の依頼を行う旨を記載します。書類の書式や時事の挨拶、結びの言葉などは、一般的なビジネス文書例を参考にするとよいでしょう。依頼状を作成するにあたり心がけなければならないのは、医師が診断書を作成するにあたり参考となる資料を添付する点です。診断書には、医師が依頼主を診察するにあたって把握することができない部分も記載しなければなりません。

■ 障害年金請求時の必要書類と手続き ･･････････････････････････

障害年金請求時の必要書類

必要書類	備 考
年金請求書	年金事務所、市区町村役場でもらう
年金手帳 基礎年金番号通知書	本人と配偶者のもの
病歴・就労状況等申立書	障害の原因となった病気・ケガなどについて記載する
診断書	部位ごとの診断書を医師に記入してもらう
受診状況等証明書	診断書作成の病院と初診時の病院が違うとき
戸籍謄本等	受給権発生日以降、提出日の6か月以内。子がいる場合は戸籍謄本世帯全員（マイナンバーの記入で省略できる場合がある）
住民票	
印鑑	認印（シャチハタは不可）
預金通帳	本人名義のもの
配偶者の所得証明書 （または非課税証明書）	加給年金対象の配偶者がいるとき市区町村の税務課で発行
子の生計維持を証明するもの	加給年金対象の子がいるとき　在学証明書など
年金証書	本人、配偶者がすでに年金をもらっているとき
年金加入期間確認通知書	共済組合の加入期間があるとき

障害年金の手続き

初診日の年金加入状況		請求先
厚生年金		最後の会社を管轄する年金事務所
国民年金	第1号被保険者	市区町村役場
	第3号被保険者	住所地を管轄する年金事務所
20歳前に初診日がある場合		市区町村役場

※各地の年金相談センターでは、管轄を問わず受け付けてくれる

したがって、医師が作成に困ることがないよう、事前に情報を集約しておく必要があります。具体的には、作成済みの病歴・就労状況等申立書のコピーなどが挙げられます。また、障害を抱えていることで日常生活にどのような支障が生じているか、生活能力の程度、就労や家事などの労働力などについてを障害にわたり文書にして添付することで、診断書の内容がより具体的なものになります。なお、日本年金機構のホームページ上には、年金請求に使用する診断書を提出する医師向けに、記入上の注意点や記載要領などがダウンロードできるようになっていますので、参考資料として添付してみるのもよいでしょう。

　また、依頼状には、依頼する診断書の枚数や不明点を問い合わせる連絡先もあわせて記載します。社会保険労務士に依頼している場合は事務所名、住所、氏名、連絡先を記しておく方法が効果的です。

病歴・就労状況等申立書の作成

　病歴・就労状況等申立書とは、医師ではなく患者側（本人またはその家族）が作成する書類です。病名や発病日、初診日や障害の程度など、受診状況等証明書や診断書に書かれた内容に加え、診断書だけでは図ることができない、具体的な症状や日常生活で生じている支障の内容について記載します。たとえば、医師にかかっていない間の症状や外出、仕事や食欲、着替え、炊事、洗濯、入浴などへの影響などを具体的に記していきます。病歴・就労状況等申立書は、障害年金の受給審査に影響する重要な存在であり、患者側が作成する唯一の書類です。記載後は、客観的な視点から判断ができる立場の者に内容を確認してもらう方法をとることが有効です。

　受診状況等証明書、診断書、病歴・就労状況等申立書の３つの書類は、それぞれの書類の内容に矛盾がないかをチェックを行った上で提出しましょう。

（精）	国 民 年 金 厚生年金保険	診 断 書 〔精神の障害用〕			様式第120号の4

フリガナ 氏 名		生年月日	昭和 平成 令和　年　月　日生（　歳）	性別	男・女

| 住 所 | 〒住所地の郵便番号
－ | | 都道
府県 | 郡市
区 | |

① 障害の原因と なった傷病名		② 傷病の発生年月日	昭和 平成　年　月　日 令和	診療録で確認 本人の申立て （　年　月　日）	本人の発病 時の職業
	I C D－10コード（　）	③ ①のため初めて医師 の診療を受けた日	昭和 平成　年　月　日 令和	診療録で確認 本人の申立て （　年　月　日）	④既存障害

⑤傷病が治った（症状が固定 した状態を含む）かどうか	平成 令和　年　月　日 確認 推定	症状のよくなる見込・・・　有・無・不明	⑥既往症

⑦	陳述者の氏名		請求人との続柄		聴取年月日	年　月　日
発病から現在までの病歴 及び治療の経過、内容、 就学・就労状況等、期間、 その他参考となる事項						

⑧ 診断書作成医療機関 における初診時所見	
初診年月日 昭和 平成　年　月　日 令和	

⑨ これまでの発育・養育歴等 （出生から発育の状況や教 育歴及びこれまでの職歴を できるだけ詳しく記入して ください。）	ア 発育・養育歴	イ 教育歴 乳児期 不就学・就学猶予 小学校：普通学級・特別支援学級・特別支援学校； 中学校：普通学級・特別支援学級・特別支援学校； 高 校：普通学級・特別支援学校 その他	ウ 職歴

（お願い）臨床所見等は、診断書に基づいてわかる範囲で記入してください。

エ 治療歴（書ききれない場合は⑬「備考」欄に記入してください。）　（※ 同一医療機関の入院・外来は分けて記入してください。）					
医療機関名	治 療 期 間	入院・外来	病 名	主 な 療 法	転帰（軽快・悪化・不変）
	年　月～　年　月	入院・外来			
	年　月～　年　月	入院・外来			
	年　月～　年　月	入院・外来			
	年　月～　年　月	入院・外来			
	年　月～　年　月	入院・外来			

⑩　障　害　の　状　態　（平成・令和　年　月　日　現症 ）

ア 現在の病状又は状態像（該当するローマ数字、英数字を○で囲んでください。）　　イ 左記の状態について、その程度・症状・処方薬等を具体的に記載してください。

前回の診断書の記載時との比較（前回の診断書を作成している場合は記入してください。）
1 変化なし　　2 改善している　　3 悪化している　　4 不明

I 抑うつ状態
1 思考・運動制止　　2 刺激性、興奮　　3 憂うつ気分
4 自殺念慮　　5 希死念慮
6 その他（　）

II そう状態
1 行為心迫　　2 多弁・多動　　3 気分（感情）の異常な高揚・刺激性
4 観念奔逸　　5 易怒性・被刺激性亢進　　6 誇大妄想
7 その他（　）

III 幻覚妄想状態 等
1 幻覚　　2 妄想　　3 させられ体験　　4 思考形式の障害
5 著しい奇異な行為　　6 その他（　）

IV 精神運動興奮状態及び昏迷の状態
1 興奮　　2 爆発　　3 拒絶・拒食　　4 滅裂思考
5 衝動行為　　6 自傷　　7 無動・昏迷反応
8 その他（　）

V statements of 統合失調症等残遺状態
1 自閉　　2 感情の平板化　　3 意欲の減退
4 その他（　）

VI 意識障害・てんかん
1 意識混濁　　2 （夜間）せん妄　　3 もうろう　　4 痴呆
5 てんかん発作　　6 不機嫌症　　7 その他（　）
・てんかん発作の状態　不機嫌のタイプは記入上の注意参照
1 てんかん発作のタイプ （ A・B・C・D ）
2 てんかん発作の程度　年間　回、月平均　回、週平均　回　程度）

VII 知能障害等
1 知的障害　　ア 程度　　イ 中等度　　ウ 重度　　エ 最重度
2 認知症　　ア 軽度　　イ 中等度　　ウ 高度 等
3 その他
ア 失行　　イ 失語
ウ 記憶障害　　エ 注意障害　　オ 遂行機能障害　　カ 社会的行動障害
ウ 学習障害 ア 読み イ 書き ウ 計算　エ その他（　）
4 その他（　）

VIII 発達障害関連症状
1 相手の気持ちや対人関係の習得の障害　　2 言語コミュニケーションの障害
3 限定した常同的で反復的な関心と行動　　4 その他（　）

IX 人格変化
1 欠如状態　　2 無関心　　3 無為
4 その他（症状名　）

X 薬用、依存症（薬物名：　）
1 薬用　　2 依存

XI その他（　）

本人の障害の程度及び状態に無関係な欄には記入する必要はありません。〔無関係な欄は、斜線により抹消してください。〕

（お願い）太文字の欄は、記入漏れがないように記入してください。

1998 1818 065 511-3

ウ 日常生活状況

1 家庭及び社会生活についての具体的な状況
(ア) 現在の生活環境（該当するもの一つを○で囲んでください。）
入院 ・ 入所 ・ 在宅 ・ その他（　　　　）
（施設名　　　　）
同居者の有無　（ 有 ・ 無 ）

(イ) 全般的状況（家族及び家族以外の者との対人関係についても
具体的に記入してください。）

[　　　　　　　　　　　　　　　　　　　　　　　　　　　　　　]

2 日常生活能力の判定（該当するものにチェックしてください。）
（判断にあたっては、単身で生活するとしたら可能かどうかで判断してください。）

(1) 適切な食事 —配膳などの準備を含めて適当量をバランスよく摂ることがほぼできるなど。
□できる　□自発的にできるが時には助言や指導を必要とする　□自発的かつ適正に行うことはできないが助言や指導があればできる　□助言や指導をしてもできない若しくは行わない

(2) 身辺の清潔保持 —洗面、洗髪、入浴等の身体の清潔保持や着替え等ができる。また、自室の清掃や片付けができるなど。
□できる　□自発的にできるが時には助言や指導を必要とする　□自発的かつ適正に行うことはできないが助言や指導があればできる　□助言や指導をしてもできない若しくは行わない

(3) 金銭管理と買い物 —金銭を独力で適切に管理し、やりくりがほぼできる。また、一人で買い物が可能であり、計画的な買い物がほぼできるなど。
□できる　□おおむねできるが時には助言や指導を必要とする　□助言や指導があればできる　□助言や指導をしてもできない若しくは行わない

(4) 通院と服薬（要・不要） —規則的に通院や服薬を行い、病状等を主治医に伝えることができるなど。
□できる　□おおむねできるが時には助言や指導を必要とする　□助言や指導があればできる　□助言や指導をしてもできない若しくは行わない

(5) 他人との意思伝達及び対人関係 —他人の話を聞く、自分の意思を相手に伝える、集団的行動ができるなど。
□できる　□おおむねできるが時には助言や指導を必要とする　□助言や指導があればできる　□助言や指導をしてもできない若しくは行わない

(6) 身辺の安全保持及び危機対応 —事故等の危険から身を守る能力がある、通常と異なる事態となったとき他人に援助を求めるなどを含めて、適切に対応することができるなど。
□できる　□おおむねできるが時には助言や指導を必要とする　□助言や指導があればできる　□助言や指導をしてもできない若しくは行わない

(7) 社会性 —銀行での金銭の出し入れや公共施設等の利用が一人で可能、社会生活に必要な手続きが行えるなど。
□できる　□おおむねできるが時には助言や指導を必要とする　□助言や指導があればできる　□助言や指導をしてもできない若しくは行わない

3 日常生活能力の程度（該当するもの一つを○で囲んでください。）
※ 日常生活能力の程度を記載する際には、状態をもっとも適切に記載できる〔精神障害〕又は〔知的障害〕のどちらかを使用してください。

（精神障害）
(1) 精神障害（病的体験・残遺症状・認知障害・性格変化等）を認めるが、社会生活は普通にできる。

(2) 精神障害を認め、家庭内での日常生活は普通にできるが、社会生活には、援助が必要である。
（たとえば、日常的な家事をこなすことはできるが、状況や手順が変化したりすると困難を生じることがある。社会行動や自発的な行動が適切に出来ないこともある。金銭管理はおおむねできる場合など。）

(3) 精神障害を認め、家庭内での単純な日常生活はできるが、時に応じて援助が必要である。
（たとえば、習慣化した外出はできるが、家事をこなすために助言や指導を必要とする。社会的な対人交流は乏しく、自宅内に閉じこもりがちである。金銭管理が困難な場合など。）

(4) 精神障害を認め、日常生活における身のまわりのことも、多くの援助が必要である。
（たとえば、親しい者との会話はできるが、一人では外出できない。日常生活の身辺の処理も一人では困難である。金銭管理ができない場合など。）

(5) 精神障害を認め、身のまわりのこともほとんどできないため、常時援助が必要である。
（たとえば、家庭内生活においても、身辺の処理も自発的にすることができない。在宅の場合に通院等の外出には、付き添いが必要な場合など。）

（知的障害）
(1) 知的障害を認めるが、社会生活は普通にできる。

(2) 知的障害を認め、家庭内での日常生活は普通にできるが、社会生活には、援助が必要である。
（たとえば、簡単な漢字は読み書きでき、会話も意思の疎通が可能であるが、抽象的なことは理解しにくい。身辺の処理は一人でできる程度）

(3) 知的障害を認め、家庭内での単純な日常生活はできるが、時に応じて援助が必要である。
（たとえば、ごく簡単な読み書きや計算ができ、助言と指導があれば作業は可能である。具体的指示であれば理解ができ、身辺の処理についてもおおむね一人でできる程度）

(4) 知的障害を認め、日常生活における身のまわりのことも、多くの援助が必要である。
（たとえば、簡単な文字や数字は理解でき、保護的環境であれば単純作業は可能である。習慣化していることであれば言葉での指示を理解し、身辺の処理もある程度できる程度）

(5) 知的障害を認め、身のまわりのこともほとんどできないため、常時援助が必要である。
（たとえば、文字や数の理解力がほとんど無く、簡単な手伝いもできない。言葉による意思の疎通がほとんど不可能であり、身辺生活の処理もほとんどできない程度）

エ 現症時の就労状況
○勤務先 —一般企業 ・ 就労支援施設 ・ その他（　　　　）
○雇用体系 — 障害者雇用 ・ 一般雇用 ・ 自営 ・ その他（　　　）
○勤続年数（　年　ヶ月）　○仕事の頻度（週に・月に（　　）日）
○ひと月の給与（　　　円程度）
○仕事の内容

○仕事場での援助の状況や意思疎通の状況

オ 身体所見（神経学的な所見を含む。）

カ 臨床検査（心理テスト・認知検査、知的障害の場合は、知能指数、精神年齢を含む。）

キ 福祉サービスの利用状況（障害者自立支援法に規定する自立訓練、共同生活援助、共同生活介護、在宅介護、その他障害福祉サービス等）

① 現症時の日常生活活動能力及び労働能力 〔必ず記入してください。〕	
② 予後 〔必ず記入してください。〕	
③ 備考	

上記のとおり、診断します。　　　　　年　　月　　日
病院又は診療所の名称　　　　　　　　診療担当科名
所　在　地　　　　　　　　　　　　　医師氏名　　　　　　　　印

Q 初診日のカルテが廃棄されている場合はどうすればよいのでしょうか。

A 　障害年金の受給要件を満たすためには、「初診日」をはっきりとさせる必要があります。この初診日を証明するために重要となる書類が初めて受診した病院の医師に記入してもらう「受診状況等証明書」です。しかし、中にはこの受診状況等証明書が正しく発行されないケースが見られます。たとえば、かかった病院が廃院している場合やカルテが廃棄されている場合などには、初診日を証明することができず、受給請求が却下されるおそれがあります。このような場合は、「受診状況等証明書が添付できない申立書」を作成する必要があります。ただし、この書類は「証明書が事情により提出できない」という事実を示すものであるため、これだけで初診日の受診証明とすることはできません。そのため、初診日を証明するための別の書類を準備する必要性が生じます。

　初診日を証明できるカルテの存在は、この証明書類としてきわめて重要になります。しかし、見つからない場合は別の書類、たとえば病院や調剤薬局での領収証や、医療機関や行政に個人情報開示の請求を行うことで入手できる「障害者手帳を申請した際の診断書」などを用意して証明することになります。

　初診日のカルテが見当たらない状態で実際に初診日を証明するためには、まずは存在する最古のカルテを入手します。そして、その入手したカルテに、初めて受診した場所として病院の名称が記載されているかを確認します。その上で、記載された病院における領収証を準備し、受診状況等証明書が添付できない申立書を作成することで、初めて初診日の証明となる書類がそろったといえます。カルテが実在しない場合は、このように複数の書類をそろえて初診日を明確にしていく必要があるため、日頃から領収証の整理が不可欠だといえるでしょう。

その他の書類を準備し提出する

期限が定められた提出書類に注意し、すべて控えを取っておく

▌戸籍抄本などのその他の書類を集めて年金事務所に提出する

　障害年金の申請に必要なものは、病院からの診断書や受診状況等証明書、病歴・就労状況等申立書などがありますが、その他にも準備すべきものがあります。

　たとえば、戸籍抄本や住民票などが挙げられます。市区町村によっては申請から入手までに時間がかかる場合があるため、事前に手に入れるまでの期間を調べておく必要があります。戸籍抄本の入手が遅れたことで月をまたいでしまい、申請が遅くなる事態は、支給決定の時期が遅くなることにつながり不利であるため、避けた方がよいでしょう。ただし、事後重症請求の申請時に必要となる戸籍抄本は1か月以内、障害認定日請求の場合は6か月以内のものと定められています。したがって、早く入手した場合は期限切れで再取得を行う手間がかかるおそれがあるため、診断書の完成時期を見計らって準備しましょう。なお、マイナンバー制度の導入により、単身者はマイナンバーを記入することにより戸籍抄本や住民票などの添付が原則不要になります。

　その他、預金通帳の1ページ目やキャッシュカードのコピーなど、申請者本人が名義人である銀行口座がわかる書類も必要です。コピーは、必ず本人の名前が記された部分を取らなければなりません。なお、こちらの書類は戸籍抄本などとは異なり期限がないため、早めに準備をしておく方法が有効です。

　さらに、年金の上乗せ対象となる家族がいる申請者の場合は、戸籍謄本と同時期取得の住民票や最長5年分の所得証明書、非課税証明書、高校生より年少の子がいる場合は通っている学校の学生証を入手する

必要があります。障害厚生年金の３級に該当する場合は家族による上乗せ加算は行われませんが、３級相当であることが明らかな場合でも加算の対象となる家族がいる場合は、これらの書類を添付しなければ受け付けてもらえないものとされています。この場合の戸籍謄本については加算対象者について、請求者との続柄、氏名、生年月日を確認するために必要になります。

　一方、従来必要であった、世帯全員の住民票の写しや加算対象者の収入が確認できる書類については、マイナンバーを記入することで添付を省略できます。必要な書類は、後で不足していた事実に気づくよりは、念のためにあらかじめそろえておくと安心です。すべての書類をそろったところで年金事務所へ提出を行うことになります。

　提出先の年金事務所の住所や最寄り駅、駐車場の有無や受付時間帯などをあらかじめ調べ、当日にまごつかないようにしましょう。

　なお、実際に提出する前にあらかじめ提出するすべての書類の控えを取っておくことが重要です。これは、提出の際には必要ない場合でも、更新が必要な障害に該当するという認定を受けた場合はその際に必ず前回申請した時の内容を見直す機会があるためです。そして、更新時に不支給決定がなされた場合に再度請求を試みる場合にも初回申請時の書類は重要な意味をもつため、必ず控えをとり、適切に保管しておくことが重要です。うっかり控えを取ることを忘れてしまった場合は、提出先の年金事務所へ依頼する方法や、厚生労働省に対して個人情報開示手続きを行うことで、入手できる可能性があります。

支給決定を受けた場合、どんなことに注意すればよいのか

　申請を行い、支給決定がなされた場合も油断は禁物です。障害年金の支給が正式に決定した場合には年金証書という書類が郵送されます。この年金証書には、障害年金を受け取る際に重要となる内容がいくつか記されているため、届いた際には必ず中身を確認しましょう。

まず確認するのは、支給対象者の生年月日横に記された「受給権を取得した年月」です。この年月からは、認定された時期が障害年月日に遡ったものであるかを見ることができます。そして、この取得した年月の翌月から、実際に障害年金の支給が開始されます。さらに、年金額からは、支給される金額を知ることが可能です。注意する点としては、国民年金と厚生年金がそれぞれ別個に記されていることです。また、障害基礎年金の２級より重い場合は子の加算、障害厚生年金の２級より重い場合は配偶者の加算がなされているかを、加算額の欄から確認することができます。その他、認定された等級や次回の更新時期も年金証書から把握することが可能です。なお、証書に記された「診断書の種類」は、次回に更新をする場合に記入が必要な診断書の種類のことです。今後に向けて、チェックする方法が有効です。

年金の支給が始まれば安心して大丈夫か

　郵送された年金証書の内容に従って、実際に障害年金が支給されます。支給は２か月に一度、偶数月の15日に指定口座へ振り込まれるため、カレンダーに記しておくなどの方法で忘れないよう心がけましょう。年金証書が郵送されて以降、およそ50日以内に年金支払通知書が送られてきます。書類の内容を調べ、特に不明点や問題点がない場合は特別に行動を起こす必要はなく、各月の年金支給を待つことになります。なお、年金証書や年金支払通知書の内容に疑問や不明点がある場合は、年金事務所へ電話や出向くことで相談に応じてもらえます。

　また、引越しなどの事情で振込口座の変更を希望する場合は、年金事務所で変更の手続きを行うことになります。覚えておきたいのは、障害年金の支給期間は国民年金保険料が免除扱いになる点です。ただし、この免除期間は、支給される老齢年金も半額になります。抱えている障害が直る見通しがある場合は、将来の老齢年金の額が抑えられないよう国民年金保険料の支払を検討する方法もあります。

第５章

ケース別　障害年金の請求と書式の書き方

精神疾患による請求と書類作成の注意点

障害認定基準に該当する精神疾患のみ請求対象となる

障害年金の対象となる精神疾患とはどんなものか

　精神疾患は、先天性・後天性ともにさまざまな種類の病名が存在します。精神疾患に起因した障害年金を請求した場合、「障害認定基準」を参考にした上で審査が行われます。この基準では、障害の状態に応じて、①統合失調症、統合失調症型障害及び妄想性障害、②気分（感情）障害（うつ病・躁うつ病など）、③器質性精神障害（症状性のものを含む）、④てんかん、⑤知的障害、⑥発達障害、に分類されています。重要な点としては、医師によって上記の分類に該当した「具体的な病名」がつけられ、診断書にその旨の記載がなければ障害年金の認定を受けることができないという点です。該当する病名としては、うつ病や躁うつ病、痴呆症、高次脳機能障害、アルコール薬物使用に基づく精神障害、アルツハイマー病などが挙げられます。ただし、パニック障害やPTSD、適応障害、摂食障害、睡眠障害などの「人格障害」と診断された場合は認定対象から外されます。これは、精神病に比べ、神経症は心に左右される軽易なものとみなされ、障害年金が支給された場合に患者の病気の克服意思をそいでしまう可能性があるという理由から対象外とされています。また、神経症についても、たとえ治癒までには長い期間を要するものであっても認定対象から外されます。ただし、パニック障害に加えて躁うつ病を発症しているケースのように、神経症であっても精神病の症状が見られるものについては、統合失調症や気分（感情）障害として扱われる場合があり、この場合は認定対象に含まれます。

精神疾患の年金請求ではどんな書類を提出するのか

　精神疾患に起因した障害年金を請求する場合も、基本的には他の障害の場合と同様の書類が必要です。年金請求書の他、診断書、受診状況等証明書、病歴・就労状況等申立書の３つの書類を準備していきます。医師に依頼する診断書は「精神の障害用」を利用します。年金事務所や役所、または日本年金機構のホームページから入手することができます。その他、戸籍抄本や住民票、年金手帳、預金通帳、加給対象者にまつわる書類の準備もあわせて行います。なお、初診日のカルテが残ってないなどの理由で受診状況等証明書を添付できない場合は、別の方法で初診日を証明するために、受診状況等証明書が添付できない申立書（184ページ）を提出します。

精神疾患の場合の書式作成のポイント・注意点

　肉体的な疾患と比較すると精神疾患には目に見えない部分の占める割合が高いため、診断する医師によって左右しやすい点が特徴です。特に診断書に記載された医師の見解と自身の病状や生活状況が一致しているかを必ず事前に確認する必要があります。チェックする点としてはまず「障害の原因となった傷病名」があり、障害年金の対象となる病名と、国際疾病分類で区分されたICD-10コードが記載されているかを確認します。また、日常生活の判定項目についても、事実と乖離していないかを調べます。

　なお、先天性疾患の場合は、初診日が生年月日となり、「二十歳前傷病の障害年金」として障害基礎年金のみが対象になります。一方、精神疾患の原因が後天的なものの場合は、その疾患について初めて受診した日が初診日となります。この場合、厚生年金に加入してから発症した場合は、障害厚生年金も受給できる可能性があり、障害等級３級までが対象になります。

Q メンタルヘルス疾患で障害年金を受給できるのはどんな場合でしょうか。

A 障害認定基準に該当する精神疾患のみが障害年金受給の対象になります。特に注意が必要なのは、医師による具体的な病名に基づく診断が必要であるという点です。たとえばうつ病や痴呆症、アルツハイマー病などは対象に含まれます。メンタルヘルス疾患としては下図のような症状が挙げられますが、すべてが障害年金の受給対象になるわけではなく、適応障害等は、障害年金の受給がかえって治癒の妨げになるおそれがあるため、対象から外されています。

■ 職場で生じる可能性があるメンタルヘルス疾患 ………………

名称	特徴
うつ病	多忙や不安、人間関係などによるストレスなどをきっかけにして、精神的・身体的な症状があらわれる病気
躁うつ病	躁状態とうつ状態を繰り返す病気。うつ病とは異なる別の病気で治療法も異なる
抑うつ状態	うつ病や躁うつ病といった診断名をつけられる段階には至っていないものの症状としてうつ病などに近いものが現れている状態
不安障害	本来不安や恐怖を感じる対象ではないものにまで過剰に反応する症状が現れる病気。社交不安障害やパニック障害、恐怖症などがある
適応障害	ある特定の環境や状態がその人にとって強いストレスとなり、不安症状や抑うつ状態といった症状が現れる状態にあること
自律神経失調症	ストレスやホルモンバランスの乱れなどが原因で自律神経が正常に働かず、めまいや動悸、頭痛、睡眠障害、倦怠感などが生じる病気
統合失調症	脳の機能に問題が起こることで生じるとされている精神病の一種。幻覚や幻聴、妄想などが主な症状

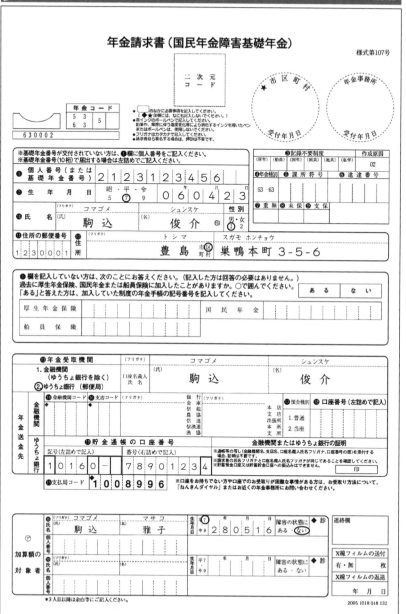

年金請求書（国民年金障害基礎年金）

様式第107号

④ あなたは現在、公的年金制度等（表1参照）から年金を受けていますか。○で囲んでください。

1. 受けている	②受けていない	3. 請求中	制度名（共済組合名等）	年金の種類

受けていると答えた方は下欄に必要事項を記入してください（年月日は支給を受けることになった年月日を記入してください）。

制度名（共済組合名等）	年金の種類	年 月 日	年金証書の年金コードまたは記号番号等
		．	
		．	
		．	

「年金の種類」とは、老齢または退職、障害、遺族をいいます。

㊱年金コードまたは共済組合コード・年金種別
1
2
3
㊲ 他 年 金 種 別

※あなたの配偶者について、記入願います。

氏　名 [フリガナ]	生 年 月 日	基 礎 年 金 番 号
コマゴメ　ケイコ 駒込　恵子	1992 年 8月29日	5243-2132123

─ ご注意 ─

　配偶者が受給している年金の加給年金額の対象となっている場合、あなたが障害基礎年金を受けられるようになったときは、受給している加給年金額は受けられなくなります。
　この場合は、配偶者の方より、「老齢・障害給付加給年金額支給停止事由該当届」をお近くの年金事務所または街角の年金相談センターへ提出していただく必要があります。

㊳上・外	㊴ 初 診 年 月 日	㊵ 障 害 認 定 日	㊶ 傷病名コード	㊷ 診断書	㊸ 等級	㊹有	㊺有年	㊻三	㊼差引
上・外 1　2	元号　　年　　月　　日	元号　　年　　月　　日				元号			元号

㊽ 受 給 権 発 生 年 月 日	㊾停止事由	㊿ 停 止 期 間	51 条　　文	失権事由	失 権 年 月 日
元号　　年　　月　　日		元号　年　月　元号　年　月			元号　　年　　月　　日

52 共 済 コ ー ド　　　共 済 記 録　1						2					
元号	年	月	日	要件	計算	元号	年	月	日	要件	計算
3						53　4					
元号	年	月	日	要件	計算	元号	年	月	日	要件	計算
5						6					
元号	年	月	日	要件	計算	元号	年	月	日	要件	計算
54　7						8					
元号	年	月	日	要件	計算	元号	年	月	日	要件	計算
9											
元号	年	月	日	要件	計算						

55 時 効 区 分	

★ 市区町村 からの 連絡事項	未 納 保 険 料 の 　 納 付	有　昭和・平成・令和　　年　　月分から 無　昭和・平成・令和　　年　　月分まで	差額保険料の 未納分の納付	有　昭和・平成・令和　　年　　月分から 無　昭和・平成・令和　　年　　月分まで
	保険料の追納	有　昭和・平成・令和　　年　　月分から 無　昭和・平成・令和　　年　　月分まで	検認票の添付	有　・　無

⑦ 次の年金制度の被保険者または組合員等となったことがあるときは、その番号を○で囲んでください。

1. 国民年金法　　　　　　　　　　2. 厚生年金保険法　　　　　　　3. 船員保険法（昭和61年4月以後を除く）
4. 廃止前の農林漁業団体職員共済組合法　5. 国家公務員共済組合法　　　6. 地方公務員等共済組合法
7. 私立学校教職員共済法　　8. 旧市町村職員共済組合法　　9. 地方公務員の退職年金に関する条例　10. 恩給法

⑧ 履　歴（公的年金制度加入経過）　　　　　　　　　請求者の電話番号（　090　）－（1234）－（5678　）
　　　　※できるだけくわしく、正確に記入してください。　勤務先の電話番号（　　）－（　　）－（　　　）

	(1) 事業所（船舶所有者）の名称および船員であったときはその船舶名	(2) 事業所（船舶所有者）の所在地または国民年金加入時の住所	(3) 勤務期間または国民年金の加入期間	(4) 加入していた年金制度の種類	(5) 備考
最初		横浜市港南区本郷 1-2-3	平26・4・22から ・現在　まで	①国民年金 2.厚生年金保険 3.厚生年金(船員)保険 4.共済組合等	
2			・・から ・・まで	1.国民年金 2.厚生年金保険 3.厚生年金(船員)保険 4.共済組合等	
3			・・から ・・まで	1.国民年金 2.厚生年金保険 3.厚生年金(船員)保険 4.共済組合等	
4			・・から ・・まで	1.国民年金 2.厚生年金保険 3.厚生年金(船員)保険 4.共済組合等	
5			・・から ・・まで	1.国民年金 2.厚生年金保険 3.厚生年金(船員)保険 4.共済組合等	
6			・・から ・・まで	1.国民年金 2.厚生年金保険 3.厚生年金(船員)保険 4.共済組合等	
7			・・から ・・まで	1.国民年金 2.厚生年金保険 3.厚生年金(船員)保険 4.共済組合等	
8			・・から ・・まで	1.国民年金 2.厚生年金保険 3.厚生年金(船員)保険 4.共済組合等	
9			・・から ・・まで	1.国民年金 2.厚生年金保険 3.厚生年金(船員)保険 4.共済組合等	
10			・・から ・・まで	1.国民年金 2.厚生年金保険 3.厚生年金(船員)保険 4.共済組合等	
11			・・から ・・まで	1.国民年金 2.厚生年金保険 3.厚生年金(船員)保険 4.共済組合等	
12			・・から ・・まで	1.国民年金 2.厚生年金保険 3.厚生年金(船員)保険 4.共済組合等	

⑨ 個人で保険料を納める第四種被保険者、船員保険の年金任意継続被保険者となったことがありますか。　　　　　　　　　1. はい　②. いいえ

「はい」と答えた方は、保険料を納めた年金事務所の名称を記入してください。

その保険料を納めた期間を記入してください。　昭和 平成 令和　年　月　日 から　昭和 平成 令和　年　月　日

第四種被保険者（船員年金任意継続被保険者）の整理記号番号を記入してください。　（記号）　　（番号）

(1)	この請求は左の頁にある「障害給付の請求事由」の1から3までのいずれに該当しますか。該当する番号を○で囲んでください。	1．障害認定日による請求　②事後重症による請求 3．初めて障害等級の1級または2級に該当したことによる請求	

「2」を○で囲んだときは右の該当する理由の番号を○で囲んでください。	1．初診日から1年6月目の状態で請求した結果、不支給となった。 ②初診日から1年6月目の症状は軽かったが、その後悪化して症状が重くなった。 3．その他（理由　　　　　　　　　　　　　　　　　　　　　　　　）

(2)	過去に障害給付を受けたことがありますか。	1．はい ②いいえ	「1．はい」を○で囲んだときは、その障害給付の名称と年金証書の基礎年金番号および年金コード等を記入してください。	名　称	
				基礎年金番号・年金コード等	

(3)		1.	2.	3.
	傷　病　名	症候性てんかん		
	傷病の発生した日	昭和 平成 令和　6年4月23日	昭和 平成 令和　年　月　日	昭和 平成 令和　年　月　日
	初　診　日	昭和 平成 令和　6年4月23日	昭和 平成 令和　年　月　日	昭和 平成 令和　年　月　日
	初診日において加入していた年金制度	1.国年 2.厚年 3.共済 未加入	1.国年 2.厚年 3.共済 4.未加入	1.国年 2.厚年 3.共済 4.未加入
	現在傷病はなおっていますか。	1．はい　②いいえ	1．はい　2．いいえ	1．はい　2．いいえ
	なおっているときは、なおった日	昭和 平成 令和　年　月　日	昭和 平成 令和　年　月　日	昭和 平成 令和　年　月　日

傷病の原因は業務上ですか。		1．はい　②いいえ
この傷病について右に示す制度から保険給付が受けられるときは、その番号を○で囲んでください。請求中のときも同様。	1．労働基準法　　　　　　　　　　　2．労働者災害補償保険法 3．船員保険法　　　　　　　　　　　4．国家公務員災害補償法 5．地方公務員災害補償法 6．公立学校の学校医、学校歯科医及び学校薬剤師の公務災害補償に関する法律	
受けられるときは、その給付の種類の番号を○で囲み、支給の発生した日を記入してください。	1．障害補償給付（障害給付）　　　2．傷病補償給付（傷病年金）	昭和 平成 令和　年　月　日
障害の原因は第三者の行為によりますか。		1．はい　2．いいえ
障害の原因が第三者の行為により発生したものであるときは、その者の氏名および住所を記入	氏　名	
	住　所	

(4)	国民年金に任意加入した期間について特別一時金を受けたことがありますか。	1．はい　2．いいえ

⑳ 生 計 維 持 申 立

右の者は請求者と生計を同じくしていることを申し立てる。

令和3年1月20日
請求者　住所 東京都豊島区巣鴨本町3-5-6

氏名 駒込 俊介　　㊞

(注) 請求者が申立てを行う際に自ら署名する場合は、請求者の押印は不要です。

	氏　名	続柄
子	駒込　雅子	長女

		※確認印	※年金事務所の確認事項
1．請求者によって生計維持していた方について記入してください。			
(1)（名：雅子 ）について年収は、850万円未満(※)ですか。	はい・いいえ	(　)印	ア．健保等被扶養者（第三号被保険者）
(2)（名：　　 ）について年収は、850万円未満(※)ですか。	はい・いいえ	(　)印	イ．国民年金保険料免除世帯
(3)（名：　　 ）について年収は、850万円未満(※)ですか。	はい・いいえ	(　)印	ウ．義務教育終了前
2．上記1で「いいえ」と答えた方のうち、その方の収入はこの年金の受給権発生時においては、850万円未満(※)ですか。	はい・いいえ		エ．高等学校在学中 オ．源泉徴収票・課税証明書等

(※) 平成6年11月8日までに受給権が発生している方は、「600万円未満」となります。

令和 3年1月10日提出

> 児童扶養手当の受給者の方やその配偶者が、公的年金制度から年金を受け取るようになったり、年金額が改定されたときは、市区町村から支給されている児童扶養手当が支給停止または一部支給停止される場合があります。詳しくは、お住まいの市区町村の児童扶養手当担当窓口にお問い合わせください。

参考書式　受診状況等証明書

年金等の請求用

障害年金等の請求を行うとき、その障害の原因又は誘因となった傷病で初めて受診した医療機関の初診日を明らかにすることが必要です。そのために使用する証明書です。

受 診 状 況 等 証 明 書

① 氏　　　　名　_____

② 傷　病　名　_____

③ 発 病 年 月 日　昭和・平成・令和　　年　　月　　日

④ 傷病の原因又は誘因　_____

⑤ 発病から初診までの経過

　　前医からの紹介状はありますか。⇒　　有　　　無　　（有の場合はコピーの添付をお願いします。）

　　..

　　..

　　..

　　..

　※診療録に前医受診の記載がある場合　　1　初診時の診療録より記載したものです。
　　右の該当する番号に〇印をつけてください　　2　昭和・平成・令和　　年　　月　　日の診療録より記載したものです。

⑥ 初 診 年 月 日　昭和・平成・令和　　　　年　　　　月　　　　日

⑦ 終 診 年 月 日　昭和・平成・令和　　　　年　　　　月　　　　日

⑧ 終診時の転帰（ 治癒・転医・中止 ）

⑨ 初診から終診までの治療内容及び経過の概要

　　..

　　..

　　..

　　..

　　..

⑩ 次の該当する番号（1〜4）に〇印をつけてください。

　　複数に〇をつけた場合は、それぞれに基づく記載内容の範囲がわかるように余白に記載してください。

　　　上記の記載は　1　診療録より記載したものです。

　　　　　　　　　　2　受診受付簿、入院記録より記載したものです。

　　　　　　　　　　3　その他（　　　　　　　　　　　　　　　）より記載したものです。

　　　　　　　　　　4　昭和・平成・令和　　年　　月　　日の本人の申し立てによるものです。

⑪ 令和　　年　　月　　日

　　医療機関名　　　　　　　　　　　　　　　診療担当科名

　　所　在　地　　　　　　　　　　　　　　　医師氏名　　　　　　　　　　印

（提出先）日本年金機構　　　　　　　　　　　　　　　　　（裏面もご覧ください。）

※この書類は初診を受けた医師（病院）に記入してもらいます。

病歴・就労状況等申立書

No.　－　　枚中

（請求する病気やけがが複数ある場合は、それぞれ用紙を分けて記入してください。）

病歴状況	傷病名	症候性てんかん（先天性）								
発病日	昭和 (平成) 令和	6 年	4 月	23 日	初診日	昭和 (平成) 令和	6 年	4 月	23 日	

記入する前にお読みください。
○ 次の欄には障害の原因となった病気やけがについて、発病したときから現在までの経過を年月順に期間をあげて記入してください。
○ 受診していた期間は、通院期間、受診回数、入院期間、治療経過、医師から指示された事項、転医・受診中止の理由、日常生活状況、就労状況などを記入してください。
○ 受診していなかった期間は、その理由、自覚症状の程度、日常生活状況、就労状況などについて具体的に記入してください。
○ 健康診断などで障害の原因となった病気や症状について指摘されたことも記入してください。
○ 同一の医療機関を長期間受診していた場合、医療機関を長期間受診していなかった場合、発病から初診までが長期間の場合は、その期間を3年から5年ごとに区切って記入してください。

		左の期間の状況
1	昭和 (平成) 令和 6 年 4 月 23 日から 昭和 (平成) 令和 9 年 5 月 13 日まで (受診した)・受診していない 医療機関名 豊島病院	3歳時に、突然動きが鈍くなり、よだれを垂らした。最初はふざけているものと、放置したいたが、それが続き頻繁に発生するようになったので、平成9年5月13日に「豊島病院」にて診察を受けた。診察の結果「先天性の小児てんかん」と診断された。
2	昭和 (平成) 令和 9 年 5 月 14 日から 昭和 (平成) 令和 13 年 3 月 31 日まで (受診した)・受診していない 医療機関名 豊島病院	「突然動きが鈍くなり、よだれを垂らす」状況は引き続き発症し、月に1回程度定期的に通院していたが、状況の改善は見られなかった。
3	昭和 (平成) 令和 13 年 4 月 1 日から 昭和 (平成) 令和 19 年 3 月 31 日まで (受診した)・受診していない 医療機関名 豊島病院	薬の副作用により日常生活にも支障をきたしていた状況は変わらず、さらに小学校に進学した後も授業中に発作を起こすこともあり、友人のいじめの対象になり先生からも冷たい対応をされた。 　なお月に1回通院し、発作の頻度は週に4〜5回程度起きていた。
4	昭和 (平成) 令和 19 年 4 月 1 日から 昭和 (平成) 令和 27 年 3 月 31 日まで (受診した)・受診していない 医療機関名 豊島病院	中学、高校に進学後も、薬の副作用により日常生活にも支障をきたしていた状況は変わらず、引き続き月に1回通院し、週に4〜5回程度発作を起こす状況も変わっていない。
5	昭和 (平成) 令和 27 年 4 月 1 日から 昭和・平成・令和 　年 　月 現在 日まで (受診した)・受診していない 医療機関名 新宿総合病院	高校に卒業後も、薬の副作用により日常生活にも支障をきたしていた状況は変わらず、引き続き月に1回通院しているが、発作の頻度が年々増えている。

※裏面（署名欄）も記入してください。

就労・日常生活状況	1. 障害認定日（初診日から1年6月目目または、それ以前に治った場合は治った日）頃と 2. 現在（請求日頃）の就労・日常生活状況等について該当する太枠内に記入してください。

1. 障害認定日（ 昭和 ・ (平成) ・ 令和 26 年 4 月 22 日）頃の状況を記入してください。

<table>
<tr><td rowspan="4">就労状況</td><td rowspan="3">就労していた場合</td><td>職種（仕事の内容）を記入してください。</td><td></td></tr>
<tr><td>通勤方法を記入してください。</td><td>通勤方法
通勤時間（片道）　　時間　　　分</td></tr>
<tr><td>出勤日数を記入してください。</td><td>障害認定日の前月　　日　障害認定日の前々月　　日　20</td></tr>
<tr><td></td><td>仕事中や仕事が終わった時の身体の調子について記入してください。</td><td></td></tr>
</table>

（続き）就労状況 就労していなかった場合：仕事をしていなかった（休職していた）理由すべて○で囲んでください。なお、オを選んだ場合は、具体的な理由を（　）内に記入してください。

⑦ 体力に自信がなかったから
イ　医師から働くことを止められていたから
ウ　働く意欲がなかったから
エ　働きたかったが適切な職場がなかったから
オ　その他（理由　　　　　　　　　　　　　）

日常生活状況：日常生活の制限について、該当する番号を○で囲んでください。
1 → 自発的にできた
2 → 自発的にできたが援助が必要だった
3 → 自発的にできないが援助があればできた
4 → できなかった

着替え（①・2・3・4）　洗面（①・2・3・4）
トイレ（①・2・3・4）　入浴（1・2・③・4）
食事（①・2・3・4）　散歩（①・2・3・4）
炊事（①・2・3・4）　洗濯（①・2・3・4）
掃除（1・②・3・4）　買物（1・②・3・4）

その他日常生活で不便に感じたことがありましたら記入してください。
時々発作が起きるので、前兆があるときは入浴できない。また薬の服用のため食事制限される。

2. 現在（請求日頃）の状況を記入してください。

<table>
<tr><td rowspan="4">就労状況</td><td rowspan="3">就労している場合</td><td>職種（仕事の内容）を記入してください。</td><td></td></tr>
<tr><td>通勤方法を記入してください。</td><td>通勤方法
通勤時間（片道）　　時間　　　分</td></tr>
<tr><td>出勤日数を記入してください。</td><td>請求日の前月　　日　請求日の前々月　　日</td></tr>
<tr><td></td><td>仕事中や仕事が終わった時の身体の調子について記入してください。</td><td></td></tr>
</table>

就労状況 就労していない場合：仕事をしていない（休職している）理由すべて○で囲んでください。なお、オを選んだ場合は、具体的な理由を（　）内に記入してください。

ア　体力に自信がないから
イ　医師から働くことを止められているから
ウ　働く意欲がないから
㋓　働きたいが適切な職場がないから
オ　その他（理由　　　　　　　　　　　　　）

日常生活状況：日常生活の制限について、該当する番号を○で囲んでください。
1 → 自発的にできる
2 → 自発的にできるが援助が必要である
3 → 自発的にできないが援助があればできる
4 → できない

着替え（①・2・3・4）　洗面（①・2・3・4）
トイレ（1・2・③・4）　入浴（1・2・3・④）
食事（1・②・3・4）　散歩（1・2・3・④）
炊事（1・②・3・4）　洗濯（1・②・3・4）
掃除（1・②・3・4）　買物（1・2・3・④）

その他日常生活で不便に感じていることがありましたら記入してください。
時々発作が起きるので、前兆があるときは入浴できない。また薬の服用のため食事制限される。また、就労したくても病気を理由に不採用になることが多かった。現在は就職できていない。

障害者手帳	障害者手帳の交付を受けていますか。	① 受けている　　2 受けていない　　3 申請中

交付されている障害者手帳の交付年月日、等級、障害名を記入してください。その他の手帳の場合は、その名称を（　）内に記入してください。

※略字の意味
身→身体障害者手帳　　療→療育手帳
精→精神障害者保健福祉手帳　　他→その他の手帳

① 身・精・(療)・他（　　　　　　　　　　）
　昭和・(平成)・令和 10 年 12 月 2 日（ 1 級）
　障害名（　症候性てんかん　　　　　）

② 身・精・療・他（　　　　　　　　　　）
　昭和・平成・令和　　年　　月　　日（　級）
　障害名（　　　　　　　　　　　　　）

上記のとおり相違ないことを申し立てます。　　　　　　　　　　※請求本人が署名する場合は、押印は不要です。

令和 3 年 1 月 20 日

請求者　現住所　東京都豊島区巣鴨本町 3-5-6
　　　　氏　名　駒込 俊介　㊞
　　　　電話番号　090 - 1234 - 5678

代筆者　氏　名　　　　　　　　　　　　　　
　　　　請求者からみた続柄（　　本人　　）

書式　受診状況等証明書が添付できない申立書

年金等の請求用

受診状況等証明書が添付できない申立書

傷　病　名　　　　　統合失調症

医 療 機 関 名　　　　豊島メンタルクリニック

医療機関の所在地　　　豊島区豊島１−１−１

受　診　期　間　昭和・(平成)・令和15年 ５ 月13日　〜　昭和・(平成)・令和18年 ８ 月31日

上記医療機関の受診状況等証明書が添付できない理由をどのように確認しましたか。
次の＜添付できない理由＞と＜確認方法＞の該当する□に✓をつけ、＜確認年月日＞に確認した
日付を記入してください。
その他の□に✓をつけた場合は、具体的な添付できない理由や確認方法も記入してください。

＜添付できない理由＞　　　　　　　　＜確認年月日＞　平成・(令和)　３ 年 １ 月 ５ 日

　☑　カルテ等の診療録が残っていないため

　□　廃業しているため

　□　その他　　　　　　　　　　　　　　　　　　　　　　　　　　　　　　　

＜確認方法＞　　□ 電話　☑ 訪問　□ その他（　　　　　　　　　　　　　）

上記医療機関の受診状況などが確認できる参考資料をお持ちですか。
お持ちの場合は、次の該当するものすべての□に✓をつけて、そのコピーを添付してください。
お持ちでない場合は、「添付できる参考資料は何もない」の□に✓をつけてください。

□　身体障害者手帳・療育手帳・　　　精神障害者保健福祉手帳	☑　お薬手帳・糖尿病手帳・(領収書)・(診察券)　　　（可能な限り診察日や診療料が分かるもの）
□　身体障害者手帳等の申請時の診断書	□　小学校・中学校等の健康診断の記録や
□　生命保険・損害保険・	成績通知表
労災保険の給付申請時の診断書	□　盲学校・ろう学校の在学証明・卒業証書
□　事業所等の健康診断の記録	□　第三者証明
□　母子健康手帳	□　その他（　　　　　　　　　　　）
□　健康保険の給付記録（レセプトも含む）	□　添付できる参考資料は何もない

上記のとおり相違ないことを申し立てます。

令和　３ 年 １ 月 12 日

請　求　者　　住　所　　東京都豊島区池袋町１−１−１

　　　　　　　氏　名　　　　日暮　洋司　　　　　印　※本人自らが署名する場合
　　　　　　　　　　　　　　　　　　　　　　　　　　　　押印は不要です。

　代筆者氏名　　　　　　　　　　　　　　　　請求者との続柄　　本人

（提出先）日本年金機構　　　　　　　　　　　　　　（裏面もご覧ください。）

年金請求書（国民年金・厚生年金保険障害給付）

様式第104号

〔障害基礎年金・障害厚生年金・障害手当金〕

年金コード
13

430002 82

二次元コード

実施機関等

受付年月日

○ ◯ のなかに必要事項を記入してください。
（◆印欄には、なにも記入しないでください。）
○ 黒インクのボールペンで記入してください。
　鉛筆や、摩擦に伴う温度変化等により消色するインクを
　用いたペンまたはボールペンは、使用しないでください。
○ フリガナはカタカナで記入してください。
○ 請求者自ら署名する場合は、押印は不要です。

課所符号	進達番号	厚年資格
		10・20 21・22

船保資格	記録不要制度	作成原因
10・20 21・22	(厚年)(船員)(国年)(国共)(地共)(私学)	02

船職加	重	未保	支保	配状

基礎年金番号が交付されていない方は、①、②の欄に個人番号をご記入ください。
基礎年金番号（10桁）で届出する場合は左詰めでご記入ください。

①請求者の個人番号※
（または基礎年金番号）： 2 1 3 4 5 6 7 5 6 7

②配偶者の個人番号
（または基礎年金番号）： 5 2 3 6 2 4 6 8 1 2

③生 年 月 日　昭・平・令　39 年 04 月 13 日

請求者

④氏名 （フリガナ）イケブクロ コウ イチ
（氏）池袋　（名）浩一 ㊞

⑤性別 1. 男　2. 女

⑥住所　住所の郵便番号 1 2 3 0 0 0 1
（フリガナ）トシマ　（市区町村）豊島
（フリガナ）メジロキタ　目白北 1-4-9

電話番号1（03）-（1111）-（2222）
電話番号2（090）-（3333）-（4444）

社会保険労務士の提出代行者印 ㊞

＊日中に連絡が取れる電話番号（携帯も可）をご記入ください。
＊予備の電話番号（携帯も可）があればご記入ください。

※個人番号（マイナンバー）については、6ページをご確認ください。

⑦ 年金受取機関
1. 金融機関（ゆうちょ銀行を除く）
2. ゆうちょ銀行（郵便局）

（フリガナ）イケブクロ コウ イチ
口座名義人氏名（氏）池袋（名）浩一

年金送金先

金融機関

金融機関コード 1 2 3 4　支店コード 1 2 3
（フリガナ）ギンガ 銀河
預金種別 1.普通 2.当座
（フリガナ）メジロ 目白　口座番号（左詰めで記入）1 1 2 2 3 4 5

ゆうちょ銀行

記号（左詰めで記入）　番号（右詰めで記入）
支払局コード 0 0 8 9 9 6

金融機関またはゆうちょ銀行の証明

※通帳等の写し（金融機関名、支店名、口座名義人氏名フリガナ、口座番号の面）を添付する
場合、証明は不要です。
※請求者の氏名フリガナと口座名義人氏名フリガナが同じであることを確認してください。
※貯蓄預金口座または貯蓄貯金口座への振込みはできません。㊞

⑧配偶者

氏名（フリガナ）イケブクロ エミ
（氏）池袋（名）恵美
生年月日 大・昭・平 45 11 25

氏名（フリガナ）イケブクロ ハル オ
（氏）池袋（名）春夫
生年月日 昭・平・令 19 04 02

⑨子

個人番号
障害の状態にある・ない ◆診

氏名（フリガナ）（氏）（名）
個人番号
生年月日 昭平令
障害の状態にある・ない ◆診

連絡欄

X線フィルムの送付　有・無　枚

X線フィルムの返送　年 月 日

1

2005 1018 017 104

⑩ あなたの配偶者は、公的年金制度等（表1参照）から老齢・退職または障害の年金を受けていますか。○で囲んでください。

1.老齢・退職の年金を受けている	2.障害の年金を受けている	③.いずれも受けていない	4.請求中	制度名（共済組合名等）	年金の種類

受けていると答えた方は下欄に必要事項を記入してください（年月日は支給を受けることになった年月日を記入してください）。

公的年金制度名 （表1より記号を選択）	年金の種類	年 月 日	年金証書の年金コードまたは記号番号等
		・　・	
		・　・	
		・　・	

年金コードまたは共済組合コード・年金種別	
1	
2	
3	

「年金の種類」とは、老齢または退職、障害をいいます。

⑪ あなたは、現在、公的年金制度等（表1参照）から年金を受けていますか。○で囲んでください。

1.受けている	②.受けていない	3.請求中	制度名（共済組合名等）	年金の種類

受けていると答えた方は下欄に必要事項を記入してください（年月日は支給を受けることになった年月日を記入してください）。

公的年金制度名 （表1より記号を選択）	年金の種類	年 月 日	年金証書の年金コードまたは記号番号等
		・　・	
		・　・	
		・　・	

年金コードまたは共済組合コード・年金種別	
1	
2	
3	
他　年　金　種　別	

「年金の種類」とは、老齢または退職、障害、遺族をいいます。

⑫ 次の年金制度の被保険者または組合員等となったことがあるときは、その番号を○で囲んでください。

①.国民年金法　②.厚生年金保険法　3. 船員保険法（昭和61年4月以後を除く）
4. 廃止前の農林漁業団体職員共済組合法　5. 国家公務員等共済組合法　6. 地方公務員等共済組合法
7. 私立学校教職員共済法　8. 旧市町村職員共済組合法　9. 地方公務員の退職年金に関する条例　10. 恩給法

⑬ 履　歴（公的年金制度加入経過）
※できるだけくわしく、正確に記入してください。

	(1) 事業所（船舶所有者）の名称および船員であったときはその船舶名	(2) 事業所（船舶所有者）の所在地または国民年金加入時の住所	(3) 勤務期間または国民年金の加入期間	(4) 加入していた年金制度の種類	(5) 備考
最初			59・4・12から 62・3・31まで	1.国民年金 2.厚生年金保険 3.厚生年金（船員）保険 4.共済組合等	
2	株式会社 アイティー	北区王子7-8-9	62・4・1から 令1・12・31まで	1.国民年金 ②.厚生年金保険 3.厚生年金（船員）保険 4.共済組合等	
3			・　・から ・　・まで	1.国民年金 2.厚生年金保険 3.厚生年金（船員）保険 4.共済組合等	
4			・　・から ・　・まで	1.国民年金 2.厚生年金保険 3.厚生年金（船員）保険 4.共済組合等	
5			・　・から ・　・まで	1.国民年金 2.厚生年金保険 3.厚生年金（船員）保険 4.共済組合等	
6			・　・から ・　・まで	1.国民年金 2.厚生年金保険 3.厚生年金（船員）保険 4.共済組合等	
7			・　・から ・　・まで	1.国民年金 2.厚生年金保険 3.厚生年金（船員）保険 4.共済組合等	
8			・　・から ・　・まで	1.国民年金 2.厚生年金保険 3.厚生年金（船員）保険 4.共済組合等	
9			・　・から ・　・まで	1.国民年金 2.厚生年金保険 3.厚生年金（船員）保険 4.共済組合等	
10			・　・から ・　・まで	1.国民年金 2.厚生年金保険 3.厚生年金（船員）保険 4.共済組合等	

(1) この請求は、左の頁にある「障害給付の請求事由」の1から3までのいずれに該当しますか。該当する番号を○で囲んでください。

① 障害認定日による請求　　2.　事後重症による請求
3.　初めて障害等級の1級または2級に該当したことによる請求

「2」を○で囲んだときは右欄の該当する理由の番号を○で囲んでください。

1.　初診日から1年6月目の状態で請求した結果、不支給となった。
2.　初診日から1年6月目の症状は軽かったが、その後悪化して症状が重くなった。
3.　その他（理由　　　　　　　　　　　　　　　　　　　　　）

(2) 過去に障害給付を受けたことがありますか。
1.　は　い
② いいえ

「1.はい」を○で囲んだときは、その障害給付の名称と年金証書の基礎年金番号・年金コード等を記入してください。

	1.	2.	3.
名　称			
基礎年金番号・年金コード等			

(3)

傷　病　名	1.　うつ	2.	3.
傷病の発生した日	昭和・平成・⑳令和　1年7月頃	昭和・平成・令和　年　月　日	昭和・平成・令和　年　月　日
初　診　日	昭和・平成・⑳令和　1年7月15日	昭和・平成・令和　年　月　日	昭和・平成・令和　年　月　日
初診日において加入していた年金制度	1.国年　②厚年　3.共済	1.国年　2.厚年　3.共済	1.国年　2.厚年　3.共済
現在傷病はなおっていますか。	1.は　い　・②いいえ	1.は　い　・2.いいえ	1.は　い　・2.いいえ
なおっているときは、なおった日	昭和・平成・令和　年　月　日	昭和・平成・令和　年　月　日	昭和・平成・令和　年　月　日

傷病の原因は業務上ですか	1.は　い　・②いいえ

この傷病について右に示す制度から保険給付が受けられるときは、その番号を○で囲んでください。請求中のときも同様です。

1.　労働基準法　　　　　　　　　　　　2.　労働者災害補償保険法
3.　船員保険法　　　　　　　　　　　　4.　国家公務員災害補償法
5.　地方公務員災害補償法
6.　公立学校の学校医、学校歯科医及び学校薬剤師の公務災害補償に関する法律

受けられるときは、その給付の種類の番号を○で囲み、支給の発生した日を記入してください。

1.　障害補償給付（障害給付）　　　　2.　傷病補償給付（傷病年金）
昭和・平成・令和　年　月　日

障害の原因は第三者の行為によりますか。	1.は　い　・②いいえ

障害の原因が第三者の行為により発生したものであるときは、その者の氏名および住所を記入してください。

氏　名
住　所

生計維持申立

右の者は、請求者と生計を同じくしていることを申し立てる。

令和3年2月10日

請求者　住所　東京都豊島区目白北 1-4-9

氏名　池袋　浩一　㊞

本人

(注) 請求者が申立を行う際に自ら署名する場合は、押印は不要です。

	氏　名	続柄
配偶者	池袋　恵美	妻
および子	池袋　春夫	長男

1. 請求者によって生計維持していた者について記入してください。

		※確認印	※年金事務所の確認事項
(1) 配偶者について年収は、850万円未満(注)ですか。	はい・いいえ	（　）印	ア.　健保等被扶養者（第三号被保険者）
(2) 子(名：　春夫　) について年収は、850万円未満(注)ですか。	はい・いいえ	（　）印	イ.　国民年金保険料免除世帯
(3) 子(名：　　　) について年収は、850万円未満(注)ですか。	はい・いいえ	（　）印	ウ.　義務教育終了前
(4) 子(名：　　　) について年収は、850万円未満(注)ですか。	はい・いいえ	（　）印	エ.　高等学校在学中
2.　上記1で「いいえ」と答えた者のうち、その者の収入はこの年金の受給権発生時においては、850万円未満ですか。	はい・いいえ		オ.　源泉徴収票・課税証明書等

(注) 平成6年11月8日までに受給権が発生している方は、「600万円未満」となります。

令和3年2月20日　提出

5

機構独自項目

⑰ 請求者 — 過去に加入していた年金制度の年金手帳の記号番号で、基礎年金番号と異なる記号番号があるときは、その記号番号を記入してください。

	厚 生 年 金 保 険		国 民 年 金	
	船 員 保 険			

⑱ 配偶者 — ②欄を記入していない方は、あなたの配偶者について、つぎの 1 および 2 にお答えください。（記入した方は、回答の必要はありません。）

1. 過去に厚生年金保険、国民年金または船員保険に加入したことがありますか。〇で囲んでください。　　　　　　　　　　あ　る　・　な　い

「ある」と答えた方は、加入していた制度の年金手帳の記号番号を記入してください。

	厚 生 年 金 保 険		国 民 年 金	
	船 員 保 険			

2. あなたと配偶者の住所が異なるときは、下欄に配偶者の住所および性別を記入してください。

住所の郵便番号	住所	（フリガナ）	性別 男・女 1　2

⑲ 個人で保険料を納める第四種被保険者、船員保険の年金任意継続被保険者となったことがありますか。　　　　　　　1. は い ・ ② いいえ

「はい」と答えた人は、保険料を納めた年金事務所（社会保険事務所）の名称を記入してください。

その保険料を納めた期間を記入してください。　　昭和 平成 令和　年　月　日 から　昭和 平成 令和　年　月　日

第四種被保険者（船員年金任意継続被保険者）の整理記号番号を記入してください。　（記号）　　（番号）

上・外	初診年月日	障害認定日	（外）傷病名コード	（上）傷病名コード	診断書
上・外 1・2	元号　　年　　月　　日	元号　　年　　月　　日			
（外）等級	（上）等級	有　有年 元号	三	差引	

基礎	受給権発生年月日	停止事由	停 止 期 間	条　　文
	元号　　年　　月		元号　年　月 元号　年　月	
	失権事由	失権年月日 元号　年　月		

厚生	受給権発生年月日	停止事由	停 止 期 間	条　　文
	元号　　年　　月		元号　年　月 元号　年　月	
	失権事由	失権年月日 元号　年　月		

⑳	共済コード	共 済 記 録 1		2
	元号　年　月　日 元号　年　月	件数 計算		元号　年　月　日 元号　年　月　日 件数 計算
	3	㉑	4	
	元号　年　月　日 元号　年　月	件数 計算		元号　年　月　日 元号　年　月　日 件数 計算
	5		6	
	元号　年　月　日 元号　年　月	件数 計算		元号　年　月　日 元号　年　月　日 件数 計算

時効区分

病歴・就労状況等申立書

No. － 枚中

（請求する病気やけがが複数ある場合は、それぞれ用紙を分けて記入してください。）

病歴状況	傷病名	うつ病						
発病日	昭和・平成・㊙令和	1 年 7 月 頃 日	初診日	昭和・平成・㊙令和	1 年 7 月 15 日			

記入する前にお読みください。
○ 次の欄には障害の原因となった病気やけがについて、発病したときから現在までの経過を年月順に期間をあけずに記入してください。
○ 受診していた期間は、通院期間、受診回数、入院期間、治療経過、医師から指示された事項、転医・受診中止の理由、日常生活状況、就労状況などを記入してください。
○ 受診していなかった期間は、その理由、自覚症状の程度、日常生活状況、就労状況などについて具体的に記入してください。
○ 健康診断などで障害の原因となった病気やけがについて指摘されたことも記入してください。
○ 同一の医療機関を長期間受診していた場合、医療機関を長期間受診していなかった場合、発病から初診までが長期間の場合は、その期間を3年から5年ごとに区切って記入してください。

		左の期間の状況
1	昭和・平成・㊙令和 1 年 7 月 15 日から 昭和・平成・㊙令和 1 年 7 月 31 日まで ㊙受診した ・ 受診していない 医療機関名 巣鴨クリニック	仕事で失敗し損害を出したことでショックを受け寝込んだが、何日も頭痛が治らないため心療内科で受診する。
2	昭和・平成・㊙令和 1 年 8 月 1 日から 昭和・平成・令和 年 月 日まで ㊙受診した ・ 受診していない 医療機関名 大塚総合病院	脳疾患の検査をするために、施設のある病院に転院した。MRI検査の結果脳には異常はなかった。月に1回通院し、抗うつ剤を服用している。
3	昭和・平成・令和 年 月 日から 昭和・平成・令和 年 月 日まで 受診した ・ 受診していない 医療機関名	
4	昭和・平成・令和 年 月 日から 昭和・平成・令和 年 月 日まで 受診した ・ 受診していない 医療機関名	
5	昭和・平成・令和 年 月 日から 昭和・平成・令和 年 月 日まで 受診した ・ 受診していない 医療機関名	

※裏面（署名欄）も記入してください。

就労・日常生活状況	1. 障害認定日（初診日から1年6月目または、それ以前に治った場合は治った日）頃と
	2. 現在（請求日頃）の就労・日常生活状況等について該当する太枠内に記入してください。

1．障害認定日　（ 昭和・平成・⊘令和 ）3 年 1 月 15 日）頃の状況を記入してください。

<table>
<tr><td rowspan="4">就労状況</td><td rowspan="4">就労していた場合</td><td>職種（仕事の内容）を記入してください。</td><td colspan="2"></td></tr>
<tr><td>通勤方法を記入してください。</td><td colspan="2">通勤方法
通勤時間（片道）　　時間　　　分</td></tr>
<tr><td>出勤日数を記入してください。</td><td colspan="2">障害認定日の前月　　　日　障害認定日の前々月　　　日</td></tr>
<tr><td>仕事中や仕事が終わった時の身体の調子について記入してください。</td><td colspan="2"></td></tr>
<tr><td colspan="2" >就労していなかった場合</td><td>仕事をしていなかった（休職していた）理由すべて○で囲んでください。
なお、オを選んだ場合は、具体的な理由を（ ）内に記入してください。</td><td colspan="2">ア　体力に自信がなかったから
⊘イ　医師から働くことを止められていたから
ウ　働く意欲がなかったから
エ　働きたかったが適切な職場がなかったから
オ　その他（理由　　　　　　　　　　　　）</td></tr>
<tr><td colspan="2" rowspan="2">日常生活状況</td><td>日常生活の制限について、該当する番号を○で囲んでください。
1 → 自発的にできた
2 → 自発的にできたが援助が必要だった
3 → 自発的にできないが援助があればできた
4 → できなかった</td><td colspan="2">着替え（①・2・3・4）　　洗面（①・2・3・4）
トイレ（①・2・3・4）　　入浴（1・②・3・4）
食事（1・②・3・4）　　散歩（1・2・3・④）
炊事（1・2・③・4）　　洗濯（1・②・3・4）
掃除（1・2・3・④）　　買物（1・2・3・④）</td></tr>
<tr><td>その他日常生活で不便に感じたことがありましたら記入してください。</td><td colspan="2">人と会話するのが苦痛になった</td></tr>
</table>

2．現在（請求日頃）の状況を記入してください。

<table>
<tr><td rowspan="4">就労状況</td><td rowspan="4">就労している場合</td><td>職種（仕事の内容）を記入してください。</td><td colspan="2"></td></tr>
<tr><td>通勤方法を記入してください。</td><td colspan="2">通勤方法
通勤時間（片道）　　時間　　　分</td></tr>
<tr><td>出勤日数を記入してください。</td><td colspan="2">請求日の前月　　　日　請求日の前々月　　　日</td></tr>
<tr><td>仕事中や仕事が終わった時の身体の調子について記入してください。</td><td colspan="2"></td></tr>
<tr><td colspan="2">就労していない場合</td><td>仕事をしていない（休職している）理由すべて○で囲んでください。
なお、オを選んだ場合は、具体的な理由を（ ）内に記入してください。</td><td colspan="2">ア　体力に自信がないから
⊘イ　医師から働くことを止められているから
ウ　働く意欲がないから
エ　働きたいが適切な職場がないから
オ　その他（理由　　　　　　　　　　　　）</td></tr>
<tr><td colspan="2" rowspan="2">日常生活状況</td><td>日常生活の制限について、該当する番号を○で囲んでください。
1 → 自発的にできる
2 → 自発的にできたが援助が必要である
3 → 自発的にできないが援助があればできる
4 → できない</td><td colspan="2">着替え（①・2・3・4）　　洗面（①・2・3・4）
トイレ（①・2・3・4）　　入浴（1・②・3・4）
食事（1・②・3・4）　　散歩（1・2・3・④）
炊事（1・2・③・4）　　洗濯（1・②・3・4）
掃除（1・2・3・④）　　買物（1・2・3・④）</td></tr>
<tr><td>その他日常生活で不便に感じていることがありましたら記入してください。</td><td colspan="2">外出するのが困難である</td></tr>
<tr><td colspan="2" rowspan="3">障害者手帳</td><td>障害者手帳の交付を受けていますか。</td><td colspan="2">①受けている　　2 受けていない　　3 申請中</td></tr>
<tr><td>交付されている障害者手帳の交付年月日、等級、障害名を記入してください。
その他の手帳の場合は、その名称を（ ）内に記入してください。</td><td colspan="2">① 身・精・療・他（　　　　　　　　　）
　昭和・平成・⊘令和 2 年 2 月 3 日（3 級）
　障害名　　うつ</td></tr>
<tr><td>※ 略字の意味
身→ 身体障害者手帳　　　療→ 療育手帳
精→ 精神障害者保健福祉手帳　他→ その他の手帳</td><td colspan="2">② 身・精・療・他（　　　　　　　　　）
　昭和・平成・令和 　年 　月 　日（ 級）
　障害（　　　　　　　　　　　　　　　）</td></tr>
</table>

上記のとおり相違ないことを申し立てます。　　　　　　　　　　※請求者本人が署名する場合、押印は不要です。

令和 3 年 2 月 10 日　　　　　　　　　　請求者　現住所　東京都豊島区目白北 1-4-9

代筆者	氏　名 請求者からみた続柄（　　　　　）	氏　名　池袋 浩一 ㊞ 電話番号　03 - 1111 - 2222

2 慢性疾患による請求と書類作成の注意点

緩やかに進行するため事後重症請求が多く見られる

■ 障害年金の対象となる慢性疾患とはどんなものか

慢性疾患とは、徐々に進行し、長い治療期間がかかる病気のことをまとめた呼称です。糖尿病や高血圧性疾患、リウマチ、糖尿病、脳血管疾患などの他、慢性腎不全や慢性腎炎のように「慢性」という名称がつくものもあります。なお、短い期間で急に発症する病気のことを「急性疾患」といいます。

障害年金の対象となる慢性疾患にはかなりの種類がありますが、進行が緩やかという特徴から、初診日の特定が難しいケースが見られます。たとえば健康診断などで指摘を受けたものの、特に日常において支障がなかったためそのまま生活し、いつの間にか病状が進行している場合などが挙げられます。また、慢性疾患の場合、障害認定日の時点では症状が障害等級に該当しない程度であるケースが多々あるため、本来請求ではなく事後重症請求の形をとる場合が多く見られます。

なお、慢性疾患には、合併症で障害年金の認定が行われる場合があります。たとえば、糖尿病と診断された場合、病気を抱えた状態が長く続くことで糖尿病性腎炎や糖尿病性神経障害などの合併症を引き起こすケースが多くあり、合併症が見られない状態、つまり単独で糖尿病にかかっている状態では、障害基礎年金に該当する等級には満たないと診断される場合があります。

このように、糖尿病の場合は合併症の存在が重要であり、合併症の有無、状況、治療経過、日常生活への支障具合から総合的に障害等級の審査が行われることになります。

慢性疾患の年金請求ではどんな書類を提出するのか

　慢性疾患による障害年金を請求する場合も、基本的には他の障害の
ケースと同じく、基本的な書類が必要になります。たとえば、最も重
要である年金請求書や診断書、受診状況等証明書、病歴・就労状況等
申立書という書類を準備していきます。さらに特定の病気については
発病日と初診日を詳しく確認するために、「初診日に関する調査票」
の提出を求められることがあります。その他、戸籍抄本や住民票、年
金手帳、預金通帳、加給対象者にまつわる書類も準備しなければなり
ません。慢性疾患の場合、事後重症請求のケースが多くあります。事
後重症請求は65歳になるまで行うことができるため、自覚をした場合
には早めに請求を行う方法が重要です。事後重症請求の場合は、請求
する時点での診断書が必要になる点にも注意しましょう。

慢性疾患の場合の書式作成のポイント・注意点

　慢性疾患にかかった場合、初診日の特定ができない場合や、初診日
と思われる日がかなり昔となるため、かかっていた病院が廃院してい
る場合、カルテがない場合などがあります。このような場合も、あき
らめずにさまざまな方法を試してみる必要があります。まず、カルテ
の破棄や病院の廃業に直面した場合は、「受診状況等証明書が添付で
きない申立書」への記入が必要です。この書類には、「証明書が準備
できない事情」を記入する欄が設けられているため、記載の上で証明
となる過去の受診内容や領収証などとともに提出します。

　慢性疾患の場合、自覚症状の現れ方は人それぞれです。そのため、
とりあえず気になる症状に対応するための病院へ行き、いくつか転院
した上で最終的に慢性疾患と診断されるケースがあります。

年金請求書（国民年金障害基礎年金）

様式第107号

```
二 次 元
コ ー ド
```

★ 市 区 町 村　受付年月日

★ 年金事務所　受付年月日

年金コード
| 5 | 3 |
| 6 | 3 | 5 |

6 3 0 0 0 2

* のなかに必要事項を記入してください。
（★・★印欄には、なにも記入しないでください。）
● 黒インクのボールペンで記入してください。
● 黒インク、摩擦等により消色するインクを用いたペン
　またはボールペンは、使用しないでください。
● フリガナはカタカナで記入してください。
● 請求者印を省略する場合は、押印は不要です。

※基礎年金番号が交付されていない方は、❶欄に個人番号をご記入ください。
※基礎年金番号（10桁）で届出する場合は左詰めでご記入ください。

❸ 記録不要制度（厚年）（船保）（国年）（国共）（地共）（私学）　作成原因　02

❶ 個人番号（または基礎年金番号）　2 1 4 1 1 2 1 2 1 2

❹ 年金種別　❺ 課所符号　❻ 進達番号

❷ 生年月日　昭・平・令　5 ⑦ 9　35 年 07 月 19 日　53 63

❺ 氏名（フリガナ）カンダ リョウコ　（氏）神田（名）良子㊞　性別 男・⑨女

❻ 重無 ❼ 未保 ❽ 支保

❿ 住所の郵便番号 1 1 1 0 0 1 1　（フリガナ）タイトウ　ウエノヒガシ　住所 台東（市区町村）区　上野東 2-3-4

❼欄を記入していない方は、次のことにお答えください。（記入した方は回答の必要はありません。）
過去に厚生年金保険、国民年金または船員保険に加入したことがありますか。〇で囲んでください。
「ある」と答えた方は、加入していた制度の年金手帳の記号番号を記入してください。　ある　ない

| 厚 生 年 金 保 険 | | | | 国 民 年 金 | | |
| 船 員 保 険 | | | | | | |

⓭ 年金受取機関

1. 金融機関（ゆうちょ銀行を除く）
② ゆうちょ銀行（郵便局）

（フリガナ）口座名義人氏名　（氏）　（名）

| 年金送金先 | 金融機関 | ⓮金融機関コード | ⓯支店コード（フリガナ） | | 銀行 金庫 信組 農協 信連 信漁 信漁連 漁業 | 本店 支店 出張所 本所 支所 | ⓰預金種別 1.普通 2.当座 | ⓱口座番号（左詰めで記入） |
| | ゆうちょ銀行 | ⓲貯金通帳の口座番号 記号（左詰めで記入） 0 1 6 0 0 － 番号（右詰めで記入） 1 2 3 4 5 6 7 8 | | | | 金融機関またはゆうちょ銀行の証明 ※通帳等の写し（金融機関名、支店名、口座名義人氏名フリガナ、口座番号の面）を添付する場合は、証明は不要です。 ※請求者の氏名フリガナと口座名義人氏名フリガナが同じであることを確認してください。 ※貯蓄預金口座又は貯蓄貯金口座への振込みはできません。 印 |

⓳支払局コード　1 0 0 8 9 9 6　※口座をお持ちでない方や口座でのお受取りが困難な事情がある方は、お受取り方法について、「ねんきんダイヤル」またはお近くの年金事務所にお問い合わせください。

| ⑦ 加算額の対象者 | ⓴（フリガナ）氏名 （氏）（名） 個人番号 | | 生年月日 平7 令9 年 月 日 | 障害の状態にある・ない ◆ 診 | 連絡欄 |
| | ㉑（フリガナ）氏名 （氏）（名） 個人番号 | | 生年月日 平7 令9 年 月 日 | 障害の状態にある・ない ◆ 診 | X線フィルムの送付 有・無 枚 X線フィルムの返送 年 月 日 |

※3人目以降は余白等にご記入ください。

2005 1018 018 132

④ あなたは現在、公的年金制度等（表1参照）から年金を受けていますか。○で囲んでください。

1.受けている	2.受けていない	3.請求中	制度名（共済組合名等）	年金の種類

受けていると答えた方は下欄に必要事項を記入してください（年月日は支給を受けることになった年月日を記入してください）。

制度名（共済組合名等）	年金の種類	年 月 日	年金証書の年金コードまたは記号番号等
		・ ・	
		・ ・	
		・ ・	

ⓐ年金コードまたは共済組合コード・年金種別
1
2
3
ⓑ 他 年 金 種 別

「年金の種類」とは、老齢または退職、障害、遺族をいいます。

※あなたの配偶者について、記入願います。

氏　名 （フリガナ）	生 年 月 日	基 礎 年 金 番 号

─ ご注意 ─

　配偶者が受給している年金の加給年金額の対象となっている場合、あなたが障害基礎年金を受けられるようになったときは、受給している加給年金額は受けられなくなります。

　この場合は、配偶者の方より、「老齢・障害給付加給年金額支給停止事由該当届」をお近くの年金事務所または街角の年金相談センターへ提出していただく必要があります。

㉚上・外	㉟初診年月日	㊵障害認定日	㊶傷病名コード	㊷診断書	㊸等級	㊹有	㊺有年	㊽三㊾差引
上・外 1　2	元号　年　月　日	元号　年　月　日						

㊻受給権発生年月日	㊼停止種	㊽停 止 期 間	㊾条　　　文	失権事由	失 権 年 月 日
元号　年　月　日		元号　年　月　日			元号　年　月　日

㊿ 共済コード　　共 済 記 録 1		2	
元号　年　月　日 要件 計算		元号　年　月　日 要件 計算	
3	ⓝ 4		
元号　年　月　日 要件 計算		元号　年　月　日 要件 計算	
5	6		
元号　年　月　日 要件 計算		元号　年　月　日 要件 計算	
ⓞ 7	8		
元号　年　月　日 要件 計算		元号　年　月　日 要件 計算	
9			
元号　年　月　日 要件 計算			

ⓠ 時効区分	

★ 市区町村 からの 連絡事項	未 納 保 険 料 の 納 付	有 昭和・平成・令和　年　　月分から 無 昭和・平成・令和　年　　月分まで	差額保険料の 未納分の納付	有 昭和・平成・令和　年　　月分から 無 昭和・平成・令和　年　　月分まで
	保険料の追納	有 昭和・平成・令和　年　　月分から 無 昭和・平成・令和　年　　月分まで	検認票の添付	有 ・ 無

⑦ 次の年金制度の被保険者または組合員等となったことがあるときは、その番号を〇で囲んでください。

  ① 国民年金法   2．厚生年金保険法   3．船員保険法（昭和61年4月以後を除く）
  4．廃止前の農林漁業団体職員共済組合法   5．国家公務員共済組合法   6．地方公務員等共済組合法
  7．私立学校教職員共済法   8．旧市町村職員共済組合法   9．地方公務員の退職年金に関する条例   10．恩給法

⑧ 履　歴（公的年金制度加入経過）   請求者の電話番号（　03　）−（5716）−（9876　）
    ※できるだけくわしく、正確に記入してください。   勤務先の電話番号（　　　）−（　　　）−（　　　）

	(1) 事業所（船舶所有者）の名称および船員であったときはその船舶名	(2) 事業所（船舶所有者）の所在地または国民年金加入時の住所	(3) 勤務期間または国民年金の加入期間	(4) 加入していた年金制度の種類	(5) 備　考
最初		台東区上野東 2-3-4	55・7・18から ・現在 まで	①国民年金 2.厚生年金保険 3.厚生年金（船員）保険 4.共済組合等	
2			・・ から ・・ まで	1.国民年金 2.厚生年金保険 3.厚生年金（船員）保険 4.共済組合等	
3			・・ から ・・ まで	1.国民年金 2.厚生年金保険 3.厚生年金（船員）保険 4.共済組合等	
4			・・ から ・・ まで	1.国民年金 2.厚生年金保険 3.厚生年金（船員）保険 4.共済組合等	
5			・・ から ・・ まで	1.国民年金 2.厚生年金保険 3.厚生年金（船員）保険 4.共済組合等	
6			・・ から ・・ まで	1.国民年金 2.厚生年金保険 3.厚生年金（船員）保険 4.共済組合等	
7			・・ から ・・ まで	1.国民年金 2.厚生年金保険 3.厚生年金（船員）保険 4.共済組合等	
8			・・ から ・・ まで	1.国民年金 2.厚生年金保険 3.厚生年金（船員）保険 4.共済組合等	
9			・・ から ・・ まで	1.国民年金 2.厚生年金保険 3.厚生年金（船員）保険 4.共済組合等	
10			・・ から ・・ まで	1.国民年金 2.厚生年金保険 3.厚生年金（船員）保険 4.共済組合等	
11			・・ から ・・ まで	1.国民年金 2.厚生年金保険 3.厚生年金（船員）保険 4.共済組合等	
12			・・ から ・・ まで	1.国民年金 2.厚生年金保険 3.厚生年金（船員）保険 4.共済組合等	

⑨ 個人で保険料を納める第四種被保険者、船員保険の年金任意継続被保険者となったことがありますか。	1．はい　②いいえ
「はい」と答えた方は、保険料を納めた年金事務所の名称を記入してください。	
その保険料を納めた期間を記入してください。	昭和 平成 令和 年 月 日 から 昭和 平成 令和 年 月 日
第四種被保険者（船員年金任意継続被保険者）の整理記号番号を記入してください。	（記号）　　　　　　　（番号）

<table>
<tr><td rowspan="2">⑫ 必ず記入してください。</td><td colspan="2">(1) この請求は左の頁にある「障害給付の請求事由」の1から3までのいずれに該当しますか。該当する番号を○で囲んでください。</td><td colspan="4">1. 障害認定日による請求　②　事後重症による請求
3. 初めて障害等級の1級または2級に該当したことによる請求</td></tr>
</table>

⑫ 必ず記入してください。	「2」を○で囲んだときは右欄の該当する理由の番号を○で囲んでください。	1. 初診日から1年6月目の状態で請求した結果、不支給となった。 2. 初診日から1年6月目の症状は軽かったが、その後悪化して症状が重くなった。 3. その他（理由　　　　　　　　　　　　　　　　　　　　　　）		

(2) 過去に障害給付を受けたことがありますか。 1. はい ② いいえ	「1.はい」を○で囲んだときは、その障害給付の名称と年金証書の基礎年金番号および年金コード等を記入してください。	名　称	
		基礎年金番号・年金コード等	

(3)

傷 病 名	1. 慢性関節リウマチ	2.	3.
傷病の発生した日	昭和 平成 令和　年不月明日	昭和 平成 令和　年　月　日	昭和 平成 令和　年　月　日
初 診 日	昭和 平成 令和 4年12月7日	昭和 平成 令和　年　月　日	昭和 平成 令和　年　月　日
初診日において加入していた年金制度	1.国年 2.厚年 3.共済 4.未加入	1.国年 2.厚年 3.共済 4.未加入	1.国年 2.厚年 3.共済 4.未加入
現在傷病はなおっていますか。	1. は い ② いいえ	1. は い 2. いいえ	1. は い 2. いいえ
なおっているときは、なおった日	昭和 平成 令和　年　月　日	昭和 平成 令和　年　月　日	昭和 平成 令和　年　月　日

傷病の原因は業務上ですか。	1. は い ② いいえ
この傷病について右に示す制度から保険給付が受けられますか。その番号を○で囲んでください。請求中のときも同様です。	1. 労働基準法　　　　　　　2. 労働者災害補償保険法 3. 船員保険法　　　　　　　4. 国家公務員災害補償法 5. 地方公務員災害補償法 6. 公立学校の学校医、学校歯科医及び学校薬剤師の公務災害補償に関する法律
受けられるときは、その給付の種類の番号を○で囲み、支給の発生した日を記入してください。	1. 障害補償給付（障害給付）　　2. 傷病補償給付（傷病年金） 昭和 平成 令和　年　月　日
障害の原因は第三者の行為によりますか。	1. は い 2. いいえ
障害の原因が第三者の行為により発生したものであるときは、その者の氏名および住所を記入	氏 名 住 所

(4) 国民年金に任意加入した期間について特別一時金を受けたことがありますか。	1. はい ② いいえ

---

⑬

生 計 維 持 申 立

生計同一関係	右の者は請求者と生計を同じくしていることを申し立てる。 令 和 2 年 8 月19日 請求者 住 所 　　　　 氏 名　　　　　　　　　　　印 (注) 請求者が申立てを行う際に自ら署名する場合は、請求者の押印は不要です。		氏　名	続　柄
		子		

収入関係	1. 請求者によって生計維持していた方について記入してください。			※確認印	※年金事務所の確認事項
	(1) (名：　　　) について年収は、850万円未満(注)ですか。	はい・いいえ	(　)印	ア. 健保等被扶養者（第三号被保険者）
	(2) (名：　　　) について年収は、850万円未満(注)ですか。	はい・いいえ	(　)印	イ. 国民年金保険料免除世帯
	(3) (名：　　　) について年収は、850万円未満(注)ですか。	はい・いいえ	(　)印	ウ. 義務教育終了前
	2. 上記1で「いいえ」と答えた方のうち、その方の収入はこの年金の受給権発生時においては、850万円未満(注)ですか。	はい・いいえ		エ. 高等学校在学中 オ. 源泉徴収票・課税証明書等

(注) 平成6年11月8日までに受給権が発生している方は、「600万円未満」となります。　　　　令 和 2 年 7 月 25 日提出

児童扶養手当の受給者の方やその配偶者が、公的年金制度から年金を受け取るようになったり、年金額が改定されたときは、市区町村から支給されている児童扶養手当が支給停止または一部支給停止される場合があります。詳しくは、お住まいの市区町村の児童扶養手当担当窓口にお問い合わせください。

病歴・就労状況等申立書　　No　－　枚中

（請求する病気やけがが複数ある場合は、それぞれ用紙を分けて記入してください。）

病歴状況	傷病名	慢性関節リウマチ								

発病日	昭和・平成・令和	年 **不** 月 **明** 日	初診日	昭和・(平成)・令和 **4** 年 **12** 月 **7** 日

記入する前にお読みください。
- 次の欄には障害の原因となった病気やけがについて、<u>発病したときから現在まで</u>の経過を年月順に期間をあけずに記入してください。
- 受診していた期間は、通院期間、受診回数、入院期間、治療経過、医師から指示された事項、転医・受診中止の理由、日常生活状況、就労状況などを記入してください。
- 受診していなかった期間は、その理由、自覚症状の程度、日常生活状況、就労状況などについて具体的に記入してください。
- 健康診断などで障害の原因となった病気やけがについて指摘されたことも記入してください。
- 同一の医療機関を長期間受診していた場合、医療機関を長期間受診していなかった場合、発病から初診までが長期間の場合は、その期間を3年から5年ごとに区切って記入してください。

		左の期間の状況
1	昭和・(平成)・令和 **4** 年 **12** 月 **7** 日から 昭和・(平成)・令和 **10** 年 **1** 月 **31** 日まで (受診した)・ 受診していない 医療機関名 　　**上野医院**	風邪の症状が2〜3か月続き、微熱もあったので、近所の医院に行った。家の自営業を手伝っていたが、辛いので休ませてもらっている。 一度快復したが、その後も断続的に症状が出た。
2	昭和・(平成)・令和 **10** 年 **2** 月 **1** 日から 昭和・(平成)・令和 **14** 年 **12** 月 **31** 日まで (受診した)・ 受診していない 医療機関名 　　**上野医院**	投薬を続けてもらっているが、症状は改善しない。体はだるく、何をするのもおっくうだ。仕事をする気力はない。
3	昭和・(平成)・令和 **15** 年 **1** 月 **1** 日から 昭和・(平成)・令和 **20** 年 **12** 月 **31** 日まで (受診した)・ 受診していない 医療機関名 　　**上野医院**	関節が痛みだしたので、相談したところ、大きな病院を紹介された。
4	昭和・平成・(令和) **21** 年 **1** 月 **1** 日から 昭和・平成・(令和) **28** 年 **3** 月 **31** 日まで (受診した)・ 受診していない 医療機関名 　　**台東病院**	リウマチと診断された。疲労感が強く、食欲も減退して気力がわかない。
5	昭和・平成・(令和) **28** 年 **4** 月 **1** 日から 昭和・平成・令和 　年 　月 **現在**日まで (受診した)・ 受診していない 医療機関名 　　**台東病院**	足指の変形が見られるようになった。時々貧血にもなるようになった。食欲不振は相変わらずときどき発生する。

※裏面（署名欄）も記入してください。

就労・日常生活状況	1. 障害認定日（初診日から1年6月目または、それ以前に治った場合は治った日）頃と 2. 現在（請求日頃）の就労・日常生活状況等について該当する太枠内に記入してください。

1. 障害認定日 （ 昭和 ・ 平成 ・ 令和 6 年 6 月 7 日）頃の状況を記入してください。

<table>
<tr><td rowspan="11">就労状況</td><td rowspan="4">就労していた場合</td><td>職種（仕事の内容）を記入してください。</td><td></td></tr>
<tr><td>通勤方法を記入してください。</td><td>通勤方法
通勤時間（片道）　　　時間　　　分</td></tr>
<tr><td>出勤日数を記入してください。</td><td>障害認定日の前月　　　日　障害認定日の前々月　　　日</td></tr>
<tr><td>仕事中や仕事が終わった時の身体の調子について記入してください。</td><td></td></tr>
<tr><td rowspan="2">就労していなかった場合</td><td>仕事をしていなかった（休職していた）理由すべて○で囲んでください。
なお、オを選んだ場合は、具体的な理由を（　）内に記入してください。</td><td>㋐ 体力に自信がなかったから
イ 医師から働くことを止められていたから
ウ 働く意欲がなかったから
エ 働きたかったが適切な職場がなかったから
オ その他（理由　　　　　　　　　　　　　）</td></tr>
</table>

日常生活状況	日常生活の制限について、該当する番号を○で囲んでください。 1 → 自発的にできた 2 → 自発的にできたが援助が必要だった 3 → 自発的にできないが援助があればできた 4 → できなかった	着替え（①・2・3・4）　洗面（1・2・③・4） トイレ（①・2・3・4）　入浴（1・2・③・4） 食事（1・②・3・4）　散歩（1・2・③・4） 炊事（1・②・3・4）　洗濯（1・②・3・4） 掃除（1・②・3・4）　買物（1・2・③・4）
	その他日常生活で不便に感じたことがありましたら記入してください。	体調に波があり、不調のときは動きたくなかった

2. 現在（請求日頃）の状況を記入してください。

<table>
<tr><td rowspan="6">就労状況</td><td rowspan="4">就労している場合</td><td>職種（仕事の内容）を記入してください。</td><td></td></tr>
<tr><td>通勤方法を記入してください。</td><td>通勤方法
通勤時間（片道）　　　時間　　　分</td></tr>
<tr><td>出勤日数を記入してください。</td><td>請求日の前月　　　日　請求日の前々月　　　日</td></tr>
<tr><td>仕事中や仕事が終わった時の身体の調子について記入してください。</td><td></td></tr>
<tr><td rowspan="2">就労していない場合</td><td>仕事をしていない（休職している）理由すべて○で囲んでください。
なお、オを選んだ場合は、具体的な理由を（　）内に記入してください。</td><td>㋐ 体力に自信がないから
イ 医師から働くことを止められているから
ウ 働く意欲がないから
㋑ 働きたいが適切な職場がないから
オ その他（理由　　　　　　　　　　　　　）</td></tr>
</table>

日常生活状況	日常生活の制限について、該当する番号を○で囲んでください。 1 → 自発的にできる 2 → 自発的にできるが援助が必要である 3 → 自発的にできないが援助があればできる 4 → できない	着替え（①・2・3・4）　洗面（1・2・③・4） トイレ（①・2・3・4）　入浴（1・2・③・4） 食事（1・②・3・4）　散歩（1・2・3・④） 炊事（1・2・③・4）　洗濯（1・2・3・④） 掃除（1・2・③・4）　買物（1・2・3・④）
	その他日常生活で不便に感じていることがありましたら記入してください。	何もする気力がわかない

障害者手帳	障害者手帳の交付を受けていますか。	1 受けている　②受けていない　3 申請中
	交付されている障害者手帳の交付年月日、等級、障害名を記入してください。 その他の手帳の場合は、その名称を（　）内に記入してください。 ※ 略字の意味 　身→身体障害者手帳　　療→療育手帳 　精→精神障害者保健福祉手帳　他→その他の手帳	① 身・精・療・他（　　　　　　　　　　） 昭和・平成・令和　年　月　日（　　級） 障害名（　　　　　　　　　　） ② 身・精・療・他（　　　　　　　　　　） 昭和・平成・令和　年　月　日（　　級） 障害名（　　　　　　　　　　）

上記のとおり相違ないことを申し立てます。　　　　　　　　　※請求者本人が署名する場合、押印は不要です。

令和 2 年 8 月 25 日

代筆者	氏 名 請求者からみた続柄（　　本人　　）	請求者	現住所 東京都台東区上野東 2-3-4
			氏 名 神田 良子　㊞ 電話番号 03-5716-9876

198

年金請求書（国民年金・厚生年金保険障害給付）

様式第104号

〔障害基礎年金・障害厚生年金・障害手当金〕

年金コード

13

430002　82

二次元コード

実施機関等

受付年月日

○□のなかに必要事項を記入してください。
（◆印欄には、なにも記入しないでください。）
○黒インクのボールペンで記入してください。
温度や、摩擦に伴う温度変化等により消色するインクを
用いたペンまたはボールペンは、使用しないでください。
○フリガナはカタカナで記入してください。
○請求者自ら署名する場合は、押印は不要です。

基礎年金番号が交付されていない方は、①、②の欄に個人番号をご記入ください。
基礎年金番号（10桁）で届出する場合は左詰めでご記入ください。

①請求者の個人番号※ （または基礎年金番号）	2	1	3	4	2	1	2	1	2	1
②配偶者の個人番号 （または基礎年金番号）										

課所符号	進達番号	厚年資格
		10・20 21・22

船保資格	記録不要制度	作成原因
10・20 21・22	（厚年）（船員）（国共）（国共）（地共）（私学）	0 2

船	職	加	重	未保	支保	配状

請求者

③生年月日　昭・平・令　34 年 10 月 28 日

④氏名（フリガナ）（氏）タバタ　（名）ハナコ
（氏）田端　（名）花子㊞

⑤性別　1. 男　2.（女）

⑥住所　住所の郵便番号 123 0123
（フリガナ）タイトウ　ニシニッポリ
（市区町村）台東　西日暮里 1-2-3

電話番号1　(03)-(3567)-(8901)　電話番号2　(080)-(9323)-(0808)

社会保険労務士の提出代行者印

㊞

＊日中に連絡が取れる電話番号（携帯も可）をご記入ください。
＊予備の電話番号（携帯も可）があればご記入ください。

※個人番号（マイナンバー）については、6ページをご確認ください。

⑦　年金受取機関
1. 金融機関
（ゆうちょ銀行を除く）
2. ゆうちょ銀行（郵便局）

（フリガナ）	タバタ		ハナコ
口座名義人 氏　名	（氏）田端	（名）	花子

年金送金先

金融機関

金融機関コード	支店コード	（フリガナ）ホシゾラ	銀行 金庫 信組 農協 信連 信漁連 漁協	（フリガナ）ウエノ	本店 支店 出張所 本所 支所	預金 種別	口座番号（左詰めで記入）
0 1 2 3 4 5 6		星空		上野		1.普通 2.当座	1 0 1 2 3 4 5

ゆうちょ銀行

貯金通帳の口座番号

記号（左詰めで記入）	番号（右詰めで記入）
	―	

支払局コード　1 0 0 8 9 9 6

※通帳等の写し（金融機関名、支店名、口座名義人氏名フリガナ、口座番号の面）を添付する
場合、証明は不要です。
※請求者の氏名フリガナと口座名義人氏名フリガナが同じであることを確認してください。
※貯蓄預金口座または財形貯蓄口座への振込みはできません。

㊞

金融機関またはゆうちょ銀行の証明

⑧配偶者

	（フリガナ）			生年月日	大昭平	年 月 日
氏 名	（氏）	（名）				

⑨子

	（フリガナ）			生年月日	昭平令	年 月 日
氏 名	（氏）	（名）				
個人番号				障害の状態に ある・ない	◆診	
氏 名	（フリガナ）（氏）	（名）		生年月日	昭平令	年 月 日
個人番号				障害の状態に ある・ない	◆診	

連絡欄

X線フィルムの送付
有・無　　　　枚

X線フィルムの返送
年　月　日

2005 1018 017 104

1

⑩　あなたの配偶者は、公的年金制度等（表1参照）から老齢・退職または障害の年金を受けていますか。○で囲んでください。

1.老齢・退職の年金を受けている	2.障害の年金を受けている	3.いずれも受けていない	4.請求中	制度名（共済組合名等）	年金の種類

受けていると答えた方は下欄に必要事項を記入してください（年月日は支給を受けることになった年月日を記入してください）。

公的年金制度名（表1より記号を選択）	年金の種類	年　月　日	年金証書の年金コードまたは記号番号等	年金コードまたは共済組合コード・年金種別		
		・　・		1		
		・　・		2		
		・　・		3		

「年金の種類」とは、老齢または退職、障害をいいます。

⑪　あなたは、現在、公的年金制度等（表1参照）から年金を受けていますか。○で囲んでください。

1.受けている	②受けていない	3.請求中	制度名（共済組合名等）	年金の種類

受けていると答えた方は下欄に必要事項を記入してください（年月日は支給を受けることになった年月日を記入してください）。

公的年金制度名（表1より記号を選択）	年金の種類	年　月　日	年金証書の年金コードまたは記号番号等	年金コードまたは共済組合コード・年金種別		
		・　・		1		
		・　・		2		
		・　・		3		
				他　年　金　種　別		

「年金の種類」とは、老齢または退職、障害、遺族をいいます。

⑫　次の年金制度の被保険者または組合員等となったことがあるときは、その番号を○で囲んでください。

1. 国民年金法　　2. 厚生年金保険法　　3. 船員保険法（昭和61年4月以後を除く）
4. 廃止前の農林漁業団体職員共済組合法　5. 国家公務員等共済組合法　6. 地方公務員等共済組合法
7. 私立学校教職員共済法　8. 旧市町村職員共済組合法　9. 地方公務員の退職年金に関する条例　10. 恩給法

⑬　履　歴（公的年金制度加入経過）
※できるだけくわしく、正確に記入してください。

	(1) 事業所（船舶所有者）の名称および船員であったときはその船舶名	(2) 事業所（船舶所有者）の所在地または国民年金加入時の住所	(3) 勤務期間または国民年金の加入期間	(4) 加入していた年金制度の種類	(5) 備考
最初	株式会社 秋葉	中央区日本橋本町 1-1-1	53・4・1から 平7・3・31まで	1.国民年金 2.厚生年金保険 3.厚生年金（船員）保険 4.共済組合等	
2	ウグイス 株式会社	台東区日暮里北 6-7-8	平7・4・1から 令2・10・31まで	1.国民年金 2.厚生年金保険 3.厚生年金（船員）保険 4.共済組合等	
3			令2・11・1から 現・在まで	1.国民年金 2.厚生年金保険 3.厚生年金（船員）保険 4.共済組合等	
4			・　・から ・　・まで	1.国民年金 2.厚生年金保険 3.厚生年金（船員）保険 4.共済組合等	
5			・　・から ・　・まで	1.国民年金 2.厚生年金保険 3.厚生年金（船員）保険 4.共済組合等	
6			・　・から ・　・まで	1.国民年金 2.厚生年金保険 3.厚生年金（船員）保険 4.共済組合等	
7			・　・から ・　・まで	1.国民年金 2.厚生年金保険 3.厚生年金（船員）保険 4.共済組合等	
8			・　・から ・　・まで	1.国民年金 2.厚生年金保険 3.厚生年金（船員）保険 4.共済組合等	
9			・　・から ・　・まで	1.国民年金 2.厚生年金保険 3.厚生年金（船員）保険 4.共済組合等	
10			・　・から ・　・まで	1.国民年金 2.厚生年金保険 3.厚生年金（船員）保険 4.共済組合等	

3

(1)	この請求は、左の頁にある「障害給付の請求事由」の1から3までのいずれに該当しますか。該当する番号を○で囲んでください。	① 障害認定日による請求　2．事後重症による請求 3．初めて障害等級の1級または2級に該当したことによる請求

<table>
<tr><td></td><td>「2」を○で囲んだときは右欄の該当する理由の番号を○で囲んでください。</td><td>1．初診日から1年6月目の状態で請求した結果、不支給となった。
2．初診日から1年6月目の症状は軽かったが、その後悪化して症状が重くなった。
3．その他（理由　　　　　　　　　　　　　　　　　　　）</td></tr>
</table>

(2)	過去に障害給付を受けたことがありますか。	1．は　い ② いいえ	「1．はい」を○で囲んだときは、その障害給付の名称と年金証書の基礎年金番号・年金コード等を記入してください。	名　　称	
				基礎年金番号・年金コード等	

⑭ 必ず記入してください。

障害の原因である傷病について記入してください。

(3)	傷　病　名	慢性腎炎	1.	2.	3.
	傷病の発生した日	昭和平成令和 30年11月頃日	昭和平成令和　年　月　日	昭和平成令和　年　月　日	
	初　診　日	昭和平成令和 31年3月16日	昭和平成令和　年　月　日	昭和平成令和　年　月　日	
	初診日において加入していた年金制度	1．国年　②厚年　3．共済	1．国年　2．厚年　3．共済	1．国年　2．厚年　3．共済	
	現在傷病はなおっていますか。	1．は　い　・　②いいえ	1．は　い　・　2．いいえ	1．は　い　・　2．いいえ	
	なおっているときは、なおった日	昭和平成令和　年　月　日	昭和平成令和　年　月　日	昭和平成令和　年　月　日	
	傷病の原因は業務上ですか	1．は　い　・　②いいえ			
	この傷病について右に示す制度から保険給付が受けられるときは、その番号を○で囲んでください。請求中のときも同様です。	1．労働基準法　　　　　　　2．労働者災害補償保険法 3．船員保険法　　　　　　　4．国家公務員災害補償法 5．地方公務員災害補償法 6．公立学校の学校医、学校歯科医及び学校薬剤師の公務災害補償に関する法律			
	受けられるときは、その給付の種類の番号を○で囲み、支給の発生した日を記入してください。	1．障害補償給付（障害給付）　　　2．傷病補償給付（傷病年金） 昭和平成令和　年　月　日			
	障害の原因は第三者の行為によりますか。	1．は　い　・　②いいえ			
	障害の原因が第三者の行為により発生したものであるときは、その者の氏名および住所を記入してください。	氏　名			
		住　所			

生 計 維 持 申 立

⑮ 生計同一関係

右の者は、請求者と生計を同じくしていることを申し立てる。

令和2年11月2日

請求者　住所

　　　　氏名　　　　　　　　　　　　　　　　㊞

(注)　請求者が申立を行う際に自ら署名する場合は、押印は不要です。

	氏　名	続柄
配偶者および子		

⑯ 収入関係

1．請求者によって生計維持していた者について記入してください。		※確認印	※年金事務所の確認事項	
(1) 配偶者について年収は、850万円未満(注)ですか。	はい・いいえ	（　　）印	ア．健保等被扶養者（第三号被保険者）	
(2) 子(名：　　　) について年収は、850万円未満(注)ですか。	はい・いいえ	（　　）印	イ．国民年金保険料免除世帯	
(3) 子(名：　　　) について年収は、850万円未満(注)ですか。	はい・いいえ	（　　）印	ウ．義務教育終了前	
(4) 子(名：　　　) について年収は、850万円未満(注)ですか。	はい・いいえ	（　　）印	エ．高等学校在学中	
2．上記1で「いいえ」と答えた者のうち、その者の収入はこの年金の受給権発生時においては、850万円未満(注)ですか。	はい・いいえ		オ．源泉徴収票・課税証明書等	

(注)　平成6年11月8日までに受給権が発生している方は、「600万円未満」となります。

令和　2　年　11　月　15　日　提出

5

機構独自項目

<table>
<tr><td>⑰
請
求
者</td><td colspan="2">過去に加入していた年金制度の年金手帳の記号番号で、基礎年金番号と異なる記号番号があるときは、その記号番号を記入してください。</td></tr>
<tr><td></td><td>厚 生 年 金 保 険
船 員 保 険</td><td>国 民 年 金</td></tr>
</table>

<table>
<tr><td rowspan="4">⑱
配
偶
者</td><td colspan="3">②欄を記入していない方は、あなたの配偶者について、つぎの1および2にお答えください。(記入した方は、回答の必要はありません。)
1. 過去に厚生年金保険、国民年金または船員保険に加入したことがあります。○で囲んでください。</td></tr>
<tr><td colspan="2">「ある」と答えた方は、加入していた制度の年金手帳の記号番号を記入してください。</td><td>ある　　ない</td></tr>
<tr><td>厚 生 年 金 保 険
船 員 保 険</td><td>国 民 年 金</td><td></td></tr>
<tr><td colspan="3">2. あなたと配偶者の住所が異なるときは、下欄に配偶者の住所および性別を記入してください。</td></tr>
</table>

住所の郵便番号	住 所	(フリガナ)	性別 男 女 1 2

⑲	個人で保険料を納める第四種被保険者、船員保険の年金任意継続被保険者となったことがありますか。	1. はい　　2. いいえ
	「はい」と答えた人は、保険料を納めた年金事務所(社会保険事務所)の名称を記入してください。	
	その保険料を納めた期間を記入してください。	昭和 平成　年　月　日から 令和　　　　　　　昭和 平成　年　月　日 令和
	第四種被保険者(船員年金任意継続被保険者)の整理記号番号を記入してください。	(記号)　　　(番号)

上・外	初診年月日	障害認定日	(外)傷病名コード	(上)傷病名コード	診断書
上・外 1・2	元号　　年　　月　　日	元号　　年　　月　　日			
(外)等級	(上)等級	有　有年月　三　差引			
		元号			

基 礎	受給権発生年月日	停止事由	停 止 期 間	条　　文
	元号　　年　　月		元号　年　月 元号　年　月	
	失権事由	失権年月日		
		元号　　年　　月　　日		

厚 生	受給権発生年月日	停止事由	停 止 期 間	条　　文
	元号　　年　　月		元号　年　月 元号　年　月	
	失権事由	失権年月日		
		元号　　年　　月　　日		

❷	共済コード	共 済 記 録	1			2		
		元号　年　月　日 元号　年　月　日 事件 状態			元号　年　月　日 元号　年　月　日 事件 状態			
		3			❷	4		
		元号　年　月　日 元号　年　月　日 事件 状態			元号　年　月　日 元号　年　月　日 事件 状態			
		5			6			
		元号　年　月　日 元号　年　月　日 事件 状態			元号　年　月　日 元号　年　月　日 事件 状態			

時効区分

病歴・就労状況等申立書　No. － 枚中

（請求する病気やけがが複数ある場合は、それぞれ用紙を分けて記入してください。）

病歴状況	傷病名	慢性腎炎						
発病日	昭和・(平成)・令和 **30** 年 **11** 月 (頃) 日			初診日	昭和・(平成)・令和 **31** 年 **3** 月 **16** 日			

記入する前にお読みください。
○ 次の欄には障害の原因となった病気やけがについて、発病したときから現在までの経過を年月順に期間をあけずに記入してください。
○ 受診していた期間は、通院期間、受診回数、入院期間、治療経過、医師から指示された事項、転医・受診中止の理由、日常生活状況、就労状況などを記入してください。
○ 受診していなかった期間は、その理由、自覚症状の程度、日常生活状況、就労状況などについて具体的に記入してください。
○ 健康診断などで障害の原因となった病気やけがについて指摘されたことも記入してください。
○ 同一の医療機関を長期間受診していた場合、医療機関を長期間受診していなかった場合、発病から初診までが長期間の場合は、その期間を3年から5年ごとに区切って記入してください。

		左の期間の状況
1	昭和・(平成)・令和 **31** 年 **3** 月 **16** 日から 昭和・(平成)・令和 **31** 年 **5** 月 **31** 日まで (受診した) ・ 受診していない 医療機関名 **日暮里健診センター**	会社の健康診断で尿たん白が出たため再検査を受けた。慢性腎炎と診断され、日暮里病院を紹介された。
2	昭和・(平成)・令和 **31** 年 **6** 月 **1** 日から 昭和・平成・令和 年 **現**月 **在**まで (受診した) ・ 受診していない 医療機関名 **日暮里病院**	薬を処方され治療したが、悪化したので令和1年10月12日にシャントの手術をし、その後は人工透析を続けている。
3	昭和・平成・令和 年 月 日から 昭和・平成・令和 年 月 日まで 受診した ・ 受診していない 医療機関名	左の期間の状況
4	昭和・平成・令和 年 月 日から 昭和・平成・令和 年 月 日まで 受診した ・ 受診していない 医療機関名	左の期間の状況
5	昭和・平成・令和 年 月 日から 昭和・平成・令和 年 月 日まで 受診した ・ 受診していない 医療機関名	左の期間の状況

※裏面（署名欄）も記入してください。

就労・日常生活状況	1. 障害認定日（初診日から1年6月目または、それ以前に治った場合は治った日）頃と 2. 現在（請求日頃）の就労・日常生活状況等について該当する太枠内に記入してください。

1. 障害認定日 （ 昭和・平成・㊡令和 ） 2 年 9 月 16 日）頃の状況を記入してください。

<table>
<tr><td rowspan="5">就労状況</td><td rowspan="4">就労していた場合</td><td>職種（仕事の内容）を記入してください。</td><td colspan="2" align="center">スーパーのレジ</td></tr>
<tr><td>通勤方法を記入してください。</td><td colspan="2">通勤方法　自転車
通勤時間（片道）　　　時間 25 分</td></tr>
<tr><td>出勤日数を記入してください。</td><td colspan="2">障害認定日の前月 20 日　障害認定日の前々月 19 日</td></tr>
<tr><td>仕事中や仕事が終わった時の身体の調子について記入してください。</td><td colspan="2" align="center">立ち仕事のため足がむくみ、つらい</td></tr>
<tr><td>就労していない場合</td><td>仕事をしていなかった（休職していた）理由すべて〇で囲んでください。
なお、オを選んだ場合は、具体的な理由を（　）内に記入してください。</td><td colspan="2">ア　体力に自信がなかったから
イ　医師から働くことを止められていたから
ウ　働く意欲がなかったから
エ　働きたかったが適切な職場がなかったから
オ　その他（理由　　　　　　　　　　　　　　）</td></tr>
<tr><td rowspan="2">日常生活状況</td><td colspan="2">日常生活の制限について、該当する番号を〇で囲んでください。
1 → 自発的にできた
2 → 自発的にできたが援助が必要だった
3 → 自発的にできないが援助があればできた
4 → できなかった</td><td colspan="2">着替え（①・2・3・4）　洗面（①・2・3・4）
トイレ（①・2・3・4）　入浴（①・2・3・4）
食事（①・2・3・4）　散歩（1・2・3・④）
炊事（1・2・③・4）　洗濯（1・2・③・4）
掃除（1・2・③・4）　買物（1・2・3・④）</td></tr>
<tr><td colspan="2">その他日常生活で不便に感じたことがありましたら記入してください。</td><td colspan="2" align="center">食事制限もあり、ストレスがたまりやすい</td></tr>
</table>

2. 現在（請求日頃）の状況を記入してください。

<table>
<tr><td rowspan="5">就労状況</td><td rowspan="4">就労している場合</td><td>職種（仕事の内容）を記入してください。</td><td colspan="2"></td></tr>
<tr><td>通勤方法を記入してください。</td><td colspan="2">通勤方法
通勤時間（片道）　　　時間　　　分</td></tr>
<tr><td>出勤日数を記入してください。</td><td colspan="2">請求日の前月　　　日　請求日の前々月　　　日</td></tr>
<tr><td>仕事中や仕事が終わった時の身体の調子について記入してください。</td><td colspan="2"></td></tr>
<tr><td>就労していない場合</td><td>仕事をしていない（休職している）理由すべて〇で囲んでください。
なお、オを選んだ場合は、具体的な理由を（　）内に記入してください。</td><td colspan="2">ア　体力に自信がないから
イ　医師から働くことを止められているから
㊡ウ　働く意欲がないから
エ　働きたいが適切な職場がないから
オ　その他（理由　　　　　　　　　　　　　　）</td></tr>
<tr><td rowspan="2">日常生活状況</td><td colspan="2">日常生活の制限について、該当する番号を〇で囲んでください。
1 → 自発的にできる
2 → 自発的にできたが援助が必要である
3 → 自発的にできないが援助があればできる
4 → できない</td><td colspan="2">着替え（①・2・3・4）　洗面（①・2・3・4）
トイレ（①・2・3・4）　入浴（1・2・③・4）
食事（①・2・3・4）　散歩（1・2・3・④）
炊事（1・2・3・④）　洗濯（1・2・3・④）
掃除（1・2・3・④）　買物（1・2・3・④）</td></tr>
<tr><td colspan="2">その他日常生活で不便に感じていることがありましたら記入してください。</td><td colspan="2" align="center">何もするにもつらく、外出はできなくなった</td></tr>
<tr><td rowspan="3">障害者手帳</td><td colspan="2">障害者手帳の交付を受けていますか。</td><td colspan="2">1 受けている　　2 受けていない　　③申請中</td></tr>
<tr><td colspan="2">交付されている障害者手帳の交付年月日、等級、障害名を記入してください。
その他の手帳の場合は、その名称を（　）内に記入してください。</td><td colspan="2">① 身・精・療・他（　　　　　　　　　　）
昭和・平成・令和　　　年　　月　　日（　　級）
障害名（　　　　　　　　　　　　　　　）</td></tr>
<tr><td colspan="2">※ 略字の意味
身→身体障害者手帳　　療→療育手帳
精→精神障害者保健福祉手帳　他→その他の手帳</td><td colspan="2">② 身・精・療・他（　　　　　　　　　　）
昭和・平成・令和　　　年　　月　　日（　　級）
障害名（　　　　　　　　　　　　　　　）</td></tr>
</table>

上記のとおり相違ないことを申し立てます。　　　　　　　　　　　※請求者本人が署名する場合、押印は不要です。

令和　2 年 11 月 2 日　　　　　　　　　　請求者　　現住所　東京都台東区西日暮里 1-2-3

代筆者　　氏　名
　　　　　請求者からみた続柄（　　　　　　　）　　　　　　氏　名　田端　花子　　㊞
　　　　　　　　　　　　　　　　　　　　　　　　　　　電話番号　03 - 3567 - 8901

障害年金の初診日に関する調査票【腎臓・膀胱の病気用】

本調査票は、初診日を審査する際の資料となるものです。

◎ 次のことにお答えください。

1. 身体の不調・むくみ等を自覚されたのは、いつ頃ですか。また、そのときはどのような状態でしたか。

　　 昭和・平成・令和 30 年 11 月　　日

　　 状態 　立ち仕事で足がむくむようになっていた。ほぼ1日中立っている
　　　　　 仕事なので、そのせいだと思い特別気にしていなかった。

2. 健康診断等で尿に蛋白が出ていることを指摘されたことはありますか。
　 ☑ 指摘あり（検査日：昭・平・令 31 年 3 月 16 日）
　 ☐ 指摘なし

3. （2で指摘ありの場合）その検査日以降のすべての検査結果（写）を添付してください。
　　 ※事業所に保管されている場合もありますので、確認してください。
　 ☑ 保管されているすべての検査結果（写）を添付した。（他にはない）
　 ☐ 十分に確認したが、添付できる検査結果が残っていない。（ひとつもない）

4. （2で指摘ありの場合）健康診断の結果ですぐに医療機関を受診しましたか。
　 ☐ すぐに受診した（昭・平・令　　年　　月　　日）医療機関名（　　　　　　　　　　）
　 ☑ すぐに受診しなかった
　　 （理由及び健康診断の指摘後、受診するまでの間の体調）

　　　　 最初の健診から2か月後、再検査を受け、その後受診した。

上記のとおり回答します。
令和 2 年 11 月 2 日

　　　　　　　　　　 住所 　台東区西日暮里 1-2-3
　　　 報告者
　　　　　　　　　　 氏名 　田端 花子　　　　　　 印 （続柄 本人 ）

※ ご回答ありがとうございました。
　　 回答内容を審査した結果、照会することがありますので、あらかじめご承知おきください。
※ ご記入いただいた個人情報は、独立行政法人等の保有する個人情報の保護に関する法律に基づき、適切に取り扱われます。

肢体障害による請求と書類作成の注意点

診断書への記載内容が審査に大きな影響を与える

障害年金の対象となる肢体の障害とはどんなものか

　肢体の障害の主なものといえば、脳血管障害や脳梗塞などを発症した際に残る後遺症、事故などで脳にケガをした場合に残った後遺症などが挙げられます。後遺症には、手足の麻痺などを始めとした機能障害のことで、手や足が満足に動かせず、日常生活や就労が困難となり、障害等級に該当した場合には障害年金の請求を行うことができます。

　また、交通事故などで手や足を失ってしまった場合なども、肢体の障害として扱われます。この場合は、初診日から1年半経過後の障害認定日を待つことなく、手足を失った日を障害認定日として年金の請求をすることが可能です。ただし、同じ交通事故でも、高次脳機能障害を発症した場合は肢体の障害ではなく精神障害として請求を行うことになります。その他、パーキンソン病や進行性筋ジストロフィーなどの疾病にかかった場合も、肢体の障害と扱われます。

肢体の障害による年金請求ではどんな書類を提出するのか

　肢体の障害を受けて障害年金の請求を行う場合は、肢体の障害専用の診断書を医師に作成してもらわなければなりません。肢体の障害の場合、どのような経緯で発症したかの情報が非常に重要な存在となるため、障害にまつわる傷病名や障害が発症している場所、障害の程度が正しく記載されているかを提出する前に必ず確認する必要があります。特に、障害の状態については、障害の内容に応じた記載の仕方があるため、注意が必要です。

　たとえば、脳血管疾患による手足の麻痺の場合は、記載が必要な握

力や手足の可動域の内容などから日常生活にどの程度の支障をきたしているかを判断することになるため、記載もれがないかを気をつけて確認しなければなりません。また、変形性股関節症にかかっている場合などは、どちらの股関節がどの程度変形しているか、または人工関節などを装着しているのかを記載することが求められます。特に先天性股関節疾患の場合は、20歳になるまでの詳しい状況を記載した「初診日に関する調査票」の提出を求められることがあります。

　その他の書類については、原則として他の障害の場合と同様の内容のものを準備しなければなりません。たとえば、年金請求書や受診状況等証明書、病歴・就労状況等申立書という書類は当然ながら必要です。その他、戸籍抄本や住民票、年金手帳、預金通帳、加給対象者にまつわる書類も必要になります。

▌肢体の障害の場合の書式作成のポイント・注意点

　その障害が先天的なものなのか、何らかの事故や成長の過程の段階によって発症したものなのかによって初診日の基準が異なる点が挙げられます。たとえば、変形性股関節症の場合、発症の原因が先天的なものである可能性があります。先天性の場合は、初診日は生年月日となり、「二十歳前傷病の障害年金」の対象となります。この場合、障害厚生年金が適用されないため、障害年金を請求するには障害等級2級以上に該当しなければならず、年金額にも大きな影響を与えることになります。しかし、先天性疾患が理由であっても、発症し、悪化したのが厚生年金に加入している就労期間であれば、障害厚生年金を請求することができる可能性があります。二十歳前傷病の障害年金・障害厚生年金のいずれに該当するかは、発症の経緯と医師の見立て、その後の診断書の内容が大きく影響するため、診断書の存在が非常に重要となります。

年金請求書（国民年金障害基礎年金）

様式第107号

```
二 次 元
コ ー ド
```

★市区町村　受付年月日

★年金事務所　受付年月日

年金コード		
5	3	5
6	3	

6 3 0 0 0 2

●　□のなかに必要事項を記入してください。
（□印欄は、なにも記入しないでください。）
●黒インクのボールペンで記入してください。
鉛筆や、摩擦に伴う温度変化等により消色する
インクを用いたペンまたはボールペンは、使用しないでください。
●フリガナはカタカナで記入してください。
●請求者自ら署名する場合は、押印は不要です。

	※記録不要制度				作成原因
(厚年)(船員)	(国年)	(国共)	(地共)	(私学)	02

❸年金種別　❹課所符号　❻進達番号

53 63

❼重無　❽未保　❾支保

※基礎年金番号が交付されていない方は、❶欄に個人番号をご記入ください。
※基礎年金番号（10桁）で届出する場合は左詰めでご記入ください。

❶個人番号（または
基礎年金番号）　2 1 6 3 3 4 5 1 2 3

❷生年月日　昭・平・令　1 2 1 0 2 7 日
5　⑦　9

❿氏名　(フリガナ) オオサキ　ユウコ
(氏) 大崎　(名) 優子 ㊞　性別 男・女
1　②

⓫住所の郵便番号 1 4 3 0 1 0 1
⓬住所 (フリガナ) チュウオウ　チュウオウ
中央 市区町村 中央1-2-3

❶欄を記入していない方は、次のことにお答えください。（記入した方は回答の必要はありません。）
過去に厚生年金保険、国民年金または船員保険に加入したことがありますか。○で囲んでください。
「ある」と答えた方は、加入していた制度の年金手帳の記号番号を記入してください。　ある　ない

厚生年金保険				国民年金		
船員保険						

⓭年金受取機関　(フリガナ)

1. 金融機関
（ゆうちょ銀行を除く）
②ゆうちょ銀行（郵便局）

口座名義人氏名　(氏)　(名)

年金送金先	金融機関	⓮金融機関コード	⓯支店コード	(フリガナ)	銀行・金庫・信組・農協・信連・信漁連・漁協	本店・支店・出張所・本所・支所	❶預金種別 1.普通 2.当座	⓰口座番号（左詰めで記入）
	ゆうちょ銀行	⓱貯金通帳の口座番号			金融機関またはゆうちょ銀行の証明			

ゆうちょ銀行
記号（左詰めで記入） 1 0 1 6 0 -
番号（右詰めで記入） 2 4 6 8 0 1 3 5

※通帳等の写し（金融機関名、支店名、口座名義人氏名フリガナ、口座番号の圏）を添付する場合、証明は不要です。
※請求者の氏名フリガナと口座名義人氏名フリガナが同じであることを確認してください。
※貯蓄預金口座又は貯蓄貯金口座への振込みはできません。

㊞

⓲支払局コード 1 0 0 8 9 9 6

※口座をお持ちでない方や口座でのお受取りが困難な事情がある方は、お受取り方法について、
「ねんきんダイヤル」またはお近くの年金事務所にお問い合わせください。

㋐加算額の対象者	⓳氏名 (フリガナ) (氏)(名)	生年月日 平7・令9 年 月 日	障害の状態に ある・ない	◆ 診	連絡欄
	個人番号				X線フィルムの送付
	⓴氏名 (フリガナ) (氏)(名)	生年月日 平7・令9 年 月 日	障害の状態に ある・ない	◆ 診	有・無　枚
	個人番号				X線フィルムの返送
					年 月 日

＊3人目以降は余白等にご記入ください。

2005 1018 018 132

208

④ あなたは現在、公的年金制度等（表1参照）から年金を受けていますか。○で囲んでください。

1.受けている	2.受けていない（○で囲まれている）	3.請　求　中	制度名（共済組合名等）	年金の種類

受けていると答えた方は下欄に必要事項を記入してください（年月日は支給を受けることになった年月日を記入してください）。

制度名（共済組合名等）	年金の種類	年　月　日	年金証書の年金コードまたは記号番号等
		・　・	
		・　・	
		・　・	

「年金の種類」とは、老齢または退職、障害、遺族をいいます。

	㊾年金コードまたは共済組合コード・年金種別
1	
2	
3	
㊾ 他年金種別	

※あなたの配偶者について、記入願います。

（フリガナ） 氏　名	生年月日	基礎年金番号

ご注意

配偶者が受給している年金の加給年金額の対象となっている場合、あなたが障害基礎年金を受けられるようになったときは、受給している加給年金額は受けられなくなります。

この場合は、配偶者の方より、「老齢・障害給付加給年金額支給停止事由該当届」をお近くの年金事務所または街角の年金相談センターへ提出していただく必要があります。

㊳上・外	㊴初診年月日	㊵障害認定日	㊶傷病名コード	㊶診断書	㊷等級	㊸有	㊸有年	㊹三	㊺差引
上・外 1　2	元号　年　月　日	元号　年　月　日					元号		

㊻受給権発生年月日	㊼停止事由	㊼停止期間	㊽条文	失権事由	失権年月日
元号　年　月　日		元号　年　月　元号　年　月			元号　年　月　日

㊾共済コード　共済記録 1	2
元号　年　月　日　元号　年　月　日　要件　計算	元号　年　月　日　元号　年　月　日　要件　計算
3	(50)　4
元号　年　月　日　元号　年　月　日　要件　計算	元号　年　月　日　元号　年　月　日　要件　計算
5	6
元号　年　月　日　元号　年　月　日　要件　計算	元号　年　月　日　元号　年　月　日　要件　計算
(51)　7	8
元号　年　月　日　元号　年　月　日　要件　計算	元号　年　月　日　元号　年　月　日　要件　計算
9	
元号　年　月　日　元号　年　月　日　要件　計算	

(53) 時効区分	

★ 市区町村からの連絡事項	未納保険料の納付	有　昭和・平成・令和　年　月分から 無　昭和・平成・令和　年　月分まで	差額保険料の未納分の納付	有　昭和・平成・令和　年　月分から 無　昭和・平成・令和　年　月分まで
	保険料の追納	有　昭和・平成・令和　年　月分から 無　昭和・平成・令和　年　月分まで	検認票の添付	有・無

⑦　次の年金制度の被保険者または組合員等となったことがあるときは、その番号を○で囲んでください。

　　1．国民年金法　　　　　　　　　　　2．厚生年金保険法　　　　　　3．船員保険法（昭和61年4月以後を除く）
　　4．廃止前の農林漁業団体職員共済組合法　5．国家公務員共済組合法　　　6．地方公務員等共済組合法
　　7．私立学校教職員共済法　　　8．旧市町村職員共済組合法　　　9．地方公務員の退職年金に関する条例　　10．恩給法

⑧　履　　　歴（公的年金制度加入経過）　　　　　　　　請求者の電話番号（　03　）-（3616）-（4283）
　　※できるだけくわしく、正確に記入してください。　勤務先の電話番号（　　　）-（　　　）-（　　　）

	(1) 事業所（船舶所有者）の名称および 船員であったときはその船舶名	(2) 事業所（船舶所有者）の所在地 または国民年金加入時の住所	(3) 勤務期間または国 民年金の加入期間	(4) 加入していた 年金制度の種類	(5) 備　考
最初			・　・　から ・　・　まで	1．国民年金 2．厚生年金保険 3．厚生年金(船員)保険 4．共済組合等	
2			・　・　から ・　・　まで	1．国民年金 2．厚生年金保険 3．厚生年金(船員)保険 4．共済組合等	
3			・　・　から ・　・　まで	1．国民年金 2．厚生年金保険 3．厚生年金(船員)保険 4．共済組合等	
4			・　・　から ・　・　まで	1．国民年金 2．厚生年金保険 3．厚生年金(船員)保険 4．共済組合等	
5			・　・　から ・　・　まで	1．国民年金 2．厚生年金保険 3．厚生年金(船員)保険 4．共済組合等	
6			・　・　から ・　・　まで	1．国民年金 2．厚生年金保険 3．厚生年金(船員)保険 4．共済組合等	
7			・　・　から ・　・　まで	1．国民年金 2．厚生年金保険 3．厚生年金(船員)保険 4．共済組合等	
8			・　・　から ・　・　まで	1．国民年金 2．厚生年金保険 3．厚生年金(船員)保険 4．共済組合等	
9			・　・　から ・　・　まで	1．国民年金 2．厚生年金保険 3．厚生年金(船員)保険 4．共済組合等	
10			・　・　から ・　・　まで	1．国民年金 2．厚生年金保険 3．厚生年金(船員)保険 4．共済組合等	
11			・　・　から ・　・　まで	1．国民年金 2．厚生年金保険 3．厚生年金(船員)保険 4．共済組合等	
12			・　・　から ・　・　まで	1．国民年金 2．厚生年金保険 3．厚生年金(船員)保険 4．共済組合等	

⑨　個人で保険料を納める第四種被保険者、船員保険の年金任意継続被保険者となっ たことがありますか。	1．は　い　　　2．いいえ
「はい」と答えた方は、保険料を納めた年金事務所の名称を記入してください。	
その保険料を納めた期間を記入してください。	昭和 平成 令和　年　月　日から 昭和 平成 令和　年　月　日
第四種被保険者(船員年金任意継続被保険者)の整理記号番号を記入してください。	(記号)　　　　　　　(番号)

<table>
<tr><td colspan="2">(1) この請求は左の頁にある「障害給付の請求事由」の1から3までのいずれに該当しますか。該当する番号を〇で囲んでください。</td><td colspan="2">① 障害認定日による請求　　2. 事後重症による請求
3. 初めて障害等級の1級または2級に該当したことによる請求</td></tr>
<tr><td colspan="2">「2」を〇で囲んだときは右欄の該当する理由の番号を〇で囲んでください。</td><td colspan="2">1. 初診日から1年6月目の状態で請求した結果、不支給となった。
2. 初診日から1年6月目の症状は軽かったが、その後悪化して症状が重くなった。
3. その他（理由　　　　　　　　　　　　　　　　　　）</td></tr>
</table>

<table>
<tr><td colspan="2">(2) 過去に障害給付を受けたことがありますか。</td><td>1. は い
②. いいえ</td><td colspan="2">「1.はい」を〇で囲んだときは、その障害給付の名称と年金証書の基礎年金番号および年金コード等を記入してください。</td><td>名　　称</td><td></td></tr>
<tr><td></td><td></td><td></td><td></td><td></td><td>基礎年金番号・
年金コード等</td><td></td></tr>
</table>

<table>
<tr><td rowspan="13">②
必ず記入してください。</td><td rowspan="11">障害の原因である傷病について記入してください。</td><td>傷　病　名</td><td colspan="2">1.
先天性股関節脱臼</td><td colspan="2">2.</td><td colspan="2">3.</td></tr>
<tr><td>傷病の発生した日</td><td colspan="2">㊱平㊥㊗ 12 年 10 月 27 日</td><td colspan="2">昭和
平成
令和 年 月 日</td><td colspan="2">昭和
平成
令和 年 月 日</td></tr>
<tr><td>初　診　日</td><td colspan="2">㊱平㊥㊗ 12 年 10 月 27 日</td><td colspan="2">昭和
平成
令和 年 月 日</td><td colspan="2">昭和
平成
令和 年 月 日</td></tr>
<tr><td>初診日において加入していた年金制度</td><td colspan="2">1.国年 2.厚年 3.共済 ④.未加入</td><td colspan="2">1.国年 2.厚年 3.共済 4.未加入</td><td colspan="2">1.国年 2.厚年 3.共済 4.未加入</td></tr>
<tr><td>現在傷病はなおっていますか。</td><td colspan="2">①. は い　　2. いいえ</td><td colspan="2">1. は い　　2. いいえ</td><td colspan="2">1. は い　　2. いいえ</td></tr>
<tr><td>なおっているときは、なおった日</td><td colspan="2">昭和
平成
令和 年 月 日</td><td colspan="2">昭和
平成
令和 年 月 日</td><td colspan="2">昭和
平成
令和 年 月 日</td></tr>
<tr><td>傷病の原因は業務上ですか。</td><td colspan="6">1. は い　　②. いいえ</td></tr>
<tr><td>この傷病について右に示す制度から保険給付が受けられるときは、その番号を〇で囲んでください。請求中のときも同様です。</td><td colspan="6">1. 労働基準法　　　　　　　　　　2. 労働者災害補償保険法
3. 船員保険法　　　　　　　　　　4. 国家公務員災害補償法
5. 地方公務員災害補償法
6. 公立学校の学校医、学校歯科医及び学校薬剤師の公務災害補償に関する法律</td></tr>
<tr><td>受けられるときは、その給付の種類の番号を〇で囲み、支給の発生した日を記入してください。</td><td colspan="6">1. 障害補償給付（障害給付）　　　2. 傷病補償給付（傷病年金）
昭和
平成
令和 年 月 日</td></tr>
<tr><td>障害の原因は第三者の行為によりますか。</td><td colspan="6">1. は い　　2. いいえ</td></tr>
<tr><td>障害の原因が第三者の行為により発生したものであるときは、その者の氏名および住所を記入</td><td colspan="6">氏　名
住　所</td></tr>
<tr><td colspan="2">(4) 国民年金に任意加入した期間について特別一時金を受けたことがありますか。</td><td colspan="6">1. は い　　②. いいえ</td></tr>
</table>

生　計　維　持　申　立

<table>
<tr><td rowspan="5">㊦
生計同一関係</td><td>右の者は請求者と生計を同じくしていることを申し立てる。</td><td rowspan="5">子</td><td>氏　名</td><td>続柄</td></tr>
<tr><td>令和 2 年 11 月 20 日
　請求者 住所</td><td></td><td></td></tr>
<tr><td>　　　　氏　名　　　　　　　　　　㊞</td><td></td><td></td></tr>
<tr><td>(注) 請求者が申立てを行う際に自ら署名する場合は、請求者の押印は不要です。</td><td></td><td></td></tr>
</table>

<table>
<tr><td rowspan="6">収
入
関
係</td><td colspan="2">1. 請求者によって生計維持していた方について記入してください。</td><td colspan="2">※確認印</td><td>※年金事務所の確認事項</td></tr>
<tr><td>(1)　(名：　　　　)について年収は、850万円未満（※）ですか。</td><td>はい・いいえ</td><td>(　　)印</td><td></td><td>ア. 健保等被扶養者（第三号被保険者）</td></tr>
<tr><td>(2)　(名：　　　　)について年収は、850万円未満（※）ですか。</td><td>はい・いいえ</td><td>(　　)印</td><td></td><td>イ. 国民年金保険料免除世帯</td></tr>
<tr><td>(3)　(名：　　　　)について年収は、850万円未満（※）ですか。</td><td>はい・いいえ</td><td>(　　)印</td><td></td><td>ウ. 義務教育終了前</td></tr>
<tr><td>2. 上記1で「いいえ」と答えた方のうち、その方の収入はこの年金の受給権発生時においては、850万円未満ですか。</td><td>はい・いいえ</td><td></td><td></td><td>エ. 高等学校在学中</td></tr>
<tr><td></td><td></td><td></td><td></td><td>オ. 源泉徴収票・課税証明書等</td></tr>
</table>

（※）　平成6年11月8日までに受給権が発生している方は、「600万円未満」となります。　　　　令和 2 年 11 月 30 日提出

児童扶養手当の受給者の方やその配偶者が、公的年金制度から年金を受け取るようになったり、年金額が改定されたときは、市区町村から支給されている児童扶養手当が支給停止または一部支給停止される場合があります。詳しくは、お住まいの市区町村の児童扶養手当担当窓口にお問い合わせください。

書式　病歴・就労状況等申立書（先天性股関節脱臼の場合）

病歴・就労状況等申立書

No. － 枚中

（請求する病気やけがが複数ある場合は、それぞれ用紙を分けて記入してください。）

病歴状況	傷病名	先天性股関節脱臼							
発病日	昭和 (平成) 令和	12 年 10 月 27 日	初診日	昭和 (平成) 令和	12 年 10 月 27 日

記入する前にお読みください。
○ 次の欄には障害の原因となった病気やけがについて、発病したときから現在までの経過を年月順に期間をあけずに記入してください。
○ 受診していた期間は、通院期間、受診回数、入院期間、治療経過、医師から指示された事項、転医・受診中止の理由、日常生活状況、就労状況などを記入してください。
○ 受診していなかった期間は、その理由、自覚症状の程度、日常生活状況、就労状況などについて具体的に記入してください。
○ 健康診断などで障害の原因となった病気やけがについて指摘されたことも記入してください。
○ 同一の医療機関を長期間受診していた場合、医療機関を長期間受診していなかった場合、発病から初診までが長期間の場合は、その期間を3年から5年ごとに区切って記入してください。

No	期間・受診	左の期間の状況
1	昭和・平成・令和 12 年 10 月 27 日から 昭和・平成・令和 13 年 3 月 31 日まで (受診した)・受診していない 医療機関名 北海道クリニック	3か月検診で異常が見つかり、先天性股関節脱臼と診断され、整形外科に通院した。
2	昭和・平成・令和 13 年 4 月 1 日から 昭和・平成・令和 18 年 12 月 31 日まで (受診した)・受診していない 医療機関名 北海道クリニック	2歳くらいまでギブスを着用し半年に1回通院していたが、特別な痛みを伴う自覚症状はなかった。
3	昭和・平成・令和 19 年 1 月 1 日から 昭和・平成・令和 24 年 3 月 31 日まで 受診した・(受診していない) 医療機関名	自覚症状もなく、転居もしたので通院していない。
4	昭和・平成・令和 24 年 4 月 1 日から 昭和・平成・令和 27 年 3 月 31 日まで (受診した)・受診していない 医療機関名 東大塚病院	中学生になった頃から痛みだし、運動することが難しくなった。月に1回通院し、毎日マッサージを受けた。
5	昭和・平成・令和 27 年 4 月 1 日から 昭和・平成・令和 年 月現在日まで (受診した)・受診していない 医療機関名 東大塚病院	月に1回通院し、検査を受けている。保存療法を続けているが、今後は手術も視野に入れて治療を続けている。以前ほど痛みを感じなくなったが、時々激しく痛む。常に足を開くことを意識することと、股関節の筋肉をつけるように指導された。

※裏面（署名欄）も記入してください。

| 就労・日常生活状況 | 1. 障害認定日（初診日から1年6月目または、それ以前に治った場合は治った日）頃と
2. 現在（請求日頃）の就労・日常生活状況等について該当する太枠内に記入してください。 |

1. 障害認定日（ 昭和・平成・令和 2 年 10 月 26 日）頃の状況を記入してください。

<table>
<tr><td rowspan="5">就労状況</td><td rowspan="4">就労していた場合</td><td>職種（仕事の内容）を記入してください。</td><td></td></tr>
<tr><td>通勤方法を記入してください。</td><td>通勤方法
通勤時間（片道）　　　時間　　　分</td></tr>
<tr><td>出勤日数を記入してください。</td><td>障害認定日の前月　　　日　障害認定日の前々月　　　日</td></tr>
<tr><td>仕事中や仕事が終わった時の身体の調子について記入してください。</td><td></td></tr>
<tr><td>就労していなかった場合</td><td>仕事をしていなかった（休職していた）理由すべて○で囲んでください。
なお、オを選んだ場合は、具体的な理由を（　）内に記入してください。</td><td>㋐ 体力に自信がなかったから
イ 医師から働くことを止められていたから
ウ 働く意欲がなかったから
エ 働きたかったが適切な職場がなかったから
オ その他（理由　　　　　　　　　　　　）</td></tr>
<tr><td rowspan="2">日常生活状況</td><td>日常生活の制限について、該当する番号を○で囲んでください。
1 → 自発的にできた
2 → 自発的にできたが援助が必要だった
3 → 自発的にできないが援助があればできた
4 → できなかった</td><td>着替え（1・②・3・4）　洗　面（1・②・3・4）
トイレ（1・②・3・4）　入　浴（1・2・③・4）
食　事（①・2・3・4）　散　歩（1・2・③・4）
炊　事（①・2・3・4）　洗　濯（1・②・3・4）
掃　除（1・②・3・4）　買　物（1・2・③・4）</td></tr>
<tr><td>その他日常生活で不便に感じたことがありましたら記入してください。</td><td>あまり長時間、長距離は歩けない。</td></tr>
</table>

2. 現在（請求日頃）の状況を記入してください。

<table>
<tr><td rowspan="5">就労状況</td><td rowspan="4">就労している場合</td><td>職種（仕事の内容）を記入してください。</td><td></td></tr>
<tr><td>通勤方法を記入してください。</td><td>通勤方法
通勤時間（片道）　　　時間　　　分</td></tr>
<tr><td>出勤日数を記入してください。</td><td>請求日の前月　　　日　請求日の前々月　　　日</td></tr>
<tr><td>仕事中や仕事が終わった時の身体の調子について記入してください。</td><td></td></tr>
<tr><td>就労していない場合</td><td>仕事をしていない（休職している）理由すべて○で囲んでください。
なお、オを選んだ場合は、具体的な理由を（　）内に記入してください。</td><td>㋐ 体力に自信がないから
イ 医師から働くことを止められているから
ウ 働く意欲がないから
エ 働きたいが適切な職場がないから
オ その他（理由　　　　　　　　　　　　）</td></tr>
<tr><td rowspan="2">日常生活状況</td><td>日常生活の制限について、該当する番号を○で囲んでください。
1 → 自発的にできる
2 → 自発的にできたが援助が必要である
3 → 自発的にできないが援助があればできる
4 → できない</td><td>着替え（1・②・3・4）　洗　面（1・②・3・4）
トイレ（1・②・3・4）　入　浴（1・2・③・4）
食　事（①・2・3・4）　散　歩（1・2・③・4）
炊　事（①・2・3・4）　洗　濯（1・②・3・4）
掃　除（1・②・3・4）　買　物（1・2・③・4）</td></tr>
<tr><td>その他日常生活で不便に感じていることがありましたら記入してください。</td><td>時々激しく痛むので、そのときはしばらく何もできない。</td></tr>
</table>

<table>
<tr><td rowspan="4">障害者手帳</td><td>障害者手帳の交付を受けていますか。</td><td>1 受けている　②受けていない　3 申請中</td></tr>
<tr><td>交付されている障害者手帳の交付年月日、等級、障害名を記入してください。
その他の手帳の場合は、その名称を（　）内に記入ください。</td><td>① 身・精・療・他（　　　　　　　　　　　　）
昭和・平成・令和　　年　　月　　日（　　級）
障害名（　　　　　　　　　　　　　　　　　）</td></tr>
<tr><td rowspan="2">※ 略字の意味
身→ 身体障害者手帳　療→ 療育手帳
精→ 精神障害者保健福祉手帳　他→ その他の手帳</td><td>② 身・精・療・他（　　　　　　　　　　　　）
昭和・平成・令和　　年　　月　　日（　　級）
障害名（　　　　　　　　　　　　　　　　　）</td></tr>
</table>

上記のとおり相違ないことを申し立てます。　　　　　　　　　　　　※請求者本人が署名する場合、押印は不要です。

令和 2 年 11 月 20 日

請求者　現住所　東京都港区新橋北4－4－2

| 代筆者 | 氏　名 | | 氏　名 | 大崎　優子 ㊞ |
| | 請求者からみた続柄（　本人　） | | 電話番号 | 03－3616－4283 |

年金請求書（国民年金・厚生年金保険障害給付）

〔障害基礎年金・障害厚生年金・障害手当金〕

様式第104号

年金コード　13

430002　82

二次元コード

実施機関等

受付年月日

○　のなかに必要事項を記入してください。
（◆印欄には、なにも記入しないでください。）
○黒インクのボールペンで記入してください。
　熱や、摩擦に伴う温度変化等により消色するインクを
　用いたペンまたはボールペンは、使用しないでください。
○フリガナはカタカナで記入してください。
○請求者自ら署名する場合は、押印は不要です。

基礎年金番号が交付されていない方は、①、②の欄に個人番号をご記入ください。
基礎年金番号（10桁）で届出する場合は左詰めでご記入ください。

①請求者の個人番号※ （または基礎年金番号）	2 1 2 6 1 0 1 2 3 0	
②配偶者の個人番号 （または基礎年金番号）	2 1 2 7 2 1 3 4 5 6	

課所符号	進達番号	厚年資格
		10・20 21・22

船員資格	記録不要制度	作成原因
10・20 21・22	（厚年）（船員）（国年）（国共）（地共）（私学）	02

船職加	重	末保	支保	配状

請求者

③生年月日　㊐・平・令　33　03　18

④氏名　（フリガナ）ハラジュク　マサノリ
（氏）原宿　（名）正則㊞　⑤性別　1.男・2.女

⑥住所　住所の郵便番号　133-1234
（フリガナ）シナガワ　シナガワドオリ
品川　市・町村　品川通 3-2-2

電話番号1　（03）-（3656）-（7890）
電話番号2　（080）-（9363）-（1323）

社会保険労務士の提出代行者印　㊞

＊日中に連絡が取れる電話番号（携帯も可）をご記入ください。
＊予備の電話番号（携帯も可）があればご記入ください。

※個人番号（マイナンバー）については、6ページをご確認ください。

⑦年金受取機関

1. 金融機関（ゆうちょ銀行を除く）
2. ゆうちょ銀行（郵便局）

（フリガナ）ハラジュク　マサノリ
口座名義人氏名　（氏）原宿　（名）正則

金融機関コード	支店コード		預金種別	口座番号（左詰めで記入）
3 4 5 6 7 8 9				

（フリガナ）ツキホシ　シナガワ
銀行・金庫・信組・農協・信漁　月星　品川
信連・信連漁・漁協

（フリガナ）シナガワ
本店・支店・出張所・本所・支所　1.普通・2.当座
1 2 3 4 3 2 1

金融機関

ゆうちょ銀行

貯金通帳の口座番号
記号（左詰めで記入）　番号（右詰めで記入）

支払区コード　0 0 8 9 9 6

金融機関またはゆうちょ銀行の証明

※通帳等の写し（金融機関名、支店名、口座名義人氏名フリガナ、口座番号の面）を添付する
　場合、証明は不要です。
※請求者の氏名フリガナと口座名義人氏名フリガナが同じであることを確認してください。
※貯蓄預金口座または貯蓄貯金口座への振込はできません。

㊞

⑧配偶者	（フリガナ）ハラジュク　リサ （氏）原宿　（名）理沙	生年月日　大・㊐・平　44 07 21

⑨子

（フリガナ）　（氏）　（名）
生年月日　昭・平・令　　年　月　日
障害の状態にある・ない　◆診

（フリガナ）　（氏）　（名）
生年月日　昭・平・令　　年　月　日
障害の状態にある・ない　◆診

連絡欄

X線フィルムの送付	
有・無	枚

X線フィルムの返送	
	年　月　日

2005　1018　017　104

1

⑩ あなたの配偶者は、公的年金制度等（表1参照）から老齢・退職または障害の年金を受けていますか。○で囲んでください。

1. 老齢・退職の年金を受けている	2. 障害の年金を受けている	3. いずれも受けていない	4. 請求中	制度名（共済組合名等）	年金の種類

受けていると答えた方は下欄に必要事項を記入してください（年月日は支給を受けることになった年月日を記入してください）。

公的年金制度名（表1より記号を選択）	年金の種類	年　月　日	年金証書の年金コードまたは記号番号等		
		・　・			
		・　・			
		・　・			

年金コードまたは共済組合コード・年金種別	
1	
2	
3	

「年金の種類」とは、老齢または退職、障害をいいます。

⑪ あなたは、現在、公的年金制度等（表1参照）から年金を受けていますか。○で囲んでください。

1. 受けている	2. 受けていない	3. 請求中	制度名（共済組合名等）	年金の種類

受けていると答えた方は下欄に必要事項を記入してください（年月日は支給を受けることになった年月日を記入してください）。

公的年金制度名（表1より記号を選択）	年金の種類	年　月　日	年金証書の年金コードまたは記号番号等		
		・　・			
		・　・			
		・　・			

年金コードまたは共済組合コード・年金種別	
1	
2	
3	
他　年　金　種　別	

「年金の種類」とは、老齢または退職、障害、遺族をいいます。

⑫ 次の年金制度の被保険者または組合員等となったことがあるときは、その番号を○で囲んでください。

1. 国民年金法 　　　　　　　　2. 厚生年金保険法 　　　　　　　3. 船員保険法（昭和61年4月以後を除く）
4. 廃止前の農林漁業団体職員共済組合法　5. 国家公務員共済組合法　6. 地方公務員等共済組合法
7. 私立学校教職員共済法 　　　　8. 旧市町村職員共済組合法 　　　9. 地方公務員の退職年金に関する条例 　　10. 恩給法

⑬ 履　　　歴（公的年金制度加入経過）
※できるだけくわしく、正確に記入してください。

	(1) 事業所（船舶所有者）の名称および船員であったときはその船舶名	(2) 事業所（船舶所有者）の所在地または国民年金加入時の住所	(3) 勤務期間または国民年金の加入期間	(4) 加入していた年金制度の種類	(5) 備　考
最初	大久保印刷 株式会社	新宿区大久保 8-7-6	52・4・1から 平31・3・31まで	1. 国民年金 2. 厚生年金保険 3. 厚生年金（船員）保険 4. 共済組合等	
2			・・から ・・まで	1. 国民年金 2. 厚生年金保険 3. 厚生年金（船員）保険 4. 共済組合等	
3			・・から ・・まで	1. 国民年金 2. 厚生年金保険 3. 厚生年金（船員）保険 4. 共済組合等	
4			・・から ・・まで	1. 国民年金 2. 厚生年金保険 3. 厚生年金（船員）保険 4. 共済組合等	
5			・・から ・・まで	1. 国民年金 2. 厚生年金保険 3. 厚生年金（船員）保険 4. 共済組合等	
6			・・から ・・まで	1. 国民年金 2. 厚生年金保険 3. 厚生年金（船員）保険 4. 共済組合等	
7			・・から ・・まで	1. 国民年金 2. 厚生年金保険 3. 厚生年金（船員）保険 4. 共済組合等	
8			・・から ・・まで	1. 国民年金 2. 厚生年金保険 3. 厚生年金（船員）保険 4. 共済組合等	
9			・・から ・・まで	1. 国民年金 2. 厚生年金保険 3. 厚生年金（船員）保険 4. 共済組合等	
10			・・から ・・まで	1. 国民年金 2. 厚生年金保険 3. 厚生年金（船員）保険 4. 共済組合等	

3

<table>
<tr><td rowspan="3">⑭必ず記入してください。</td><td colspan="2">(1) この請求は、左の頁にある「障害給付の請求事由」の1から3までのいずれに該当しますか。該当する番号を○で囲んでください。</td><td colspan="3">① 障害認定日による請求　2. 事後重症による請求
3. 初めて障害等級の1級または2級に該当したことによる請求</td></tr>
</table>

⑭必ず記入してください。	障害の原因である傷病について記入してください。		

(1) この請求は、左の頁にある「障害給付の請求事由」の1から3までのいずれに該当しますか。該当する番号を○で囲んでください。 — ① 障害認定日による請求　2. 事後重症による請求　3. 初めて障害等級の1級または2級に該当したことによる請求

「2」を○で囲んだときは右欄の該当する理由の番号を○で囲んでください。
1. 初診日から1年6月目の状態で請求した結果、不支給となった。
2. 初診日から1年6月目の症状は軽かったが、その後悪化して症状が重くなった。
3. その他（理由　　　　　　　　　　　　　　　　）

(2) 過去に障害給付を受けたことがありますか。　1. は　い　②いいえ
「1.はい」を○で囲んだときは、その障害給付の名称と年金証書の基礎年金番号・年金コード等を記入してください。

名　称			
基礎年金番号・年金コード等			

(3)

	1.	2.	3.
傷　病　名	脳梗塞		
傷病の発生した日	昭和㊞平成令和 30年12月26日	昭和平成令和　年　月　日	昭和平成令和　年　月　日
初　診　日	昭和㊞平成令和 30年12月26日	昭和平成令和　年　月　日	昭和平成令和　年　月　日
初診日において加入していた年金制度	1. 国年　②厚年　3. 共済	1. 国年　2. 厚年　3. 共済	1. 国年　2. 厚年　3. 共済
現在傷病はなおっていますか。	① は い ・ 2. いいえ	1. は い ・ 2. いいえ	1. は い ・ 2. いいえ
なおっているときは、なおった日	昭和平成㊞令和 2年6月26日	昭和平成令和　年　月　日	昭和平成令和　年　月　日

傷病の原因は業務上ですか。　1. は い ・ ②いいえ

この傷病について右に示す制度から保険給付が受けられるときは、その番号を○で囲んでください。請求中のときも同様です。
1. 労働基準法　　2. 労働者災害補償保険法
3. 船員保険法　　4. 国家公務員災害補償法
5. 地方公務員災害補償法
6. 公立学校の学校医、学校歯科医及び学校薬剤師の公務災害補償に関する法律

受けられるときは、その給付の種類の番号を○で囲み、支給の発生した日を記入してください。
1. 障害補償給付（障害給付）　　2. 傷病補償給付（傷病年金）
昭和平成令和　年　月　日

障害の原因は第三者の行為によりますか。　1. は い ・ ②いいえ

障害の原因が第三者の行為により発生したものであるときは、その者の氏名および住所を記入してください。
氏　名
住　所

生 計 維 持 申 立

⑮生計同一関係	右の者は、請求者と生計を同じくしていることを申し立てる。 令和2年7月1日 　　　請求者　住所 東京都品川区品川通3-2-2 　　　　　氏名 原宿　正則　　　　　　㊞ 　　　　　　　　本人 (注) 請求者が申立を行うときに自ら署名する場合は、押印不要です。		氏　名	続柄
		配偶者	原宿　理沙	妻
		および子		

⑯収入関係	1. 請求者によって生計維持されていた者について記入してください。		※確認印	※年金事務所の確認事項
	(1) 配偶者について年収は、850万円未満(注)ですか。	㊙い・いいえ	（　）印	ア．健保等被扶養者（第三号被保険者）
	(2) 子(名：　　　) について年収は、850万円未満(注)ですか。	はい・いいえ	（　）印	イ．国民年金保険料免除世帯
	(3) 子(名：　　　) について年収は、850万円未満(注)ですか。	はい・いいえ	（　）印	ウ．義務教育終了前
	(4) 子(名：　　　) について年収は、850万円未満(注)ですか。	はい・いいえ	（　）印	エ．高等学校在学中
	2. 上記1で「いいえ」と答えた者のうち、その者の収入はこの年金の受給権発生時において、850万円未満(注)ですか。	はい・いいえ		オ．源泉徴収票・課税証明書等

(注) 平成6年11月8日までに受給権が発生している方は、「600万円未満」となります。　　　令和 2 年 7 月 15 日 提出

機構独自項目

⑰ 請 求 者	過去に加入していた年金制度の年金手帳の記号番号で、基礎年金番号と異なる記号番号があるときは、その記号番号を記入してください。		
	厚生年金保険		国民年金
	船員保険		

⑱ 配 偶 者	⑰欄を記入していない方は、あなたの配偶者について、つぎの1および2にお答えください。(記入した方は、回答の必要はありません。)		
	1. 過去に厚生年金保険、国民年金または船員保険に加入したことがありますか。〇で囲んでください。 「ある」と答えた方は、加入していた制度の年金手帳の記号番号を記入してください。	ある　ない	
	厚生年金保険		国民年金
	船員保険		
	2. あなたと配偶者の住所が異なるときは、下欄に配偶者の住所および性別を記入してください。		

住所の郵便番号	住所	（フリガナ）		性別 男 女 1 2

⑲	個人で保険料を納める第四種被保険者、船員保険の年金任意継続被保険者となったことがありますか。	1. はい ・ 2. いいえ
	「はい」と答えた人は、保険料を納めた年金事務所（社会保険事務所）の名称を記入してください。	
	その保険料を納めた期間を記入してください。	昭和 平成　年　月　日　から　昭和 令和　　　　　　　　　　平成　年　月　日 令和
	第四種被保険者(船員年金任意継続被保険者)の整理記号番号を記入してください。	（記号）　　　　　　（番号）

上・外		初診年月日		障害認定日		（外)傷病名コード	（上)傷病名コード	診断書
上・外 1・2		元号　　年　　月　　日	元号	年　月　日				

（外)等級	（上)等級	有	有年	三	差引
	元号				

基 礎	受給権発生年月日	停止事由	停　止　期　間		条　文
	元号　　年　　月　　日		元号　　年　　月　元号　　年　　月		
	失権事由	失権年月日			
		元号　　年　　月　　日			

厚 生	受給権発生年月日	停止事由	停　止　期　間		条　文
	元号　　年　　月　　日		元号　　年　　月　元号　　年　　月		
	失権事由	失権年月日			
		元号　　年　　月　　日			

⑳	共済コード	共　済　記　録　1		2	
		元号　年　月　日元号　年　月　日要件 計算		元号　年　月　日元号　年　月　日要件 計算	
		3	㉑	4	
		元号　年　月　日元号　年　月　日要件 計算		元号　年　月　日元号　年　月　日要件 計算	
		5		6	
		元号　年　月　日元号　年　月　日要件 計算		元号　年　月　日元号　年　月　日要件 計算	

時効区分

7

病歴・就労状況等申立書

No. － 枚中

（請求する病気やけがが複数ある場合は、それぞれ用紙を分けて記入してください。）

病歴状況	傷病名	脳梗塞後遺症		
発病日	昭和・㉠平成・令和 30 年 12 月 26 日		初診日	昭和・㉠平成・令和 30 年 12 月 26 日

記入する前にお読みください。
○ 次の欄には障害の原因となった病気やけがについて、発病したときから現在までの経過を年月順に期間をあけずに記入してください。
○ 受診していた期間は、通院期間、受診回数、入院期間、治療経過、医師から指示された事項、転医・受診中止の理由、日常生活状況、就労状況などを記入してください。
○ 受診していなかった期間は、その理由、自覚症状の程度、日常生活状況、就労状況などについて具体的に記入してください。
○ 健康診断などで障害の原因となった病気やけがについて指摘されたことも記入してください。
○ 同一の医療機関を長期間受診していた場合、医療機関を長期間受診していなかった場合、発病から初診までが長期間の場合は、その期間を3年から5年ごとに区切って記入してください。

		左の期間の状況
1	昭和・㉠平成・令和 30 年 12 月 26 日から 昭和・㉠平成・令和 31 年 1 月 31 日まで ㉠受診した ・ 受診していない 医療機関名 渋谷救急医療センター	飲酒後入浴しようとしたところ倒れ、救急搬送された。脳梗塞の緊急手術を行い、命は救われたが、右半身に麻痺が残った。
2	昭和・㉠平成・令和 31 年 2 月 1 日から 昭和・平成・令和 年 月 現在日まで ㉠受診した ・ 受診していない 医療機関名 代々木リハビリ病院	集中治療の状況を終え、リハビリしながらの治療になるため転院した。右半身の麻痺のため車椅子がないと移動はできない。
3	昭和・平成・令和 年 月 日から 昭和・平成・令和 年 月 日まで 受診した ・ 受診していない 医療機関名	左の期間の状況
4	昭和・平成・令和 年 月 日から 昭和・平成・令和 年 月 日まで 受診した ・ 受診していない 医療機関名	左の期間の状況
5	昭和・平成・令和 年 月 日から 昭和・平成・令和 年 月 日まで 受診した ・ 受診していない 医療機関名	左の期間の状況

※裏面（署名欄）も記入してください。

就労・日常生活状況	1. 障害認定日（初診日から1年6月目目または、それ以前に治った場合は治った日）頃と 2. 現在（請求日頃）の就労・日常生活状況等について該当する太枠内に記入してください。

1. 障害認定日 (昭和・平成・(令和) 2 年 6 月 26 日) 頃の状況を記入してください。

<table>
<tr><td rowspan="5">就労状況</td><td rowspan="4">就労していた場合</td><td>職種（仕事の内容）を記入してください。</td><td colspan="2"></td></tr>
<tr><td>通勤方法を記入してください。</td><td colspan="2">通勤方法
通勤時間（片道）　　時間　　　分</td></tr>
<tr><td>出勤日数を記入してください。</td><td colspan="2">障害認定日の前月　　日　障害認定日の前々月　　　日</td></tr>
<tr><td>仕事中や仕事が終わった時の身体の調子について記入してください。</td><td colspan="2"></td></tr>
<tr><td>就労していなかった場合</td><td>仕事をしていなかった（休職していた）理由すべて○で囲んでください。
なお、オを選んだ場合は、具体的な理由を（　）内に記入してください。</td><td colspan="2">ア　体力に自信がなかったから
イ　医師から働くことを止められていたから
ウ　働く意欲がなかったから
エ　働きたかったが適切な職場がなかったから
(オ)　その他（理由 定年後の再雇用を更新しなかった）</td></tr>
<tr><td rowspan="2">日常生活状況</td><td colspan="2">日常生活の制限について、該当する番号を○で囲んでください。
1 → 自発的にできた
2 → 自発的にできたが援助が必要だった
3 → 自発的にできないが援助があればできた
4 → できなかった</td><td>着替え（1・②・3・4）　　洗面（1・②・3・4）
トイレ（1・②・3・4）　　入浴（1・②・3・④）
食事（①・2・3・4）　　散歩（1・2・3・④）
炊事（1・2・③・4）　　洗濯（1・2・③・4）
掃除（1・2・3・④）　　買物（1・2・3・④）</td></tr>
<tr><td colspan="2">その他日常生活で不便に感じたことがありましたら記入してください。</td><td>移動の際、車椅子を使用するため制約がある</td></tr>
</table>

2. 現在（請求日頃）の状況を記入してください。

<table>
<tr><td rowspan="5">就労状況</td><td rowspan="4">就労している場合</td><td>職種（仕事の内容）を記入してください。</td><td colspan="2"></td></tr>
<tr><td>通勤方法を記入してください。</td><td colspan="2">通勤方法
通勤時間（片道）　　時間　　　分</td></tr>
<tr><td>出勤日数を記入してください。</td><td colspan="2">請求日の前月　　日　請求日の前々月　　　日</td></tr>
<tr><td>仕事中や仕事が終わった時の身体の調子について記入してください。</td><td colspan="2"></td></tr>
<tr><td>就労していない場合</td><td>仕事をしていない（休職している）理由すべて○で囲んでください。
なお、オを選んだ場合は、具体的な理由を（　）内に記入してください。</td><td colspan="2">ア　体力に自信がないから
イ　医師から働くことを止められているから
ウ　働く意欲がないから
エ　働きたいが適切な職場がないから
(オ)　その他（理由 定年後の再雇用を更新していない）</td></tr>
<tr><td rowspan="2">日常生活状況</td><td colspan="2">日常生活の制限について、該当する番号を○で囲んでください。
1 → 自発的にできる
2 → 自発的にできたが援助が必要である
3 → 自発的にできないが援助があればできる
4 → できない</td><td>着替え（1・②・3・4）　　洗面（1・②・3・4）
トイレ（1・②・3・4）　　入浴（1・②・3・④）
食事（①・2・3・4）　　散歩（1・2・3・④）
炊事（1・2・③・4）　　洗濯（1・2・3・④）
掃除（1・2・3・④）　　買物（1・2・3・④）</td></tr>
<tr><td colspan="2">その他日常生活で不便に感じていることがありましたら記入してください。</td><td>車椅子を使用するため制約がある</td></tr>
</table>

<table>
<tr><td rowspan="3">障害者手帳</td><td>障害者手帳の交付を受けていますか。</td><td>① 受けている　　2 受けていない　　3 申請中</td></tr>
<tr><td>交付されている障害者手帳の交付年月日、等級、障害名を記入してください。
その他の手帳の場合は、その名称を（　）内に記入してください。
※ 略字の意味
身→身体障害者手帳　　療→療育手帳
精→精神障害者保健福祉手帳　他→その他の手帳</td><td>① 身・精・療・他（　　　　　　　　　　　）
昭和・平成・(令和) 1 年 8 月 1 日（2 級）
障害名（　右下肢機能障害　　　　　　　）</td></tr>
<tr><td></td><td>② 身・精・療・他（　　　　　　　　　　　）
昭和・平成・令和　　年　　月　　日（　級）
障害名（　　　　　　　　　　　　　　　）</td></tr>
</table>

上記のとおり相違ないことを申し立てます。　　　　　　　　　　　　　　　　※請求者本人が署名する場合、押印は不要です。

令和 2 年 7 月 1 日　　　　　　　　　請求者 現住所　東京都品川区品川通 3-2-2

代筆者　氏　名　　　　　　　　　　　　　　　氏　名　原宿　正則　　　　㊞
　　　　請求者からみた続柄（　　　　　）　　電話番号　03 - 3656 - 7890

4

ガンによる請求と書類作成の注意点

ガンの治療によって生じた障害も請求対象となる

■ 障害年金の対象となるガンとはどんなものか

　ガンといえば「重病」というイメージがあることから誤解されてしまうことが多くありますが、障害年金の場合は、ガンと診断された場合に直ちに支給されるとは一概にはいえません。重要になるのは病名ではなく、病気によってどのような障害を抱えているか、ということです。たとえガンにかかっているとしても、定められた障害等級を満たしていない場合は、支給を受けることはできない点に注意が必要です。

　また、最近は医療の進歩を受け、ガンと診断された場合の入院期間や、抗ガン剤での治療や手術を受けて日常生活や就労生活に復帰するまでの期間が短縮されている傾向があります。この場合、初診日から1年半を経過した時点での障害認定日にはすでに通常通りの日常生活を送っており、障害等級に満たない状態となっているケースが多くあります。

　なお、障害認定日の時点で通院生活を続けているためにフルタイム勤務ができない場合などは、厚生年金に加入していれば障害等級の3級と判断される可能性があります。

■ ガンによる年金請求ではどんな書類を提出するのか

　ガンと診断された場合に障害年金を請求する場合も、他の障害にまつわるものと同様の書類一式が必要になります。同じガンにかかった場合でも、現れる症状の内容は人によってさまざまです。そのため、まずは自分がどの障害認定基準に該当するかを確認した上で、書類をそろえていく必要があります。

書類としては、まずは障害年金の年金請求書や医師による診断書、受診状況等証明書、自身で記載する病歴・就労状況等申立書を準備します。また、戸籍抄本や住民票、年金手帳、預金通帳、加給対象者がいる場合は証明するための書類の準備も同時に行う必要があります。

■ ガンの場合の書式作成のポイント・注意点

　ガンによる障害年金の請求を行う場合、特に重要性が高いといえるのは、病歴・就労状況等申立書の存在です。障害年金の請求が認められる基準は、ガンという病名ではなくガンによって生じた障害の程度に大きく影響します。したがって、ガンにかかったことで生じる手足のしびれや貧血、食欲不振などの症状についても、障害等級に該当する程度であれば障害年金を受けることができます。診断書や病歴・就労状況等申立書には、できるだけ具体的に、ガンによって生じた症状や日常生活への支障の具合を記載する必要があります。例として、障害認定日の時点で職場に復帰しているものの、手足のしびれなどのさまざまな身体障害のために就労能力が落ちている場合を挙げてみます。「病歴・就労状況等申立書」に出勤日のみを記載し、具体的な仕事への影響を記載しなかった場合は、職場復帰し、ある程度までは就労ができていると判断され、請求が却下される可能性があります。ここでは、出勤日に加え、出勤してからどの程度の仕事ができているか、作業量はどう変化したか、などの具体的な体験談を交えて説明するべきでしょう。医師による診断書に加え、診断書では判断することができない部分を補うつもりで、詳細にわたり病歴・就労状況等申立書への記載を行うことが非常に重要になります。

年金請求書（国民年金・厚生年金保険障害給付）

様式第104号

〔障害基礎年金・障害厚生年金・障害手当金〕

	年金コード	
	13	

430002 82

○□ のなかに必要事項を記入してください。
（◆印欄には、なにも記入しないでください。）
・黒インクのボールペンで記入してください。
鉛筆や、摩擦に伴う温度変化等により消色するインクを
用いたペンまたはボールペンは、使用しないでください。
・フリガナはカタカナで記入してください。
・請求者自ら署名する場合は、押印は不要です。

二次元コード

実施機関等

受付年月日

基礎年金番号が交付されていない方は、①、②の欄に個人番号をご記入ください。
基礎年金番号（10桁）で届出する場合は左詰めでご記入ください。

課所符号	逓達番号	厚生資格
		10・20 21・22

①請求者の個人番号※ （または基礎年金番号）	2 2 3 3 1 2 3 4 5 6
②配偶者の個人番号 （または基礎年金番号）	2 2 4 4 2 4 6 8 0 1

船保資格	記録不要制度	作成原因
10・20 21・22	（厚年）（船員）（国年）（国共）（地共）（私学）	02

③生年月日	（昭）・平・令 35 年 12 月 19 日

船職加	重	未保	支保	配状

請求者

④氏名	(フリガナ) オオサキ コウタ	⑤性別
	(氏) 大崎 (名) 裕太 ㊞	①男 2.女

⑥住所	住所の郵便番号 (フリガナ) カワサキ	(フリガナ) カワサキ
	2 2 2 0 2 2 2 川崎 (市)区 町村	川崎 1-1-1

電話番号1	（090）-（3456）-（7890）	電話番号2	（044）-（1234）-（5678）

社会保険労務士の提出代行者印	㊞

＊ 日中に連絡が取れる電話番号（携帯も可）をご記入ください。
＊ 予備の電話番号（携帯も可）があればご記入ください。

※個人番号（マイナンバー）については、6ページをご確認ください。

⑦ 年金受取機関

		(フリガナ) オオサキ コウタ	
① 1. 金融機関 （ゆうちょ銀行を除く） ② ゆうちょ銀行（郵便局）	口座名義人 氏名	(氏) 大崎 (名) 裕太	

年金送金先

金融機関	金融機関コード 支店コード (フリガナ)	銀行 金庫 信組 農協 信漁連 信連 漁協	本店 支店 出張所 本所 支所	預金種別 1.普通 2.当座	口座番号（左詰めで記入）

ゆうちょ銀行	貯金通帳の口座番号		金融機関またはゆうちょ銀行の証明
	記号 (左詰めで記入) 番号 (右詰めで記入)		※通帳等の写し（金融機関名、支店名、口座名義人氏名フリガナ、口座番号の面）を添付する場合、証明は不要です。 ※請求者の氏名カナフリガナと口座名義人氏名カナフリガナが同じであることを確認ください。 ※貯蓄預金口座または貯蓄貯金口座への振込みはできません。 ㊞
	1 0 1 6 0 - 0 1 2 3 1 2 3 4		

支払局コード 1 0 0 8 9 9 6

⑧配偶者 氏名	(フリガナ) オオサキ リエ (氏) 大崎 (名) 理恵	生年月日 大（昭）平 26 0113 年 月 日	連絡欄
氏名	(フリガナ) (氏) (名)	生年月日 昭平令 年 月 日	

⑨子	個人番号				
	氏名	(フリガナ) (氏) (名)	生年月日 昭平令 年 月 日	障害の状態に ある・ない ◆診	X線フィルムの送付 有・無 枚
	個人番号				
	氏名	(フリガナ) (氏) (名)	生年月日 昭平令 年 月 日	障害の状態に ある・ない ◆診	X線フィルムの返送 年 月 日

2005 1018 017 104

1

⑩ あなたの配偶者は、公的年金制度等（表1参照）から老齢・退職または障害の年金を受けていますか。○で囲んでください。

①老齢・退職の年金を受けている	2.障害の年金を受けている	3.いずれも受けていない	4.請求中	制度名（共済組合名等）厚生年金	年金の種類 老齢

受けていると答えた方は下欄に必要事項を記入してください（年月日は支給を受けることになった年月日を記入してください）。

公的年金制度名（表1より記号を選択）	年金の種類	年 月 日	年金証書の年金コードまたは記号番号等
イ	老齢	28. 2. 1	1150
		・ ・	
		・ ・	

年金コードまたは共済組合コード・年金種別				
1				
2				
3				

「年金の種類」とは、老齢または退職、障害をいいます。

⑪ あなたは、現在、公的年金制度等（表1参照）から年金を受けていますか。○で囲んでください。

1.受けている	②受けていない	3.請求中	制度名（共済組合名等）	年金の種類

受けていると答えた方は下欄に必要事項を記入してください（年月日は支給を受けることになった年月日を記入してください）。

公的年金制度名（表1より記号を選択）	年金の種類	年 月 日	年金証書の年金コードまたは記号番号等
		・ ・	
		・ ・	
		・ ・	

年金コードまたは共済組合コード・年金種別				
1				
2				
3				
他 年 金 種 別				

「年金の種類」とは、老齢または退職、障害、遺族をいいます。

⑫ 次の年金制度の被保険者または組合員等となったことがあるときは、その番号を○で囲んでください。

1. 国民年金法
②厚生年金保険法
3. 船員保険法（昭和61年4月以後を除く）
4. 廃止前の農林漁業団体職員共済組合法
5. 国家公務員共済組合法
6. 地方公務員等共済組合法
7. 私立学校教職員共済法
8. 旧市町村職員共済組合法
9. 地方公務員の退職年金に関する条例
10. 恩給法

⑬ 履　歴（公的年金制度加入経過）
※できるだけくわしく、正確に記入してください。

	(1) 事業所（船舶所有者）の名称および船員であったときはその船舶名	(2) 事業所（船舶所有者）の所在地または国民年金加入時の住所	(3) 勤務期間または国民年金の加入期間	(4) 加入していた年金制度の種類	(5) 備考
最初	就職サポート㈱	横浜市横浜 2-2-2	昭40・4・1から 平29・3・31まで	1. 国民年金 ②厚生年金保険 3. 厚生年金（船員）保険 4. 共済組合等	
2			・ ・ から ・ ・ まで	1. 国民年金 2. 厚生年金保険 3. 厚生年金（船員）保険 4. 共済組合等	
3			・ ・ から ・ ・ まで	1. 国民年金 2. 厚生年金保険 3. 厚生年金（船員）保険 4. 共済組合等	
4			・ ・ から ・ ・ まで	1. 国民年金 2. 厚生年金保険 3. 厚生年金（船員）保険 4. 共済組合等	
5			・ ・ から ・ ・ まで	1. 国民年金 2. 厚生年金保険 3. 厚生年金（船員）保険 4. 共済組合等	
6			・ ・ から ・ ・ まで	1. 国民年金 2. 厚生年金保険 3. 厚生年金（船員）保険 4. 共済組合等	
7			・ ・ から ・ ・ まで	1. 国民年金 2. 厚生年金保険 3. 厚生年金（船員）保険 4. 共済組合等	
8			・ ・ から ・ ・ まで	1. 国民年金 2. 厚生年金保険 3. 厚生年金（船員）保険 4. 共済組合等	
9			・ ・ から ・ ・ まで	1. 国民年金 2. 厚生年金保険 3. 厚生年金（船員）保険 4. 共済組合等	
10			・ ・ から ・ ・ まで	1. 国民年金 2. 厚生年金保険 3. 厚生年金（船員）保険 4. 共済組合等	

3

<table>
<tr><td rowspan="2">⑭
必
ず
記
入
し
て
く
だ
さ
い
。</td><td>(1) この請求は、左の頁にある「障害給付の請求事由」の1から3までの
いずれに該当しますか。該当する番号を○で囲んでください。</td><td colspan="3">1. 障害認定日による請求　　②. 事後重症による請求
3. 初めて障害等級の1級または2級に該当したことによる請求</td></tr>
</table>

⑭ 必ず記入してください。	「2」を○で囲んだときは右欄の該当する理由の番号を○で囲んでください。	1. 初診日から1年6月目の状態で請求した結果、不支給となった。 ②. 初診日から1年6月目の症状は軽かったが、その後悪化して症状が重くなった。 3. その他（理由　　　　　　　　　　　　　　　　　　　　　　　）

	(2) 過去に障害給付を受けたことがありますか。	1. は い ②いいえ	「1.はい」を○で囲んだときは、その障害給付の名称と年金証書の基礎年金番号・年金コード等を記入してください。	名　称	
				基礎年金番号・年金コード等	

<table>
<tr><td rowspan="11">障害の原因である傷病について記入してください。</td><td>(3)　傷　病　名</td><td colspan="2">胃ガン</td><td>2.</td><td colspan="2">3.</td></tr>
<tr><td>傷病の発生した日</td><td>昭和
⑭平成
令和</td><td>23 年 12 月 頃日</td><td>昭和
平成
令和　 年 月 日</td><td colspan="2">昭和
平成
令和　 年 月 日</td></tr>
<tr><td>初　診　日</td><td>昭和
⑭平成
令和</td><td>24 年 1 月 16 日</td><td>昭和
平成
令和　 年 月 日</td><td colspan="2">昭和
平成
令和　 年 月 日</td></tr>
<tr><td>初診日において加入していた年金制度</td><td colspan="2">1.国年 ②厚年 3.共済</td><td>1. 国年 2.厚年 3.共済</td><td colspan="2">1. 国年 2.厚年 3.共済</td></tr>
<tr><td>現在傷病はなおっていますか。</td><td colspan="2">① は い ・ 2.いいえ</td><td>1. は い ・ 2.いいえ</td><td colspan="2">1. は い ・ 2.いいえ</td></tr>
<tr><td>なおっているときは、なおった日</td><td>昭和
⑭平成
令和</td><td>25 年 7 月 16 日</td><td>昭和
平成
令和　 年 月 日</td><td colspan="2">昭和
平成
令和　 年 月 日</td></tr>
<tr><td>傷病の原因は業務上ですか</td><td colspan="5">1. は い ・ ② いいえ</td></tr>
<tr><td>この病気について右に示す制度から保険給付が受けられるときは、その番号を○で囲んでください。請求中のときも同様です。</td><td colspan="5">1.　労働基準法　　　　　　　　　　　　 2.　労働者災害補償保険法
3.　船員保険法　　　　　　　　　　　　 4.　国家公務員災害補償法
5.　地方公務員災害補償法
6.　公立学校の学校医、学校歯科医及び学校薬剤師の公務災害補償に関する法律</td></tr>
<tr><td>受けられるときは、その給付の種類の番号を○で囲み、支給の発生した日を記入してください。</td><td colspan="5">1.　障害補償給付（障害給付）　　　　　 2.　傷病補償給付（傷病年金）
昭和
平成　　　年　　月　　日
令和</td></tr>
<tr><td>障害の原因は第三者の行為によりますか。</td><td colspan="5">1. は い ・ ② いいえ</td></tr>
<tr><td>障害の原因が第三者の行為により発生したものであるときは、その者の氏名および住所を記入してください。</td><td>氏　名</td><td colspan="4"></td></tr>
<tr><td></td><td>住　所</td><td colspan="4"></td></tr>
</table>

生 計 維 持 申 立

⑮ 生 計 同 一 関 係	右の者は、請求者と生計を同じくしていることを申し立てる。 令 和 2 年 5 月 19 日 請求者　住所　神奈川県川崎市川崎 1-1-1 　　　　氏名　大崎　裕太　　　　　　⑭ 　　　　　　　本人 （注）　請求者が申立を行う際に自ら署名する場合は、押印は不要です。	配偶者 および子	氏　名	続柄
			大崎　静子	妻
			大崎　伸子	長女

<table>
<tr><td rowspan="6">⑯
収
入
関
係</td><td colspan="2">1.　請求者によって生計維持していた者について記入してください。</td><td>※確認印</td><td colspan="2">※年金事務所の確認事項</td></tr>
<tr><td>(1) 配偶者について年収は、850万円未満(※)ですか。</td><td>はい・いいえ</td><td>（　 ）印</td><td>ア.</td><td>健保等被扶養者（第三号被保険者）</td></tr>
<tr><td>(2) 子(名：伸子　) について年収は、850万円未満(※)ですか。</td><td>はい・いいえ</td><td>（　 ）印</td><td>イ.</td><td>国民年金保険料免除世帯</td></tr>
<tr><td>(3) 子(名：　　　) について年収は、850万円未満(※)ですか。</td><td>はい・いいえ</td><td>（　 ）印</td><td>ウ.</td><td>義務教育終了前</td></tr>
<tr><td>(4) 子(名：　　　) について年収は、850万円未満(※)ですか。</td><td>はい・いいえ</td><td>（　 ）印</td><td>エ.</td><td>高等学校在学中</td></tr>
<tr><td>2.　上記1で「いいえ」と答えた者のうち、その収入はこの
年金の受給権発生時においては、850万円未満(※)ですか。</td><td>はい・いいえ</td><td></td><td>オ.</td><td>源泉徴収票・課税証明書等</td></tr>
</table>

（注）　平成6年11月8日までに受給権が発生している方は、「600万円未満」となります。　　　　令 和　2　年　5　月　25　日　提出

5

機構独自項目

⑰ 請 求 者	過去に加入していた年金制度の年金手帳の記号番号で、基礎年金番号と異なる記号番号があるときは、その記号番号を記入してください。

<table>
<tr><td rowspan="2">⑰
請
求
者</td><td>厚 生 年 金 保 険</td><td></td><td>国 民 年 金</td><td></td></tr>
<tr><td>船 員 保 険</td><td></td><td></td><td></td></tr>
</table>

⑱ 配 偶 者	②欄を記入していない方は、あなたの配偶者について、つぎの1および2にお答えください。（記入した方は、回答の必要はありません。） 1. 過去に厚生年金保険、国民年金または船員保険に加入したことがありますか。　○で囲んでください。 「ある」と答えた方は、加入していた制度の年金手帳の記号番号を記入してください。

<table>
<tr><td></td><td></td><td>ある</td><td>ない</td></tr>
</table>

<table>
<tr><td>厚 生 年 金 保 険</td><td></td><td>国 民 年 金</td><td></td></tr>
<tr><td>船 員 保 険</td><td></td><td></td><td></td></tr>
</table>

2. あなたと配偶者の住所が異なるときは、下欄に配偶者の住所および性別を記入してください。

<table>
<tr><td>住所の郵便番号</td><td rowspan="2">住
所</td><td>（フリガナ）</td><td rowspan="2">性別
男 女
1 2</td></tr>
<tr><td></td><td></td></tr>
</table>

⑲	個人で保険料を納める第四種被保険者、船員保険の年金任意継続被保険者となったことがありますか。	1. は い ・ ②いいえ
	「はい」と答えた人は、保険料を納めた年金事務所（社会保険事務所）の名称を記入してください。	
	その保険料を納めた期間を記入してください。	昭和 平成 令和　年　月　日 から 昭和 平成 令和　年　月　日
	第四種被保険者（船員年金任意継続被保険者）の整理記号番号を記入してください。	（記号）　　（番号）

<table>
<tr><td>上・外</td><td colspan="2">初 診 年 月 日</td><td colspan="2">障 害 認 定 日</td><td>（外）傷病名コード</td><td>（上）傷病名コード</td><td>診断書</td></tr>
<tr><td>上・外
1・2</td><td>元号</td><td>年　　月　　日</td><td>元号</td><td>年　　月　　日</td><td></td><td></td><td></td></tr>
<tr><td>（外）等級</td><td>（上）等級</td><td>有　有 年</td><td>元号</td><td>三</td><td>差 引</td><td></td><td></td></tr>
</table>

<table>
<tr><td rowspan="2">基
礎</td><td colspan="2">受給権発生年月日</td><td>停止事由</td><td colspan="3">停　止　期　間</td><td colspan="2">条　　文</td></tr>
<tr><td>元号</td><td>年　　月　　日</td><td></td><td>元号</td><td>年　　月</td><td>元号　　年　　月</td><td></td><td></td></tr>
<tr><td></td><td>失権事由</td><td colspan="2">失 権 年 月 日</td><td>元号</td><td>年　　月　　日</td><td></td><td></td><td></td></tr>
</table>

<table>
<tr><td rowspan="2">厚
生</td><td colspan="2">受給権発生年月日</td><td>停止事由</td><td colspan="3">停　止　期　間</td><td colspan="2">条　　文</td></tr>
<tr><td>元号</td><td>年　　月　　日</td><td></td><td>元号</td><td>年　　月</td><td>元号　　年　　月</td><td></td><td></td></tr>
<tr><td></td><td>失権事由</td><td colspan="2">失 権 年 月 日</td><td>元号</td><td>年　　月　　日</td><td></td><td></td><td></td></tr>
</table>

<table>
<tr><td>⬤</td><td colspan="4">共済コード　共 済 記 録　1</td><td colspan="4">2</td></tr>
<tr><td></td><td>元号</td><td>年　　月　　日</td><td>元号</td><td>年　　月</td><td>日 取得 喪失</td><td>元号　年　月　日 元号　年　月</td><td>日 取得 喪失</td><td></td></tr>
<tr><td colspan="4">3</td><td>⬤</td><td colspan="4">4</td></tr>
<tr><td></td><td>元号</td><td>年　　月　　日</td><td>元号</td><td>年　　月</td><td>日 取得 喪失</td><td>元号　年　月　日 元号　年　月</td><td>日 取得 喪失</td><td></td></tr>
<tr><td colspan="4">5</td><td colspan="5">6</td></tr>
<tr><td></td><td>元号</td><td>年　　月　　日</td><td>元号</td><td>年　　月</td><td>日 取得 喪失</td><td>元号　年　月　日 元号　年　月</td><td>日 取得 喪失</td><td></td></tr>
</table>

時効区分

7

病歴・就労状況等申立書　No. 　－　枚中

（請求する病気やけがが複数ある場合は、それぞれ用紙を分けて記入してください。）

病歴状況	傷病名	胃ガン		
発病日	昭和・(平成)・令和 23 年 12 月 頃 日		初診日	昭和・(平成)・令和 24 年 1 月 16 日

記入する前にお読みください。
○ 次の欄には障害の原因となった病気やけがについて、発病したときから現在までの経過を年月順に期間をあけずに記入してください。
○ 受診していた期間は、通院期間、受診回数、入院期間、治療経過、医師から指示された事項、転医・受診中止の理由、日常生活状況、就労状況などを記入してください。
○ 受診していなかった期間は、その理由、自覚症状の程度、日常生活状況、就労状況などについて具体的に記入してください。
○ 健康診断などで障害の原因となった病気やけがについて指摘されたことも記入してください。
○ 同一の医療機関を長期間受診していた場合、医療機関を長期間受診していなかった場合、発病から初診までが長期間の場合は、その期間を3年から5年ごとに区切って記入してください。

	期間	左の期間の状況
1	昭和・(平成)・令和 23 年 12 月 頃 日から 昭和・(平成)・令和 24 年 1 月 16 日まで (受診した)・受診していない 医療機関名 **田町内科医院**	胃痛や吐き気が続いたが、連日の飲み会のせいだと思い、あまり気にしていなかった。嘔吐した中に血が混ざっていたので受診した。通常どおり勤務していた。
2	昭和・(平成)・令和 24 年 1 月 17 日から 昭和・(平成)・令和 24 年 2 月 15 日まで (受診した)・受診していない 医療機関名 **田町内科医院**	胃カメラ検査の結果、胃ガンと診断され、総合病院を紹介された。検査等で休む以外は、通常どおり勤務していた。
3	昭和・(平成)・令和 24 年 2 月 16 日から 昭和・(平成)・令和 24 年 5 月 31 日まで (受診した)・受診していない 医療機関名 **港南総合病院**	再度内視鏡検査を行い、手術を行った。胃の4分の3を摘出し、その後入院して治療を続けた。 会社は3か月間休職させてもらった。
4	昭和・(平成)・令和 24 年 6 月 1 日から 昭和・平成・令和 31 年 3 月 31 日まで (受診した)・受診していない 医療機関名 **港南総合病院**	職場に復帰し、通院治療に切り替えた。刺激のある物を食べると胃が痛み、また時々吐き気をもよおす。営業の仕事も「得意先回りのみ」に軽減してもらったが、営業の仕事に耐えられなくなり退職した。
5	昭和・(平成)・令和 31 年 4 月 1 日から 昭和・平成・令和 　年 現月 在 日まで (受診した)・受診していない 医療機関名 **港南総合病院**	抗がん剤を軽いものに切り替えて治療を続けているが、再発の恐怖がストレスとなって不調が続いている。

※裏面（署名欄）も記入してください。

就労・日常生活状況	1. 障害認定日（初診日から1年6月目または、それ以前に治った場合は治った日）頃と 2. 現在（請求日頃）の就労・日常生活状況等について該当する太枠内に記入してください。

1. 障害認定日（ 昭和・㋐平成・令和 25 年 7 月 16 日）頃の状況を記入してください。

<table>
<tr><td rowspan="4">就労状況</td><td rowspan="4">就労していた場合</td><td>職種（仕事の内容）を記入してください。</td><td colspan="2" style="text-align:center">営業職（人材募集広告の営業）</td></tr>
<tr><td>通勤方法を記入してください。</td><td colspan="2">通勤方法　電車
通勤時間（片道）　1　時間　0　分</td></tr>
<tr><td>出勤日数を記入してください。</td><td colspan="2">障害認定日の前月 21 日　障害認定日の前々月 20 日</td></tr>
<tr><td>仕事中や仕事が終わった時の身体の調子について記入してください。</td><td colspan="2">胃の傷み、吐き気があり、疲れやすい</td></tr>
<tr><td></td><td>就労していなかった場合</td><td>仕事をしていなかった（休職していた）理由すべてを○で囲んでください。
なお、オを選んだ場合は、具体的な理由を（　）内に記入してください。</td><td colspan="2">ア　体力に自信がなかったから
イ　医師から働くことを止められていたから
ウ　働く意欲がなかったから
エ　働きたかったが適切な職場がなかったから
オ　その他（理由　　　　　　　　　　　）</td></tr>
<tr><td rowspan="2">日常生活状況</td><td colspan="2">日常生活の制限について、該当する番号を○で囲んでください。
1 → 自発的にできた
2 → 自発的にできたが援助が必要だった
3 → 自発的にできないが援助があればできた
4 → できなかった</td><td colspan="2">着替え（①・2・3・4）　　洗面（①・2・3・4）
トイレ（①・2・3・4）　　入浴（①・2・3・4）
食事（①・2・3・4）　　散歩（①・2・3・4）
炊事（①・2・3・4）　　洗濯（①・2・3・4）
掃除（①・2・3・4）　　買物（①・2・3・4）</td></tr>
<tr><td colspan="2">その他日常生活で不便に感じたことがありましたら記入してください。</td><td colspan="2">食事制限があるので、外出時の食事メニューに困る。</td></tr>
</table>

2. 現在（請求日頃）の状況を記入してください。

<table>
<tr><td rowspan="4">就労状況</td><td rowspan="4">就労している場合</td><td>職種（仕事の内容）を記入してください。</td><td colspan="2"></td></tr>
<tr><td>通勤方法を記入してください。</td><td colspan="2">通勤方法
通勤時間（片道）　　時間　　分</td></tr>
<tr><td>出勤日数を記入してください。</td><td colspan="2">請求日の前月　　日　請求日の前々月　　日</td></tr>
<tr><td>仕事中や仕事が終わった時の身体の調子について記入してください。</td><td colspan="2"></td></tr>
<tr><td></td><td>就労していない場合</td><td>仕事をしていない（休職している）理由すべてを○で囲んでください。
なお、オを選んだ場合は、具体的な理由を（　）内に記入してください。</td><td colspan="2">㋐　体力に自信がないから
イ　医師から働くことを止められているから
ウ　働く意欲がないから
エ　働きたいが適切な職場がないから
オ　その他（理由　　　　　　　　　　　）</td></tr>
<tr><td rowspan="2">日常生活状況</td><td colspan="2">日常生活の制限について、該当する番号を○で囲んでください。
1 → 自発的にできる
2 → 自発的にできたが援助が必要である
3 → 自発的にできないが援助があればできる
4 → できない</td><td colspan="2">着替え（①・2・3・4）　　洗面（①・2・3・4）
トイレ（①・2・3・4）　　入浴（①・2・3・4）
食事（1・2・③・4）　　散歩（1・2・③・4）
炊事（1・2・③・4）　　洗濯（1・2・③・4）
掃除（1・2・③・4）　　買物（1・2・③・4）</td></tr>
<tr><td colspan="2">その他日常生活で不便に感じていることがありましたら記入してください。</td><td colspan="2">常にガン再発の恐怖があり、何もやる気にならない。</td></tr>
<tr><td rowspan="3">障害者手帳</td><td colspan="2">障害者手帳の交付を受けていますか。</td><td colspan="2">1 受けている　②受けていない　3 申請中</td></tr>
<tr><td colspan="2">交付されている障害者手帳の交付年月日、等級、障害名を記入してください。
その他の手帳の場合は、その名称を（　）内に記入してください。</td><td colspan="2">①　身・精・療・他（　　　　　　　　　）
　昭和・平成・令和　　年　　月　　日（　　級）
　障害名（　　　　　　　　　　　　　　　）</td></tr>
<tr><td colspan="2">※ 略字の意味
身→身体障害者手帳　療→療育手帳
精→精神障害者保健福祉手帳　他→その他の手帳</td><td colspan="2">②　身・精・療・他（　　　　　　　　　）
　昭和・平成・令和　　年　　月　　日（　　級）
　障害名（　　　　　　　　　　　　　　　）</td></tr>
</table>

上記のとおり相違ないことを申し立てます。　　　　　　　　　　　　※請求本人が署名する場合は、押印は不要です。

令和　2　年　5　月　19　日　　　　　　　　　請求者　現住所 **神奈川県川崎市川崎 1−1−1**

代筆者　氏　名　　　　　　　　　　　　　　　　　　　氏　名　**大崎 裕太**　　㊞
　　　　請求者からみた続柄（　　　　　　）　　　　　電話番号　**090 - 3456 - 7890**

視力や聴力などの悪化による請求と書類作成の注意点

正しく数値が記載されているかが非常に重要となる

検査数値が悪化すると障害年金の対象となることがある

　障害年金の中には「検査数値」の内容に応じて支給が決定されるものがあります。検査数値は、現在の身体の状況を数値化するために基準を定めやすいというポイントがあります。逆に、日常生活に支障をきたしている場合でも、検査数値の内容が基準に達していない場合は、障害年金の対象外とされるケースも見られるため、注意が必要です。検査数値の内容が影響する疾患には、たとえば目の障害などが挙げられます。目の障害といっても内容はさまざまなものがあり、等級表で詳細が定められている視力障害の他、求心性視野狭窄などの視野障害も含まれます。視力障害の場合で例を挙げると、まず視標を8箇所に分類し、それぞれの部分計測した視野が5度以内であれば障害等級2級に該当する、などの要件が定められているため、たとえばこの数値が悪化した場合は、さらに上の等級に該当する可能性もあります。

　また、聴覚障害の場合も同様に検査数値が示されています。たとえば、両耳の聴力が100デシベルに達した場合は障害等級1級、90デシベルに達した場合は2級に該当します。

どんな書類を提出するのか

　検査数値が認定の基準となる障害の場合、診断書には検査数値の情報が必須となります。提出の際には、医師により視力検査や聴力の検査、関節がどの程度動くのか、などの検査を行い、数値化されます。その他の書類については、原則として他の障害の場合と同様の内容のものを準備しなければなりません。現在の医師へ診断書の作成を依頼

する一方、初診の医師が異なる場合は、その医師に受診状況等証明書の作成を依頼します。さらに年金請求書や病歴・就労状況等申立書の準備を行います。病歴・就労状況等申立書には検査数値で計ることができない自身の病状や日常生活にどの程度の支障をきたしているのかを詳しく記載しましょう。その他、戸籍抄本や住民票、年金手帳、預金通帳、加給対象者がいる場合はその書類も必要になります。

　ところで、障害年金は障害認定日に遡って請求することができますが、当時の障害状況が基準に達していないこともあります。却下されてから再度事後重症による請求をするのは手続きが煩雑になるため、請求事由確認書を提出することにより、優先的に障害認定日による請求を行い、却下された場合は事後重症による請求に自動的に切り替えてもらうことができます。

■書式作成のポイント・注意点

　視力が悪化した場合に障害年金を請求する場合、医師により記載された診断書のチェックを入念に行う必要があります。自身の検査数値の内容が診断書に正しく書かれているか、記入もれなどがないかを確認します。数値の内容は等級の基準に大きな影響を及ぼすため、大変重要な存在となります。また、障害の中には改めて検査をする必要がないくらい明らかなものがありますが、この場合の医師の対応には注意しなければなりません。たとえば、明らかに「見えない」「聴こえない」「動かない」状態である場合、医師が具体的な検査数値を記入しないケースがあります。医師としては、書くまでもない状態であると判断しての行為ですが、具体的な数値が不足していると「未検査」「不備」と判断され、年金を受け取ることができない可能性があります。すべての項目が適切に記載されているかが非常に重要なポイントです。

年金請求書（国民年金障害基礎年金）

様式第107号

二次元
コード

★市区町村　受付年月日

年金事務所　受付年月日

年金コード
| 5 | 3 | | |
| 6 | 3 | 5 |

6 3 0 0 0 2

- ◆ のなかに必要事項を記入してください。（◆印はなにも記入しないでください。）
- 黒インクのボールペンで記入してください。
- 鉛筆や、摩擦に伴う温度変化等により消色するインクを用いたペンまたはボールペンは、使用しないでください。
- フリガナはカタカナで記入してください。
- 請求者自ら署名する場合は、押印は不要です。

※基礎年金番号が交付されていない方は、❶欄に個人番号をご記入ください。
※基礎年金番号（10桁）で届出する場合は左づめでご記入ください。

❶ 個人番号（または基礎年金番号）	2 5 6 7 8 2 1 0 9 8		
❷ 生年月日	昭・平・令 ⑦ 5 ⑨ 9 ｜ 1 2 ｜ 0 3 ｜ 2 7		

			性別
⑩ 氏名	(フリガナ) エ ビ ス (氏) 恵比寿	(フリガナ) ハ ナ コ (名) 花子 ㊞	男・女 1 ②

⑪ 住所の郵便番号	⑫ 住所
3 2 1 1 2 3 4	(フリガナ) チ バ 千葉 市区町村 (フリガナ) チ バ ヒガシ 千葉東3-3-6

❶欄を記入していない方は、次のことにお答えください。（記入した方は回答の必要はありません。）
過去に厚生年金保険、国民年金または船員保険に加入したことがありますか。○で囲んでください。　　ある　ない
「ある」と答えた方は、加入していた制度の年金手帳の記号番号を記入してください。

厚生年金保険								国民年金							
船員保険															

⑬ 年金受取機関		(フリガナ) エ ビ ス	(フリガナ) ハ ナ コ	
① 金融機関（ゆうちょ銀行を除く） 2. ゆうちょ銀行（郵便局）	口座名義人氏名	(氏) 恵比寿	(名) 花子	

		⑭ 金融機関コード	⑮ 支店コード	(フリガナ) ワンガン	銀行 金庫 信組 信連	(フリガナ) チ バ	本店 支店 出張所 本所 支所	⑯ 預金種別	⑰ 口座番号（左詰めで記入）
年金送金先	金融機関	◆ 2 2 2 0 0 1	◆	湾岸	農協 信漁連 漁協	千葉		① 普通 2. 当座	1 0 1 2 1 0 3

	⑱ 貯金通帳の口座番号	金融機関またはゆうちょ銀行の証明
ゆうちょ銀行	記号（左詰めで記入） － 番号（右詰めで記入）	※通帳等の写し（金融機関名、支店名、口座名義人氏名フリガナ、口座番号の欄）を添付する場合、証明は不要です。 ※請求者の氏名フリガナと口座名義人氏名フリガナが同じであることを確認してください。 ※貯蓄預金口座又は貯蓄貯金口座への振込みはできません。　　印

⑲ 支払局コード ◆ 1 0 0 8 9 9 6

※口座をお持ちでない方や口座でのお受取りが困難な事情がある方は、お受取り方法について、「ねんきんダイヤル」またはお近くの年金事務所にお問い合わせください。

⑦ 加算額の対象者	⑳ 氏名	(フリガナ) (氏) (名)	生年月日 平7 令9 年 月 日	障害の状態に ある・ない	◆ 診	連絡欄
	個人番号					X線フィルムの送付 有・無 　枚
	㉑ 氏名	(フリガナ) (氏) (名)	生年月日 平7 令9 年 月 日	障害の状態に ある・ない	◆ 診	X線フィルムの返送 年月日
	個人番号					

＊3人目以降は余白等にご記入ください。

2005 1018 018 132

⑦ あなたは現在、公的年金制度等（表1参照）から年金を受けていますか。〇で囲んでください。

1.受けている	②受けていない	3.請 求 中		制度名（共済組合名等）	年金の種類

受けていると答えた方は下欄に必要事項を記入してください（年月日は支給を受けることになった年月日を記入してください）。

制度名（共済組合名等）	年金の種類	年 月 日	年金証書の年金コードまたは記号番号等
		・ ・	
		・ ・	
		・ ・	

⑩年金コードまたは共済組合コード・年金種別		
1		
2		
3		
⑯ 他 年 金 種 別		

「年金の種類」とは、老齢または退職、障害、遺族をいいます。

※あなたの配偶者について、記入願います。

氏　名 [フリガナ]	生 年 月 日	基 礎 年 金 番 号

─ ご注意 ─

　配偶者が受給している年金の加給年金額の対象となっている場合、あなたが障害基礎年金を受けられるようになったときは、受給している加給年金額は受けられなくなります。
　この場合は、配偶者の方より、「老齢・障害給付加給年金額支給停止事由該当届」をお近くの年金事務所または街角の年金相談センターへ提出していただく必要があります。

㉟上・外	㊱ 初 診 年 月 日	㊲ 障 害 認 定 日	㊴ 傷病名コード	㊵ 診断書	㊶ 等級	㊸有	㊹ 有 年	㊺三	㊻ 差引
上・外 1 2	元号　　年　　月　　日	元号　　年　　月　　日		元号　　　年					

㊼ 受給権発生年月日	㊽併せ支給	㊾ 停 止 期 間	㊿ 条　　文	失権事由	失 権 年 月 日
元号　　年　　月　　日		元号　　年　　月　　日　元号　　年　　月　　日			元号　　年　　月　　日

⑲ 共 済 コ ー ド	共 済 記 録　1					2					
	元号　年　月　日元号　年　月　日 要件 計算					元号　年　月　日元号　年　月　日 要件 計算					
	3					4					
	元号　年　月　日元号　年　月　日 要件 計算					元号　年　月　日元号　年　月　日 要件 計算					
	5					6					
	元号　年　月　日元号　年　月　日 要件 計算					元号　年　月　日元号　年　月　日 要件 計算					
	7					8					
	元号　年　月　日元号　年　月　日 要件 計算					元号　年　月　日元号　年　月　日 要件 計算					
	9										
	元号　年　月　日元号　年　月　日 要件 計算										

㊿ 時 効 区 分	

★ 市区町村 からの 連絡事項	未 納 保 険 料 の　納　付	有 昭和・平成・令和　　年　　月分から 無 昭和・平成・令和　　年　　月分まで	差額保険料の 未納分の納付	有 昭和・平成・令和　　年　　月分から 無 昭和・平成・令和　　年　　月分まで
	保険料の追納	有 昭和・平成・令和　　年　　月分から 無 昭和・平成・令和　　年　　月分まで	検認票の添付	有　・　無

⑦ 次の年金制度の被保険者または組合員等となったことがあるときは、その番号を○で囲んでください。

1. 国民年金法　　　　　　　　　　　　　2. 厚生年金保険法　　　　　　　3. 船員保険法（昭和61年4月以後を除く）
4. 廃止前の農林漁業団体職員共済組合法　5. 国家公務員共済組合法　　　　6. 地方公務員等共済組合法
7. 私立学校教職員共済法　　8. 旧市町村職員共済組合法　　9. 地方公務員の退職年金に関する条例　　10. 恩給法

⑧ 履　歴（公的年金制度加入経過）　　　　　　　　　　　請求者の電話番号（ 043 ）－（ 210 ）－（ 9876 ）
　　※できるだけくわしく、正確に記入してください。　　勤務先の電話番号（　　）－（　　）－（　　）

	(1) 事業所（船舶所有者）の名称および船員であったときはその船舶名	(2) 事業所（船舶所有者）の所在地または国民年金加入時の住所	(3) 勤務期間または国民年金の加入期間	(4) 加入していた年金制度の種類	(5) 備　考
最初			・　・から ・　・まで	1.国民年金 2.厚生年金保険 3.厚生年金（船員）保険 4.共済組合等	
2			・　・から ・　・まで	1.国民年金 2.厚生年金保険 3.厚生年金（船員）保険 4.共済組合等	
3			・　・から ・　・まで	1.国民年金 2.厚生年金保険 3.厚生年金（船員）保険 4.共済組合等	
4			・　・から ・　・まで	1.国民年金 2.厚生年金保険 3.厚生年金（船員）保険 4.共済組合等	
5			・　・から ・　・まで	1.国民年金 2.厚生年金保険 3.厚生年金（船員）保険 4.共済組合等	
6			・　・から ・　・まで	1.国民年金 2.厚生年金保険 3.厚生年金（船員）保険 4.共済組合等	
7			・　・から ・　・まで	1.国民年金 2.厚生年金保険 3.厚生年金（船員）保険 4.共済組合等	
8			・　・から ・　・まで	1.国民年金 2.厚生年金保険 3.厚生年金（船員）保険 4.共済組合等	
9			・　・から ・　・まで	1.国民年金 2.厚生年金保険 3.厚生年金（船員）保険 4.共済組合等	
10			・　・から ・　・まで	1.国民年金 2.厚生年金保険 3.厚生年金（船員）保険 4.共済組合等	
11			・　・から ・　・まで	1.国民年金 2.厚生年金保険 3.厚生年金（船員）保険 4.共済組合等	
12			・　・から ・　・まで	1.国民年金 2.厚生年金保険 3.厚生年金（船員）保険 4.共済組合等	

⑨ 個人で保険料を納める第四種被保険者、船員保険の年金任意継続被保険者となったことがありますか。　　　　1. は　い　　②いいえ

「はい」と答えた方は、保険料を納めた年金事務所の名称を記入してください。

その保険料を納めた期間を記入してください。　　　昭和・平成・令和　　年　月　日　から　昭和・平成・令和　　年　月　日

第四種被保険者（船員年金任意継続被保険者）の整理記号番号を記入してください。　　（記号）　　　　　　（番号）

(1) この請求は左の頁にある「障害給付の請求事由」の1から3までのいずれに該当しますか。該当する番号を○で囲んでください。	① 障害認定日による請求　　2. 事後重症による請求 3. 初めて障害等級の1級または2級に該当したことによる請求
「2」を○で囲んだときは右欄の該当する理由の番号を○で囲んでください。	1. 初診日から1年6月目の状態で請求した結果、不支給となった。 2. 初診日から1年6月目の症状は軽かったが、その後悪化して症状が重くなった。 3. その他（理由　　　　　　　　　　　　　　　　　　　　　　）

(2) 過去に障害給付を受けたことがありますか。　1. はい　④ いいえ

「1. はい」を○で囲んだときは、その障害給付の名称と年金証書の基礎年金番号および年金コード等を記入してください。

名　称	
基礎年金番号・年金コード等	

必ず記入してください。障害の原因である傷病について記入してください。

	1.	2.	3.
傷病名	混合性難聴		
傷病の発生した日	昭和・平成・令和 15年1月頃日	昭和平成令和 年月日	昭和平成令和 年月日
初診日	昭和・平成・令和 15年2月4日	昭和平成令和 年月日	昭和平成令和 年月日
初診日において加入していた年金制度	1.国年2.厚年3.共済④未加入	1.国年2.厚年3.共済4.未加入	1.国年2.厚年3.共済4.未加入
現在傷病はなおっていますか。	1. はい　②いいえ	1. はい　2. いいえ	1. はい　2. いいえ
なおっているときは、なおった日	昭和平成令和 年月日	昭和平成令和 年月日	昭和平成令和 年月日

傷病の原因は業務上ですか。　1. はい　②いいえ

この傷病について右に示す制度から保険給付が受けられるときは、その番号を○で囲んでください。請求中のときも同様です。
1. 労働基準法　　　　　　　　2. 労働者災害補償保険法
3. 船員保険法　　　　　　　　4. 国家公務員災害補償法
5. 地方公務員災害補償法
6. 公立学校の学校医、学校歯科医及び学校薬剤師の公務災害補償に関する法律

受けられるときは、その給付の種類の番号を○で囲み、支給の発生した日を記入してください。
1. 障害補償給付（障害給付）　　2. 傷病補償給付（傷病年金）
昭和平成令和 年月日

障害の原因は第三者の行為によりますか。　1. はい　2. いいえ

障害の原因が第三者の行為により発生したものであるときは、その者の氏名および住所を記入
氏名　　　住所

(4) 国民年金に任意加入した期間について特別一時金を受けたことがありますか。　1. はい　②いいえ

㊈　生　計　維　持　申　立

生計同一関係

右の者は請求者と生計を同じくしていることを申し立てる。

令和2年5月26日
請求者　住所
　　　　氏名　　　㊞

	氏　名	続柄
子		

(注) 請求者が申立てを行う際に自ら署名する場合は、請求者の押印は不要です。

収入関係

1. 請求者によって生計維持していた方について記入してください。
(1)（名：　　　）について年収は、850万円未満※ですか。　はい・いいえ　（　）印
(2)（名：　　　）について年収は、850万円未満※ですか。　はい・いいえ　（　）印
(3)（名：　　　）について年収は、850万円未満※ですか。　はい・いいえ　（　）印

2. 上記1で「いいえ」と答えた方のうち、その方の収入はこの年金の受給権発生時においては、850万円未満※ですか。　はい・いいえ

※確認印	※年金事務所の確認事項
	ア．健保等被扶養者（第三号被保険者） イ．国民年金保険料免除世帯 ウ．義務教育終了前 エ．高等学校在学中 オ．源泉徴収票・課税証明書等

(※) 平成6年11月8日までに受給権が発生している方は、「600万円未満」となります。

令和2年6月1日提出

児童扶養手当の受給者の方やその配偶者が、公的年金制度から年金を受け取るようになったり、年金額が改定されたときは、市区町村から支給されている児童扶養手当が支給停止または一部支給停止される場合があります。詳しくは、お住まいの市区町村の児童扶養手当担当窓口にお問い合わせください。

病歴・就労状況等申立書　　No．　－　　枚中

（請求する病気やけがが複数ある場合は、それぞれ用紙を分けて記入してください。）

病歴状況	傷病名	混合性難聴						
発病日	昭和・(平成)・令和 15 年 1 月 頃			初診日	昭和・(平成)・令和 15 年 2 月 4 日			

記入する前にお読みください。
○ 次の欄には障害の原因となった病気やけがについて、発病したときから現在までの経過を年月順に期間をあげて記入してください。
○ 受診していた期間は、通院期間、受診回数、入院期間、治療経過、医師から指示された事項、転医・受診中止の理由、日常生活状況、就労状況などを記入してください。
○ 受診していなかった期間は、その理由、自覚症状の程度、日常生活状況、就労状況などについて具体的に記入してください。
○ 健康診断などで障害の原因となった病気やけがについて指摘されたことも記入してください。
○ 同一の医療機関を長期間受診していた場合、医療機関を長期間受診していなかった場合、発病から初診までが長期間の場合は、その期間を3年から5年ごとに区切って記入してください。

		左の期間の状況
1	昭和・(平成)・令和 12 年 1 月 頃 から 昭和・(平成)・令和 15 年 2 月 4 日まで (受診した)・受診していない 医療機関名 神田医院	3歳の頃、何を話しても何度も聞き返すので、不審に思い、耳鼻科を受診した。 検査の結果、混合性難聴と診断された
2	昭和・(平成)・令和 15 年 2 月 5 日から 昭和・(平成)・令和 24 年 3 月 31 日まで (受診した)・受診していない 医療機関名 神田医院	補聴器を装着し、内服薬を処方された。 小学校はろう学校に通う。 コミュニケーションは手話により行う。
3	昭和・平成・(令和) 24 年 4 月 1 日から 昭和・平成・(令和) 27 年 3 月 31 日まで (受診した)・受診していない 医療機関名 神田医院	月に1回通院している。聴力はほとんどないが、手話技術も上達し、ろう中学校でも積極的にコミュニケーションを取っている。
4	昭和・(平成)・令和 27 年 4 月 1 日から 昭和・(平成)・令和 30 年 3 月 31 日まで (受診した)・受診していない 医療機関名 神田医院	高校もろう学校に通う。 手話による会話は全く問題ないが、電車バスでは駅（停留所）のアナウンスが聞こえないため、移動は困難が伴う。
5	昭和・(平成)・令和 30 年 4 月 1 日から 昭和・平成・令和　年　現月在　日まで (受診した)・受診していない 医療機関名 神田医院	高校卒業後、就職活動をするが、就職できず、コンピュータの勉強をしながら就職活動を続ける。 就活以外では外出しなくなった。

※裏面（署名欄）も記入してください。

就労・日常生活状況	1. 障害認定日（初診日から1年6月目または、それ以前に治った場合は治った日）頃と 2. 現在（請求日頃）の就労・日常生活状況等について該当する太枠内に記入してください。

1. 障害認定日 （ 昭和・平成・⦿令和 2 年 3 月 26 日）頃の状況を記入してください。

<table>
<tr><td rowspan="5">就労状況</td><td rowspan="4">就労していた場合</td><td>職種（仕事の内容）を記入してください。</td><td></td></tr>
<tr><td>通勤方法を記入してください。</td><td>通勤方法
通勤時間（片道）　　　時間　　　分</td></tr>
<tr><td>出勤日数を記入してください。</td><td>障害認定日の前月　　　日　障害認定日の前々月　　　日</td></tr>
<tr><td>仕事中や仕事が終わった時の身体の調子について記入してください。</td><td></td></tr>
<tr><td>就労していなかった場合</td><td>仕事をしていなかった（休職していた）理由すべてを○で囲んでください。
なお、オを選んだ場合は、具体的な理由を（　）内に記入してください。</td><td>ア　体力に自信がなかったから
イ　医師から働くことを止められていたから
ウ　働く意欲がなかったから
⦿エ　働きたかったが適切な職場がなかったから
オ　その他（理由　　　　　　　　　　　　　　　）</td></tr>
</table>

<table>
<tr><td rowspan="2">日常生活状況</td><td>日常生活の制限について、該当する番号を○で囲んでください。
1 → 自発的にできた
2 → 自発的にできたが援助が必要だった
3 → 自発的にできないが援助があればできた
4 → 自発的にできなかった</td><td>着替え（①・2・3・4）　　洗　面（①・2・3・4）
トイレ（①・2・3・4）　　入　浴（①・2・3・4）
食　事（①・2・3・4）　　散　歩（①・2・3・4）
炊　事（①・2・3・4）　　洗　濯（①・2・3・4）
掃　除（①・2・3・4）　　買　物（1・2・③・4）</td></tr>
<tr><td>その他日常生活で不便に感じたことがありましたら記入してください。</td><td>電車バスのアナウンスが聞こえないので乗り過ごしてしまう。</td></tr>
</table>

2. 現在（請求日頃）の状況を記入してください。

<table>
<tr><td rowspan="5">就労状況</td><td rowspan="4">就労している場合</td><td>職種（仕事の内容）を記入してください。</td><td></td></tr>
<tr><td>通勤方法を記入してください。</td><td>通勤方法
通勤時間（片道）　　　時間　　　分</td></tr>
<tr><td>出勤日数を記入してください。</td><td>請求日の前月　　　日　請求日の前々月　　　日</td></tr>
<tr><td>仕事中や仕事が終わった時の身体の調子について記入してください。</td><td></td></tr>
<tr><td>就労していない場合</td><td>仕事をしていない（休職している）理由すべてを○で囲んでください。
なお、オを選んだ場合は、具体的な理由を（　）内に記入してください。</td><td>ア　体力に自信がないから
イ　医師から働くことを止められているから
ウ　働く意欲がないから
⦿エ　働きたいが適切な職場がないから
オ　その他（理由　　　　　　　　　　　　　　　）</td></tr>
</table>

<table>
<tr><td rowspan="2">日常生活状況</td><td>日常生活の制限について、該当する番号を○で囲んでください。
1 → 自発的にできる
2 → 自発的にできたが援助が必要である
3 → 自発的にできないが援助があればできる
4 → できない</td><td>着替え（①・2・3・4）　　洗　面（①・2・3・4）
トイレ（①・2・3・4）　　入　浴（①・2・3・4）
食　事（①・2・3・4）　　散　歩（①・2・3・4）
炊　事（①・2・3・4）　　洗　濯（①・2・3・4）
掃　除（①・2・3・4）　　買　物（1・2・③・4）</td></tr>
<tr><td>その他日常生活で不便に感じていることがありましたら記入してください。</td><td>手話のできない人とのコミュニケーションがとれない。</td></tr>
</table>

<table>
<tr><td rowspan="3">障害者手帳</td><td>障害者手帳の交付を受けていますか。</td><td>①受けている　　2 受けていない　　3 申請中</td></tr>
<tr><td>交付されている障害者手帳の交付年月日、等級、障害名を記入してください。
その他の手帳の場合は、その名称を（　）内に記入してください。</td><td>①　⦿身・精・療・他（　　　　　　　　　　　）
昭和・⦿平成・令和 15 年 5 月 7 日（ 2 級）
障害名（　　混合性難聴　　　　　　）</td></tr>
<tr><td>※ 略字の意味
身→ 身体障害者手帳　　療→ 療育手帳
精→ 精神障害者保健福祉手帳　他→ その他の手帳</td><td>②　身・精・療・他（　　　　　　　　　　　）
昭和・平成・令和 　 年 　 月 　 日（ 　 級）
障害名（　　　　　　　　　　　　　）</td></tr>
</table>

上記のとおり相違ないことを申し立てます。　　　　　　　　　　　　　　　※請求者本人が署名する場合、押印は不要です。

令和 2 年 5 月 26 日		請求者	現住所	千葉県千葉市千葉東 3-3-6
代筆者	氏　名 請求者からみた続柄（　　　　　）		氏　名 電話番号	恵比寿 花子　㊞ 043 - 210 - 9876

知的障害・発達障害についての障害年金の請求と書類作成の注意点

20歳になったら医師の診察を受ける

障害年金の対象となる知的障害とはどんなものか

　知的障害は、知的能力に障害があることで日常生活に支障があるために、何らかの支援が必要な状態を指します。発達障害と知的障害は同一ではありません。発達障害とは、発達障害者支援法に規定されていますが、脳機能の障害が原因となり、自閉症など日常生活または社会生活に制限を受ける者です。知的障害は発達障害のひとつです。知的障害や発達障害も程度が重ければ障害年金の対象になります。まず、知的障害では、知能指数という数値を１つの指標として判断することがあります。ただし、等級判定のガイドラインにおいても、知能指数のみには着目しないと明記されています。

　なお、療育手帳（知的障害者のための障害者手帳）の判定区分が中度以上の場合、知能指数は概ね50以下であり、認定基準の１級または２級を検討します。知的障害以外の障害年金の認定基準では、日常生活が自力ではほとんどできず、常に誰かの介護が必要な状態のときに１級と認定され、日常生活に著しい制限を受ける状態で、頻繁に誰かの介護を必要とする状態のときに２級と認定されます。身体障害者の場合、「寝たきり」に近い状態が１級で、「寝たきり」まで行かないが、介護がないと外出もままない状態の時が２級と認定されるといったイメージです。さらに厚生年金では、労働に著しい制限が加えられる状態のときに３級と認定され、それよりも軽い程度の時に障害手当金に認定されます。

　一方、知的障害の場合は、身体には障害がないので、「自力でできる」こともありますが、自力で作業ができてもその結果は健常者とは

著しく異なったり、自力で作業した結果うまくできずに状況を悪化させ周囲がその後始末に追われることもあります。このような著しい不適応行動も障害認定において考慮されます。

■ 年金請求ではどんな書類を提出するのか

　請求手続きでは年金請求書を提出します。添付書類として戸籍抄本、医師の診断書（所定書式）、病歴・就労状況等申立書を提出します。知的障害の場合は、発達期以前に原因があることが明らかなため、初診日の証明が不要とされており、受診状況等証明書の提出の必要はありません。一方、20歳前に初診日があることが前提となっているため、年金保険料の納付が支給要件になっていない反面、その後就職して厚生年金に加入したとしても、年金請求できるのは、初診日時点の加入状況が問われるため、20歳前に初診日があるとされる知的障害では厚生年金の請求はできません。

■ 書式作成のポイント・注意点

　知的障害の障害認定では診断書のウェイトが重いと言われています。医師は問診等を通じて診断書を作成します。そこで医師に、障害年金における診断書の意味や、日常生活における不適合行動についてしっかり説明する必要があります。「病歴・就労状況等申立書」においても、日常生活における問題点をきちんと記入します。また、知的障害者は、大人になってからも医師の診察・治療を受けることはあまりありません。そのため、20歳の誕生日の前後3か月に診察を受けていない事がよくあります。しかし、20歳前に初診日があるとされているため、障害認定日は20歳到達時となります。したがって障害認定日のカルテがなく、本来請求ができない事があります。20歳の誕生日が近づいてきたら医師の診察を受けることを忘れないようにしなければなりません。

Q 子どもの時から障害があります。保険料を支払っていないのに年金をもらえると聞きましたが本当でしょうか。

A 障害年金を含め年金は年金保険料を原資として支給されています。そのため年金保険料を納付していない人は、年金の受給資格はありません。障害年金では、初診日の前日を起点として未納期間が調査されます。ケガ・病気をしてからあわてて保険料を納付しても年金は支給されません。一方、年金保険料は20歳になってから納付を開始しますので、子どもの頃からの障害の場合、その初診日では20歳未満で年金保険料の支払い義務はありませんので、「未納」が問題になることはなく、年金の支給要件から除外されています。また年金にも加入していないときのケガ・病気ですが、障害を残し、その後の生活を不自由なものにしていることは、初診日の年齢には関係ありません。そこで年金制度では、20歳前に障害の原因となるケガ・病気がある場合も障害基礎年金の１級２級に該当する場合は、20歳以降については年金支給の対象とされます。

ただし、もう一つ大きな問題が残ります。保険料の納付は関係ありませんが、知的障害を除き初診日を確定しなければなりません。当時の医師に「受診状況等証明書」を書いてもらえればよいのですが、初診日から十数年も経過していたり、転居するとその証明が難しくなります。平成27年10月１日の改正により初診日認定の要件が緩和されたとはいえ、時間が経過しているのでその証拠集めは困難を極めます。前述のように保険料の未納については問われず、また障害認定日も20歳に到達した日（初診日から１年６か月経過していない障害を除く）に決められているので、正確に何年何月何日とまで証明できなくても年金請求は受理されます。

年金の障害等級は障害者手帳の等級とは別の判定基準によりますので、自分で判断しないで専門家に相談することをお勧めします。

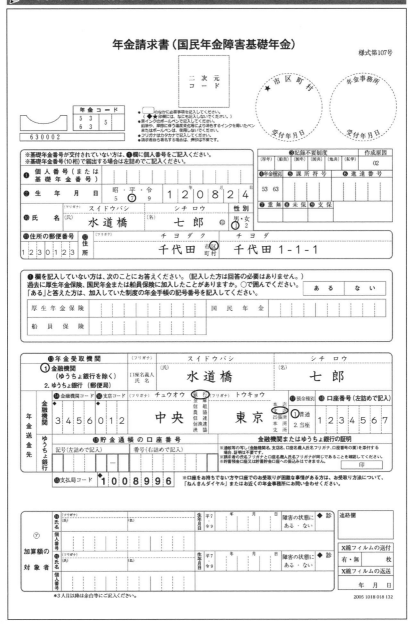

書式　年金請求書（国民年金障害基礎年金、知的機能障害）

㋑ あなたは現在、公的年金制度等（表1参照）から年金を受けていますか。○で囲んでください。

1.受けている	②受けていない	3.請 求 中	制度名（共済組合名等）	年金の種類

受けていると答えた方は下欄に必要事項を記入してください（年月日は支給を受けることになった年月日を記入してください）。

制度名（共済組合名等）	年金の種類	年 月 日	年金証書の年金コードまたは記号番号等
1			
2			

「年金の種類」とは、老齢または退職、障害、遺族をいいます。

※あなたの配偶者について、記入願います。

（フリガナ） 氏 名	生 年 月 日	基 礎 年 金 番 号

㋺年金コードまたは共済組合コード・年金種別

1	
2	
3	

㋩ 他 年 金 種 別

― ご 注 意 ―

　配偶者が受給している年金の加給年金額の対象となっている場合、あなたが障害基礎年金を受けられるようになったときは、受給している加給年金額は受けられなくなります。
　この場合は、配偶者の方より、「老齢・障害給付加給年金額支給停止事由該当届」をお近くの年金事務所または街角の年金相談センターへ提出していただく必要があります。

㊳上・外	㊴初 診 年 月 日	㊵障害認定日	㊶傷病名コード	㊷診断書	㊸等級	㊹有	㊺有年	㊻三	㊼差引
上・外 1　2	元号　　年　　月　　日	元号　　年　　月　　日						元号	

㊽受給権発生年月日	㊾停止事由	㊿停 止 期 間	51条 文	失権事由	失 権 年 月 日
元号　　年　　月　　日	元号	元号　　年　　月　　日　　～　　年　　月			元号　　年　　月　　日

52共済コード	共 済 記 録 1							2				
	元号　年　月　日	元号　年　月　日	要件	計算		元号　年　月　日	元号　年　月　日	要件	計算			

	3						53	4				
	元号　年　月　日	元号　年　月　日	要件	計算		元号　年　月　日	元号　年　月　日	要件	計算			

	5							6				
	元号　年　月　日	元号　年　月　日	要件	計算		元号　年　月　日	元号　年　月　日	要件	計算			

54	7							8				
	元号　年　月　日	元号　年　月　日	要件	計算		元号　年　月　日	元号　年　月　日	要件	計算			

	9				
	元号　年　月　日	元号　年　月　日	要件	計算	

55
時効区分

★ 市区町村 からの 連絡事項	未 納 保 険 料 の 納 付	有　昭和・平成・令和　　年　　月分から 無　昭和・平成・令和　　年　　月分まで	差額保険料の 未納分の納付	有　昭和・平成・令和　　年　　月分から 無　昭和・平成・令和　　年　　月分まで
	保険料の追納	有　昭和・平成・令和　　年　　月分から 無　昭和・平成・令和　　年　　月分まで	検認票の添付	有 ・ 無

⑦ 次の年金制度の被保険者または組合員等となったことがあるときは、その番号を〇で囲んでください。

　1．国民年金法　　　　　　　　　　　2．厚生年金保険法　　　　　　　　3．船員保険法（昭和61年4月以後を除く）
　4．廃止前の農林漁業団体職員共済組合法　5．国家公務員共済組合法　　　　　6．地方公務員等共済組合法
　7．私立学校教職員共済法　　　8．旧市町村職員共済組合法　　9．地方公務員の退職年金に関する条例　　10．恩給法

⑪ 履　　　歴（公的年金制度加入経過）　　　　　　　　　　　　請求者の電話番号（　090　）-（1234）-（5678　）
　※できるだけくわしく、正確に記入してください。　　　　　　　勤務先の電話番号（　　　）-（　　　）-（　　　）

	(1) 事業所（船舶所有者）の名称および船員であったときはその船舶名	(2) 事業所（船舶所有者）の所在地または国民年金加入時の住所	(3) 勤務期間または国民年金の加入期間	(4) 加入していた年金制度の種類	(5) 備考
最初			・・から / ・・まで	1．国民年金 / 2．厚生年金保険 / 3．厚生年金(船員)保険 / 4．共済組合等	
2			・・から / ・・まで	1．国民年金 / 2．厚生年金保険 / 3．厚生年金(船員)保険 / 4．共済組合等	
3			・・から / ・・まで	1．国民年金 / 2．厚生年金保険 / 3．厚生年金(船員)保険 / 4．共済組合等	
4			・・から / ・・まで	1．国民年金 / 2．厚生年金保険 / 3．厚生年金(船員)保険 / 4．共済組合等	
5			・・から / ・・まで	1．国民年金 / 2．厚生年金保険 / 3．厚生年金(船員)保険 / 4．共済組合等	
6			・・から / ・・まで	1．国民年金 / 2．厚生年金保険 / 3．厚生年金(船員)保険 / 4．共済組合等	
7			・・から / ・・まで	1．国民年金 / 2．厚生年金保険 / 3．厚生年金(船員)保険 / 4．共済組合等	
8			・・から / ・・まで	1．国民年金 / 2．厚生年金保険 / 3．厚生年金(船員)保険 / 4．共済組合等	
9			・・から / ・・まで	1．国民年金 / 2．厚生年金保険 / 3．厚生年金(船員)保険 / 4．共済組合等	
10			・・から / ・・まで	1．国民年金 / 2．厚生年金保険 / 3．厚生年金(船員)保険 / 4．共済組合等	
11			・・から / ・・まで	1．国民年金 / 2．厚生年金保険 / 3．厚生年金(船員)保険 / 4．共済組合等	
12			・・から / ・・まで	1．国民年金 / 2．厚生年金保険 / 3．厚生年金(船員)保険 / 4．共済組合等	

⑨ 個人で保険料を納める第四種被保険者、船員保険の年金任意継続被保険者となったことがありますか。	1．は い　　②いいえ
「はい」と答えた方は、保険料を納めた年金事務所の名称を記入してください。	
その保険料を納めた期間を記入してください。	昭和平成令和　　年　月　日 から 昭和平成令和　　年　月　日
第四種被保険者(船員年金任意継続被保険者)の整理記号番号を記入してください。	(記号)　　　　　(番号)

(1) この請求は左の頁にある「障害給付の請求事由」の1から3までのいずれに該当しますか。該当する番号を○で囲んでください。	① 障害認定日による請求 　 2. 事後重症による請求 3. 初めて障害等級の1級または2級に該当したことによる請求	

<table>
<tr><td>「2」を○で囲んだときは右欄の該当する理由の番号を○で囲んでください。</td><td>1. 初診日から1年6月目の状態で請求した結果、不支給となった。
2. 初診日から1年6月目の症状は軽かったが、その後悪化して症状が重くなった。
3. その他（理由　　　　　　　　　　　　　　　　　　　）</td></tr>
</table>

<table>
<tr><td rowspan="2">(2) 過去に障害給付を受けたことがありますか。</td><td rowspan="2">1. は い
②いいえ</td><td>「1. はい」を○で囲んだときは、その障害給付の名称と年金証書の基礎年金番号および年金コード等を記入してください。</td><td>名　称</td><td></td></tr>
<tr><td></td><td>基礎年金番号・年金コード等</td><td></td></tr>
</table>

<table>
<thead>
<tr><th rowspan="2">㋒
必ず記入してください。</th><th rowspan="2">(3)
障害の原因である傷病について記入してください。</th><th colspan="2">傷　病　名</th><th colspan="2">1.
知的機能障害</th><th>2.</th><th>3.</th></tr>
<tr><th colspan="2"></th><th colspan="2"></th><th></th><th></th></tr>
</thead>
<tbody>
<tr><td colspan="2">傷病の発生した日</td><td colspan="2">昭和
平成
令和　12 年 8 月 24 日</td><td>昭和
平成
令和　年 月 日</td><td>昭和
平成
令和　年 月 日</td></tr>
<tr><td colspan="2">初　　診　　日</td><td colspan="2">昭和
平成
令和　12 年 8 月 24 日</td><td>昭和
平成
令和　年 月 日</td><td>昭和
平成
令和　年 月 日</td></tr>
<tr><td colspan="2">初診日において加入していた年金制度</td><td colspan="2">1.国年 2.厚年 3.共済 ④未加入</td><td>1.国年 2.厚年 3.共済 4.未加入</td><td>1.国年 2.厚年 3.共済 4.未加入</td></tr>
<tr><td colspan="2">現在傷病はなおっていますか。</td><td colspan="2">1. は い　　②いいえ</td><td>1. は い　　2. いいえ</td><td>1. は い　　2. いいえ</td></tr>
<tr><td colspan="2">なおっているときは、なおった日</td><td colspan="2">昭和
平成
令和　年 月 日</td><td>昭和
平成
令和　年 月 日</td><td>昭和
平成
令和　年 月 日</td></tr>
<tr><td colspan="2">傷病の原因は業務上ですか。</td><td colspan="4">1. は い　　②いいえ</td></tr>
<tr><td colspan="2">この傷病について右に示す制度から保険給付が受けられるときは、その番号を○で囲んでください。請求中のときも同様です。</td><td colspan="4">1. 労働基準法　　　　　　　　　　　　　2. 労働者災害補償保険法
3. 船員保険法　　　　　　　　　　　　　4. 国家公務員災害補償法
5. 地方公務員災害補償法
6. 公立学校の学校医、学校歯科医及び学校薬剤師の公務災害補償に関する法律</td></tr>
<tr><td colspan="2">受けられるときは、その給付の種類の番号を○で囲み、支給の発生した日を記入してください。</td><td colspan="4">1. 障害補償給付（障害給付）　　　　　2. 傷病補償給付（傷病年金）
昭和
平成
令和　年 月 日</td></tr>
<tr><td colspan="2">障害の原因は第三者の行為によりますか。</td><td colspan="4">1. は い　　　2. いいえ</td></tr>
<tr><td colspan="2" rowspan="2">障害の原因が第三者の行為により発生したものであるときは、その者の氏名および住所を記入</td><td colspan="2">氏　名</td><td colspan="2"></td></tr>
<tr><td colspan="2">住　所</td><td colspan="2"></td></tr>
</tbody>
</table>

(4) 国民年金に任意加入した期間について特別一時金を受けたことがありますか。	1. は い　　　2. いいえ

㋔ 　　　　　　　　生　計　維　持　申　立

<table>
<tr><td rowspan="3">生計同一関係</td><td>右の者は請求者と生計を同じくしていることを申し立てる。</td><td rowspan="2"></td><td colspan="2">氏　名</td><td>続柄</td></tr>
<tr><td>令和 2 年 9 月 1 日
　請求者　住所

　　　　　氏名　　　　　　　　　　　　㊞</td><td rowspan="2">子</td><td></td><td></td></tr>
<tr><td colspan="3">(注) 請求者が申立てを行う際に自ら署名する場合は、請求者の押印は不要です。</td><td></td></tr>
</table>

<table>
<thead>
<tr><th rowspan="2">収入関係</th><th colspan="2">1. 請求者によって生計維持していた方について記入してください。</th><th>※確認印</th><th>※年金事務所の確認事項</th></tr>
<tr><th></th><th></th><th></th><th></th></tr>
</thead>
<tbody>
<tr><td></td><td>(1)　(名：　　　　)について年収は、850万円未満(※)ですか。</td><td>はい・いいえ</td><td>(　)印</td><td>ア．健保等被扶養者（第三号被保険者）</td></tr>
<tr><td></td><td>(2)　(名：　　　　)について年収は、850万円未満(※)ですか。</td><td>はい・いいえ</td><td>(　)印</td><td>イ．国民年金保険料免除世帯</td></tr>
<tr><td></td><td>(3)　(名：　　　　)について年収は、850万円未満(※)ですか。</td><td>はい・いいえ</td><td>(　)印</td><td>ウ．義務教育終了前</td></tr>
<tr><td></td><td rowspan="2">2. 上記1で「いいえ」と答えた方のうち、その方の収入はこの年金の受給権発生時においては、850万円未満(※)ですか。</td><td rowspan="2">はい・いいえ</td><td></td><td>エ．高等学校在学中</td></tr>
<tr><td></td><td></td><td>オ．源泉徴収票・課税証明書等</td></tr>
<tr><td></td><td colspan="2">(※) 平成6年11月8日までに受給権が発生している方は、「600万円未満」となります。</td><td colspan="2">令和 2 年 9 月 12 日提出</td></tr>
</tbody>
</table>

児童扶養手当の受給者の方やその配偶者が、公的年金制度から年金を受け取るようになったり、年金額が改定されたときは、市区町村から支給されている児童扶養手当が支給停止または一部支給停止される場合があります。詳しくは、お住まいの市区町村の児童扶養手当担当窓口にお問い合わせください。

書式　病歴・就労状況等申立書（知的機能障害の場合）

病歴・就労状況等申立書

No. 　－　　枚中

（請求する病気やけがが複数ある場合は、それぞれ用紙を分けて記入してください。）

病歴状況	傷病名	先天性知的機能障害							
発病日	昭和 (平成) 令和 12 年 8 月 24 日			初診日		昭和 (平成) 令和 12 年 8 月 24 日			

記入する前にお読みください。
○ 次の欄には障害の原因となった病気やけがについて、発病したときから現在までの経過を年月順に期間をあけずに記入してください。
○ 受診していた期間は、通院期間、受診回数、入院期間、治療経過、医師から指示された事項、転医・受診中止の理由、日常生活状況、就労状況などを記入してください。
○ 受診していなかった期間は、その理由、自覚症状の程度、日常生活状況、就労状況などについて具体的に記入してください。
○ 健康診断などで障害の原因となった病気やけがについて指摘されたことも記入してください。
○ 同一の医療機関を長期間受診していた場合、医療機関を長期間受診していなかった場合、発病から初診までが長期間の場合は、その期間を3年から5年ごとに区切って記入してください。

	期間	左の期間の状況
1	昭和 (平成) 令和 12 年 8 月 24 日から 昭和 (平成) 令和 17 年 5 月 10 日まで (受診した) ・ 受診していない 医療機関名 御茶ノ水病院	他の同年齢の子供に比べ発育も悪く、会話も要領を得ないので、小児科を受診したところ、知的障害の疑いがあると言われた。
2	昭和 (平成) 令和 17 年 5 月 11 日から 昭和 (平成) 令和 22 年 3 月 31 日まで (受診した) ・ 受診していない 医療機関名 御茶ノ水病院	文字もあまり覚えられず、一般の小学校では支援学級に入学したが、そこでもまったくついていけず、学校と相談して指摘もあったので、平成16年9月に支援学校に転校する。平成15年5月1日に愛の手帳を交付される。
3	昭和 (平成) 令和 22 年 4 月 1 日から 昭和 (平成) 令和 25 年 3 月 31 日まで (受診した) ・ 受診していない 医療機関名 御茶ノ水病院	学校でも他人と関わることが苦手で、友達ともよくもめ事を起こす。通学時は親かヘルパーが同行して、他人との接触を避けている。他人に何か言われると情緒不安定になる。
4	昭和 (平成) 令和 25 年 4 月 1 日から 昭和 (平成) 令和 28 年 3 月 31 日まで (受診した) ・ 受診していない 医療機関名 御茶ノ水病院	中学校も支援学校に進学する。小学校のときよりは対人関係が築けるようになるが、それでも長い時間一緒にいる友達や先生のみで、初めて会った人からは逃げようとする。お気に入りのハンドタオルにこだわりがあり、常に持ち歩いている。それがないと情緒不安定になる。
5	昭和 (平成) 令和 28 年 4 月 1 日から 昭和・平成・令和 年 現在 日まで (受診した) ・ 受診していない 医療機関名 御茶ノ水病院	小学生レベルの学力はついたが、難しい計算や漢字はできない。外出をあまり好まず、高校には進学しなかった。身の回りのことも周囲がお世話しないと、きちんとできない。

※裏面（署名欄）も記入してください。

<table>
<tr><td rowspan="2">就労・日常生活状況</td><td>1. 障害認定日（初診日から1年6月目または、それ以前に治った場合は治った日）頃と</td></tr>
<tr><td>2. 現在（請求日頃）の就労・日常生活状況等について該当する太枠内に記入してください。</td></tr>
</table>

1. 障害認定日（ 昭和・平成・⦿令和 2 年 8 月 23 日）頃の状況を記入してください。

就労状況	就労していた場合	職種（仕事の内容）を記入してください。	
		通勤方法を記入してください。	通勤方法 通勤時間（片道）　　時間　　　分
		出勤日数を記入してください。	障害認定日の前月　　日　障害認定日の前々月　　日
		仕事中や仕事が終わった時の身体の調子について記入してください。	
	就労していなかった場合	仕事をしていなかった（休職していた）理由すべて○で囲んでください。 なお、オを選んだ場合は、具体的な理由を（　）内に記入してください。	ア　体力に自信がなかったから イ　医師から働くことを止められていたから ⦿ウ　働く意欲がなかったから エ　働きたかったが適切な職場がなかったから オ　その他（理由　　　　　　　　　　　　　　　　）
日常生活状況		日常生活の制限について、該当する番号を○で囲んでください。 1 → 自発的にできた 2 → 自発的にできたが援助が必要だった 3 → 自発的にできないが援助があればできた 4 → できなかった	着替え（1・2・③・4）　洗面（1・2・③・4） トイレ（1・②・3・4）　入浴（1・2・3・4） 食事（1・②・3・4）　　散歩（1・2・③・4） 炊事（1・2・3・④）　　洗濯（1・2・3・④） 掃除（1・2・3・④）　　買物（1・2・3・④）
		その他日常生活で不便に感じたことがありましたら記入してください。	自分で何かを判断することが苦手。

2. 現在（請求日頃）の状況を記入してください。

就労状況	就労している場合	職種（仕事の内容）を記入してください。	
		通勤方法を記入してください。	通勤方法 通勤時間（片道）　　時間　　　分
		出勤日数を記入してください。	請求日の前月　　日　請求日の前々月　　日
		仕事中や仕事が終わった時の身体の調子について記入してください。	
	就労していない場合	仕事をしていない（休職している）理由すべて○で囲んでください。 なお、オを選んだ場合は、具体的な理由を（　）内に記入してください。	ア　体力に自信がないから イ　医師から働くことを止められているから ⦿ウ　働く意欲がないから エ　働きたいが適切な職場がないから オ　その他（理由　　　　　　　　　　　　　　　　）
日常生活状況		日常生活の制限について、該当する番号を○で囲んでください。 1 → 自発的にできる 2 → 自発的にできたが援助が必要である 3 → 自発的にできないが援助があればできる 4 → できない	着替え（1・2・③・4）　洗面（1・2・③・4） トイレ（1・②・3・4）　入浴（1・②・3・4） 食事（1・②・3・4）　　散歩（1・2・③・4） 炊事（1・2・3・④）　　洗濯（1・2・3・④） 掃除（1・2・3・④）　　買物（1・2・3・④）
		その他日常生活で不便に感じていることがありましたら記入してください。	指示されたことは、その時はできるが、少し時間が経過すると、また指示が必要になる。
障害者手帳		障害者手帳の交付を受けていますか。	① 受けている　2 受けていない　3 申請中
		交付されている障害者手帳の交付年月日、等級、障害名を記入してください。 その他の手帳の場合は、その名称を（　）内に記入してください。	① 身・精・療・他（　　　　　　　　　　　） 昭和・平成・令和 15 年 5 月 1 日（ 2 級） 障害名（　　　知的障害　　　　　　　　）
		※略字の意味 身→ 身体障害者手帳　　療→ 療育手帳 精→ 精神障害者保健福祉手帳　他→ その他の手帳	② 身・精・療・他（　　　　　　　　　　　） 昭和・平成・令和　　年　　月　　日（ 　級） 障害名（　　　　　　　　　　　　　　　）

上記のとおり相違ないことを申し立てます。　　　　　　　　　　　※請求者本人が署名する場合、押印は不要です。

令和 2 年 9 月 1 日　　　　　　　　　　　請求者 現住所 東京都千代田区千代田 1-1-1

	氏名	水道橋 花子		氏名	水道橋 七郎 ㊞
代筆者	請求者からみた続柄（	母 　　）		電話番号	090 - 1234 - 5678

第6章

支給停止・再審査請求
などその他の事項

障害年金が受給できない場合、支給停止、受給権の消滅について知っておこう

年金が受給できない理由に応じて再開時の処遇が異なる

障害が残っても、障害年金を受給できない場合とは

障害年金は、障害を負った者の生活保障のために支給されるものであるため、原則として障害状態に該当しなくなるまでの期間は受け取ることができます。しかし、中には障害の状態にあるにもかかわらず障害年金を受け取ることができない場合があります。たとえば、もともと抱えている障害が3級より下の等級に該当している場合は支給されません。

故意に障害またはその直接の原因となった事故を生じさせるなどの犯罪行為による障害にも、障害年金は支給されません。また、故意の犯罪行為や重大な過失により障害もしくはその原因となった事故を生じさせ、障害の程度を増進させた者については、障害年金の全部または一部の支給が行われない場合があります。さらに、正当な理由なく療養に関する指示に従わない場合も、障害年金の全部または一部の支給が行われない場合があります。

支給が停止されるケースとは

支給停止とは、受給権そのものが消滅したわけではなく、等級に該当しないことで障害年金が一時的に停止されている状態です。具体例としては、第一に請求の時点では3級以上に該当したため受給できたものの、現在は軽減し3級より下になった場合が挙げられます。

なお、障害基礎年金と障害厚生年金では、年金によってカバーすることができる障害等級に違いがあることに注意しなければなりません。たとえば、障害基礎年金は障害の状態が2級より下に、障害厚生年金

は障害の状態が3級より下に軽減した場合にそれぞれ支給が停止されることになります。

障害年金には永久支給のものもありますが、一定期間ごとに更新時期があり、その都度診断書などを再提出することで新たに認定されるものもあります。そのため、更新の時期に障害等級に該当していない事実が発覚した場合は、支給が停止されます。

ただし、支給停止はあくまでも「要件に該当しないため停止されている」状態であるため、再び症状が悪化し、障害等級に該当した場合は支給が再開されます。なお、障害基礎年金と障害厚生年金では、年金によってカバーすることができる障害等級に違いがあるため、支給事由が若干異なる点に注意しなければなりません。たとえば、障害基礎年金は障害の状態が2級より下に、障害厚生年金は障害の状態が3級より下に軽減した場合にそれぞれ支給が停止されることになります。

▍差止めされるケースとは

障害年金は、**差止め**がなされる場合があります。差止めは支給停止とは異なり、更新のための必要書類（現況届や診断書など）を提出期限までに出さなかった場合に実施されます。差止めが実施される場合は、差止めについての通知書が郵送されることで通知することになります。しかし、後日に現況届や診断書などを提出した場合は、過去に差し止められた期間分の年金が過去に遡って支給されます。再開しても停止期間の年金が支払われない支給停止とはこの点が異なります。

▍受給権が消滅するケースとは

障害年金を受給する権利が消滅することを**失権**といいます。失権の具体例としては、65歳を過ぎるまで3級より下だった場合などが該当します。なぜなら、65歳以降には老齢年金の支給が開始されるためで、後で3級以上になったとしても障害年金を受け取ることができません。

ただし、３級より下の障害状態になって３年以内に65歳になった場合、受給権が失権するのは３級より下の障害状況になってから３年後とみなす特例が設けられている点に注意が必要です。

　その他、支給対象者が死亡した場合や、併合認定により以前の受給権が消滅するケースなども、失権の例として挙げることができます。

■ 障害厚生年金の失権・支給停止事由 ………………………………

● 失権事由

① 受給権者が死亡したとき

② 併給調整の併合認定により新たな受給権を取得したとき
（従前の障害厚生年金の受給権が消滅する）

③ 障害等級に該当する程度の障害の状態にない者が65歳になったとき
（65歳になった日に、障害等級に該当する程度の障害の状態でなくなった日から起算して、障害等級に対等する程度の障害の状態に該当しないまま３年を経過していないときを除く）

④ 障害等級に該当する障害の状態でなくなった日から起算して、障害等級に該当する程度の障害の状態に該当することなく３年が経過したとき
（３年が経過した日において、その受給権者が65歳未満である場合を除く）

● 支給停止事由

① 労働基準法の障害補償を受ける権利を取得したときから６年間
（障害基礎年金の受給権がある場合は同時に支給停止される）

② 障害の程度が軽くなり、障害等級に該当する程度の障害の状態でなくなったとき
（ただちに受給権を消滅させるのではなく、いったん支給を停止し、その後、障害の程度が悪化して再び障害等級に該当する状態に至った場合に支給が再開される）

③ 障害厚生年金の加給年金の支給対象となっている配偶者が老齢厚生年金または障害基礎年金、障害厚生年金を受けられるに至ったとき
（配偶者の加給年金額のみ支給を停止）

2 年金の支給が止められる場合がある

障害の程度が変わった場合は支給停止されることがある

どんな場合に支給停止になるのか

　障害年金は、障害により日常生活に支障をきたす人の生活を保障するために国が支給するものです。したがって、障害の程度が変更になった場合などには、年金の支給が一部または全額停止されるケースがあります。

　そのため、国側は障害年金の受給者の現状を把握するため、一定期間ごとに診断書の提出を求めています。この診断書は、「障害年金受給権者現況届」ともいい、障害状態が継続しているかを確認するための書類です。年金を受給している者は、必ずこの診断書を定期的に提出する必要があり、記載内容によっては年金金額が支給停止になる場合があります。

　障害年金の証書には、次回の診断書提出年月に関する記載がされています。障害基礎年金の場合、障害厚生年金の場合はいずれも、診断書の提出期限は受給権者の誕生日が属する月の末日です。誕生月に入るまでに書類が郵送されてくるため、誕生月が過ぎるまでに医師へ記入の依頼をしなければなりません。また、20歳前に発症した障害による障害基礎年金の場合は、誕生月にかかわらず提出日は7月末です。

　なお、診断書を適切に提出しなかった場合は受給が一時的に差止めとなるため、注意が必要です。

支給停止の処分に納得できない場合は

　実際に支給停止の処分を受けてしまい、その処遇に納得がいかない場合は、**不服申立て**の制度を利用することが可能です。不服申立ての

手順は、年金の請求が却下された場合に行うケースと同じ内容になります。また、支給停止の状態を解消するためには「障害給付受給権者支給停止事由消滅届」という書類を提出する方法もあります。これは、診断書の更新時期に障害状態が軽減されていたことで支給停止となってしまい、その後に重症化した場合などに用いることが可能です。実際に提出する場合は、新たに医師による診断書を作成依頼した上で提出を行います。

■ 働くことと支給停止の関係性とは

　現在の障害年金制度の場合、障害等級に該当しなくなったために年金の支給が停止されたとしても、受給権者が65歳になるまでは権利自体を失う「失権」状態にはなりません。また、障害等級に該当しなくなってから3年の間は、たとえ65歳を迎えたとしても失権状態にはなりません。

　したがって、障害の状態が再び重症化し、障害等級に該当した場合は障害年金の支給が行われます。特に、精神疾患による障害の場合は、症状に波があるケースも多いため、障害年金の支給停止や再受給が繰り返される場合があります。つまり、老齢年金の受給開始となる65歳までは障害年金が受給できる可能性が残されているため、障害年金が支給停止になることを不安に感じて働くのをためらう必要はありません。実際に働くことを検討する際には、いきなり高収入や長時間の就労につくよりも、緩やかなペースで少しずつ働く時間を増やしていけるような方法を検討することが効果的です。ハローワークで執り行う職業訓練を利用する方法や、就労継続支援A型、B型事業所へ通うなどの方法があります（41ページ）。心身ともに無理なく、少しずつ社会復帰できるような方法を取ることが重要だといえます。

3 再審査請求について知っておこう

却下された場合でも再度のチャンス機会が設けられている

いつまでに再審査請求をするのか

障害年金を請求した場合、初診日や障害等級、保険料納付要件に該当しなかったという理由でその請求が却下される場合があります。この場合は、請求先の日本年金機構より「不支給決定通知書」が届くことになりますが、届いた直後は今後の生活への不安にかられ、パニックになってしまうケースも見られます。

しかし、このような場合はまず落ち着くことが第一です。障害年金の請求には、再チャンスの機会があります。

不支給決定通知に不服がある場合、まずは**審査請求**という不服の申立てを書面または口頭で行うことが可能です。なお、申立て先は、各地域の社会保険審査官です。

また、この審査請求は、処分を認知してから3か月の間に行わなければなりません。審査請求により請求が受理された場合は、障害年金を受給することが可能です。

ただし、審査請求を行ってもなお請求が却下された場合は、再審査請求を行うことができます。再審査請求先は、厚生労働省の管轄である社会保険審査会宛で、請求期間は審査官による決定書の謄本が送られてきた日の翌日から数えて2か月の間に行わなければなりません。審査請求の場合より請求期間が短いことが特徴であるため、注意をする必要があります。

なお、審査請求日から2か月以内に社会保険審査官による裁決が行われなかった場合でも、審査請求の結果にかかわらず**再審査請求**を申し出ることができます。

再審査請求の審理はどのように行われるのか

　再審査請求の段階になった場合、審査請求の場合とは別の機関が審理を行います。再審査請求で採用されているのは「公開審理」というシステムで、請求した本人も出席し、さまざまな意見を言うことが可能で、傍聴することもできます。公開審理は直接意見を述べる貴重な機会であるものの、行われる場所が東京都であるため、地方在住者の場合は出席が難しいケースがあります。欠席の場合でも、公開審理に参加しなくても不利益となることはありません。

　社会保険審査会は、厚生労働省で行われる審査会です。メンバーは委員長と5人の委員で構成されており、審査請求とは別の弁護士や医師、社会保険労務士などで構成されているため、内容によっては再審査請求でようやく認められるというケースも見られます。

　公開審理当日は、まずは社会保険審査調整室という場所で受付を行い、控室で待機した上で審理室へ入る形で進行します。会議ではまず審理の時間が取られ、質疑応答を経た上で請求者が意見を述べます。出席する場合は、あらかじめ発言の内容を考えておくなどの準備が効果的です。

再裁定請求とは

　再審査請求を行ってもなお請求が却下された場合でも、受給のチャンスが完全に断たれたわけではありません。「再裁定請求」を行うという方法が残されています。

　再裁定請求とは、もう一度障害年金の請求から実施することをいいます。現状では初診日の確認が取れないと判断された場合でも、再度初診日を証明することができた場合や、新たに障害等級に該当する診断書を取得できた場合などに行うことができます。

　なお、前回の請求日と比較して障害の程度が進行し、新たに進行した状態での診断書を入手した場合は事後重症扱いとなるため、すでに

行っている不服申立てに対する回答を待たない状態で請求することが可能です。

┃ 等級に納得できない場合

　実際に障害年金の受給が認められた場合でも、決定した等級に対する不満を覚える場合があります。この場合、不服申立てを行い審査請求に持ち込む方法もありますが、障害年金の処分が決定した日から1年経過している場合には、**額改定請求**を行うことが可能です。

　障害の等級の定期的な見直しには個人差があり、年単位で行われる場合もあれば、永久に同じ等級とされる場合もあります。しかし、認定された障害等級に不服がある場合や、障害が悪化することで明らかに障害の程度が重くなったと認められる場合は、額改定請求として再度見直しを求めることができます。

　実際に改定が認められた場合は、請求日の翌月から等級が変わり、受給額が変更になるため、額改定請求の実施にあたっては迅速な対応が効果的です。なお、受給権利の取得日や審査日から1年を経過した場合は請求ができなくなるため、注意が必要です。

■ 審査請求・再審査請求の流れ ‥‥‥‥‥‥‥‥‥‥‥‥‥‥‥‥‥

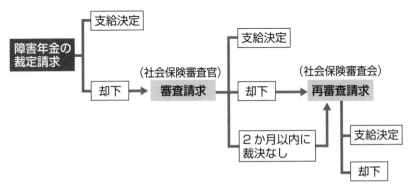

障害年金の受給の可否などの相談先

　障害年金で認定される障害は、障害者手帳の等級とはリンクしていません。自分の障害が障害年金の基準に該当するか、受給資格があるのか、その相談先として社労士が考えられます。

　社労士は、依頼主が障害年金の要件を満たしているかを確認の上で、実際に請求の手続きを取ることになります。

　したがって、請求時に必要な書類の他に、要件を満たすかどうかの判断をするための書類が求められます。たとえば、障害年金には保険料納付要件があります。これは、依頼主が障害年金の受給資格要件を満たしているかどうかを判断することに加え、実際の年金額にも影響する大切な要件です。この要件を判断するためには、日本年金機構のホームページ「ねんきんネット」における照会作業や毎年誕生月に郵送される「ねんきん定期便」などの書類が必要です。また、最寄りの年金事務所でも、加入要件や納付期間を調べてもらうことができるため、取り寄せる方法も有効です。

　障害年金の請求における社労士の役割は、年金制度の知識を活用しながら、依頼主と病院などの医療機関、行政の間の連絡係を受け持つことです。自身で請求する場合に比べ、請求までの期間と苦労を軽減することが可能になりますが、同時に報酬を支払う必要性が生じます。

　社労士に実際に依頼した場合、まずは今後の流れと必要となる書類の内容や取り寄せ方法などの説明を受けます。また、社労士が年金の請求手続きを行う場合、自身で請求する場合に比べ認定率がアップします。そのため、認定までに必要となる要件の確認や必要書類が適切にリンクした内容になっているか、などの審査を入念に行うことになります。明らかに請求をしても却下されるおそれがある場合は、説明やヒアリングの時点で実際に着手する前にその内容を正しく伝えますので、不明点や疑問点はためらわずに質問をすることが重要です。また、報酬についての説明も入念に聞く必要があるでしょう。

【監修者紹介】

森島　大吾（もりしま　だいご）

1986年生まれ。三重県出身。社会保険労務士、中小企業診断士。三重大学大学院卒業。観光業で人事労務に従事後、介護施設で人事労務から経営企画、経理まで幅広い業務に従事する。2020 年1 月に「いちい経営事務所」を開設。会社員時代には、従業員の上司には言えない悩みや提案を聞くことが多く、開業してからも経営者の悩みに共感し寄り添うことをモットーに、ネガティブな感情をポジティブな感情に動かす『感動サービス』の提供を行っている。人事労務から経理まで多岐にわたる業務に従事していた経験と中小企業診断士の知識を活かして、給与計算代行や労働保険・社会保険の手続き代行だけでなく、経営戦略に寄与する人事戦略・労務戦略の立案も行い、ヒト・モノ・カネの最大化に向けたサポートをしている。
監修書に、『入門図解 テレワーク・副業兼業の法律と導入手続き実践マニュアル』『入門図解 高年齢者雇用安定法の知識』『入門図解 危機に備えるための 解雇・退職・休業・助成金の法律と手続き』『失業等給付・職業訓練・生活保護・給付金のしくみと手続き』『図解で早わかり最新 医療保険・年金・介護保険のしくみ』『図解で早わかり最新 人事・労務の基本と実務』『株式会社の変更登記と手続き実務マニュアル』（共同監修）『最新 親の入院・介護・財産管理・遺言の法律入門（共同監修）』（いずれも小社刊）がある。

林　智之（はやし　ともゆき）

1963年生まれ。東京都出身。社会保険労務士（東京都社会保険労務士会）。早稲田大学社会科学部卒業後、民間企業勤務を経て2009年社会保険労務士として独立開業。
「私にかかわる全ての人が幸せになっていくこと」を理想として、開業当初はリーマンショックで経営不振に陥った中小企業を支えるため、助成金の提案や労務管理改善の提案を中心に行う。その後車椅子ユーザーの女性との結婚が転機となり障害者支援の活動を始め、障害年金の手続きのみならず、障害者の移動支援や経済活動支援など社会進出の手助けを行う。また、セミナー講師も積極的に行っている。
主な監修書に『雇用をめぐる助成金申請と解雇の法律知識』『雇用・再雇用のルールと手続き』『休業・休職をめぐる法律と書式 活用マニュアル』『社会保険の申請書式の書き方とフォーマット101』『入門図解 労働安全衛生法のしくみと労働保険の手続き』『職場の法律トラブルと法的解決法158』『建設業の法務と労務 実践マニュアル』『管理者のための 最新 労働法実務マニュアル』『育児・出産・介護の法律と実践書式サンプル43』『給与・賞与・退職金をめぐる法律と税務』『退職者のための医療保険・生活保護・年金・介護保険のしくみと手続き』『障害年金・遺族年金のしくみと申請手続き ケース別32書式』『入門図解 最新 メンタルヘルスの法律知識と手続きマニュアル』など（いずれも小社刊）がある。

さくら坂社労士パートナーズ
http://www.syougaisyasien.com/

すぐに役立つ
これならわかる！入門図解
障害者総合支援法と障害年金の法律知識

2021年4月30日　第1刷発行

監修者　　森島大吾　林智之

発行者　　前田俊秀

発行所　　株式会社三修社
　　　　　〒150-0001　東京都渋谷区神宮前 2-2-22
　　　　　TEL　03-3405-4511　FAX　03-3405-4522
　　　　　振替　00190-9-72758
　　　　　http://www.sanshusha.co.jp
　　　　　編集担当　北村英治

印刷所　　萩原印刷株式会社

製本所　　牧製本印刷株式会社

©2021 D. Morishima & T. Hayashi Printed in Japan
ISBN978-4-384-04866-7 C2032